本书是受天津市 "131" 第一 层次创新型人才和天津市特聘教授青年学者计划资助的研究成果

博士生导师学术文库

A Library of Academics by
Ph.D.Supervisors

政府和社会资本合作视阈下
我国地方政府隐性债务风险研究

张平　王楠　著

光明日报出版社

图书在版编目（CIP）数据

政府和社会资本合作视阈下我国地方政府隐性债务风
险研究 / 张平，王楠著 . -- 北京：光明日报出版社，
2023.4

ISBN 978－7－5194－7134－7

Ⅰ.①政… Ⅱ.①张… ②王… Ⅲ.①地方财政—债
务管理—风险管理—研究—中国 Ⅳ.①F812.7

中国国家版本馆 CIP 数据核字（2023）第 064270 号

政府和社会资本合作视阈下我国地方政府隐性债务风险研究
ZHENGFU HE SHEHUI ZIBEN HEZUO SHIYU XIA WOGUO DIFANG
ZHENGFU YINXING ZHAIWU FENGXIAN YANJIU

著　者：张平　王楠

责任编辑：李壬杰　　　　　　　责任校对：张慧芳
封面设计：一站出版网　　　　　责任印制：曹　净

出版发行：光明日报出版社
地　　址：北京市西城区永安路 106 号，100050
电　　话：010－63169890（咨询），010－63131930（邮购）
传　　真：010－63131930
网　　址：http://book.gmw.cn
E－mail：gmrbcbs@gmw.cn
法律顾问：北京市兰台律师事务所龚柳方律师

印　　刷：三河市华东印刷有限公司
装　　订：三河市华东印刷有限公司
本书如有破损、缺页、装订错误，请与本社联系调换，电话：010-63131930

开　　本：170mm×240mm
字　　数：220 千字　　　　　　印　　张：16
版　　次：2023 年 4 月第 1 版　　印　　次：2023 年 4 月第 1 次印刷
书　　号：ISBN 978－7－5194－7134－7
定　　价：95.00 元

前　言

为了促进当地基础设施建设和经济社会发展，在财政收支压力增大的情况下，地方政府普遍采取各种举债方式筹集所需建设资金，导致地方政府债务规模膨胀。近年来，在我国经济"新常态"和中央加强地方政府债务管理的背景下，政府和社会资本合作（PPP）模式以其在缓解政府融资缺口、化解地方政府债务方面的优势得到迅猛发展。我国PPP模式发展虽然取得了一定成效，但由于地方政府普遍将本地经济发展列为首要任务，过度依赖政府投资拉动经济增长，从而放松了对建设项目的事前审查，并通过融资平台公司或PPP模式变相融资，规避国家政策监管，在政府法定债务限额外增加了隐性债务。面对上述情况，国家相关部委高度重视，陆续出台文件，采取了一系列严格的管控措施，在一定程度上有效遏制了PPP诱发隐性债务风险，但具体到不同地方政府，仍存在对PPP诱发的隐性债务界定不清、界定口径混乱、PPP项目监管存在盲区以及不同地方政府未根据本地PPP项目发展情况出台相应的风险防控措施等现实问题。故而，研究PPP模式诱发地方政府隐性债务风险的问题，亟须明确隐性债务属性，同时结合我国各地实际，制定长效机制规范PPP发展，有必要从PPP项目操作流程的每个阶段分析其隐性债务风险触发点，科学计量PPP引发的地方政府隐性债务风险的空间分布状态，提出不同地区有节、有序、有别防范PPP异化为新的融资平台并诱发地方隐性债务风险的治理对策。

　　本书研究意义在于厘清 PPP 引发的地方政府隐性债务内涵，深入剖析地方政府隐性债务风险形成机理，为地方政府风险管理和 PPP 规范管理的研究提供理论支持并开辟新的研究角度，同时揭示了 PPP 视阈下各地方政府隐性债务风险的空间分布，为中央有关部委的顶层政策设计和出台 PPP 规范管理政策及各地地方政府隐性债务中长期防控规划提供一定参考价值，并为地方实务部门及时识别和监测 PPP 项目引发的隐性债务风险提供有效依据。

　　本书以政府和社会资本合作视阈下各地隐性债务风险的空间计量及隐性债务风险治理路径为研究对象，研究内容依次继起、环环相扣。第一，重点介绍选题背景、目的及意义，对国内外文献中关于隐性债务、PPP 模式以及两者之间关系进行了梳理，并进一步确定了研究内容、思路和方法。第二，厘清 PPP 视阈下地方政府隐性债务的概念及构成。第三，重点介绍我国地方 PPP 模式应用情况，分析并总结 PPP 模式应用风险传染地方政府隐性债务风险的五个路径。第四，从 PPP 项目识别、准备、采购、执行、移交的每个阶段剖析 PPP 诱发地方政府隐性债务的制度因素。第五，在只考虑制度因素变量影响的传统回归模型中加入空间因素，提炼空间结构研究假设和制度结构研究假设，构建空间滞后模型和空间误差回归模型，使用 Geoda 和 Stata14.0 软件分析 PPP 视阈下地方政府隐性债务风险状态及其影响因素。第六，介绍法国、英国、加拿大、韩国 PPP 模式运行主要特点和发展中国家成功 PPP 案例，总结国外实践经验对我国的启示。第七，分析我国防范地方政府隐性债务风险的优秀 PPP 项目案例。第八，梳理当前中央及各地治理地方政府隐性债务的相关政策，研判地方隐性债务风险治理，特别是 PPP 视阈下地方政府隐性债务风险治理的政策发展。第九，基于国际经验、我国防范地方政府隐性债务的优秀 PPP 项目案例、我国政策现状和未来发展，结合前述 PPP 不规范管理潜在的地方政府隐性债务风险触发点和地方政府隐性债务空间分布状态，提出各地有节、有序、有别推进 PPP 规范发展和中长期控制隐性债务增长的治理路径，包括理性运用 PPP 模式，充分发挥 PPP 正面作用；加强地方政府隐性债务高风险地区监控，严防风险外溢；有序、有别甄别 PPP 项目，完善 PPP 隐性债务风险管理机制；实现 PPP 项目信息共享，加大省际地方政府隐性债务风险治理合作；完善监管体系建设，规范相关主体行为；用好地方政府专项债，促进隐性债务显性化的对策。

本书创新之处在于：一是研究视角方面的创新，分析 PPP 诱发的地方政府隐性债务风险，理论分析的基础上引入空间实证技术分析隐性债务风险状态，进而提出各地有节、有序、有别的风险治理路径；二是研究思路方面的创新，分析我国 PPP 不当操作等风险传染地方政府隐性债务的路径，以及从 PPP 模式全生命周期各个阶段对于诱发地方政府隐性债务的制度因素进行深入剖析，并以此作为本书实证分析的基础；三是研究内容与方法方面的创新，采用财政空间技术方法，强调空间结构和制度结构的二重作用，构建空间计量模型分析各地隐性债务风险的空间分布情况和相邻空间的互动与溢出效应。本书不足之处在于，对 PPP 项目操作流程中触发地方政府隐性债务风险制度因素界定的客观性和准确性的研究不够深入，以及由于 PPP 具体项目实操中对外披露的信息及数据相对较少导致实证分析指标的选取受到一定限制，这些不足同时也是研究 PPP 运作模式与地方政府隐性债务管理中的瓶颈和未来学界研究与实务界监管工作中要着力加强的，本书后续可随着 PPP 模式规范发展的进程和地方政府债务的进一步科学化管理而不断深化和充实调整研究内容。

目　录
CONTENTS

第一章

导　论

国内外众多研究表明，地方债务风险问题已成为困扰我国当前经济社会可持续发展的主要风险隐患。政府和社会资本合作模式和地方举债融资模式同属地方政府主要的融资方式，二者运行原理虽迥然不同，但在缓解地方政府融资困难的实际活动中，政府和社会资本合作的增长无疑缓解了地方财政压力、撬动了民间投资，一定程度上有助于缓解地方政府债务风险。因而，也就出现了地方政府在债务限额的约束下，借道政府和社会资本合作来完成公共物品或准公共物品的融资建设活动，于是政府和社会资本合作与地方政府债务成为两个密切相关的地方财政主题。基于此，本书将从政府和社会资本合作的研究视角，研究政府和社会资本合作会对地方政府隐性债务风险产生何种风险传导，以及风险的分布和治理对策等。

第一节　选题背景和研究目的

一、选题背景

经济社会发展、城镇化快速推进扩大了地方政府对市政基础设施以及公共服务的需求，使得地方各级财政负担不断加重。从数据看，2008 年至 2021 年全国地方财政支出从 49993 亿元增长到 211272 亿元①，而地方财政收入增长速度却呈现逐年放缓趋势。与此同时，按照我国现行财政管理体制，地方政府需要将大部分税收收入上缴中央，这造成了地方政府出现严重的财权事权不匹配问题。为了推进本地区市政设施建设和经济社会发展，地方政府普遍采取各种举债方式筹集所需建设资金，导致地方政府债务规模膨胀。近年来，在我国经济步入"新常态"和中央不断加大对地方政府债务管控力度的背景下，政府和社会资本合作（PPP）（以下简称 PPP）作为政府创新投融资模式，以其在缓解政府建设资金缺口、化解地方政府存量债务方面的优势得到迅猛发展，特别是在市政基础设施、能源、轨道交通、农林水、环境保护、科技、保障性住房、医疗卫生、养老服务、教育、文化旅游等领域得到了广泛应用，对地方政府做好稳增长、促改革、调结构、惠民生、防风险等工作发挥了重要作用。截至 2021 年 12 月 31 日，财政部 PPP 在库项目总计 13810 项，总投资额为 20.56 万亿元，其中管理库项目和储备清单项目分别为 10204 项和 3606 项，投资额分别为 16.39 万亿元和 4.17 万亿元②。就国家发改委口径 PPP 项目而言，截至 2021 年 12 月 31 日，国家发改委 PPP 监测服务平台显示，各地录入 PPP 项目共 7810 项，总投资 10.98 万亿元③。

我国 PPP 模式发展虽然取得了一定成效，但由于地方政府仍过于看重本地 GDP 的增速，过度依赖政府投资拉动经济增长，从而放松了对建设项目的事前审查，并通过融资平台公司或 PPP 模式变相融资，规避国家政策监管，在法定地方政府债务限额外增加了隐性债务风险。这就使 PPP 模式没有

---

① 有效发挥稳增长惠民生补短板作用 ——2021 年 PPP 事业发展稳中有进［EB/OL］. (2022-06-07). http：//cpppc. org/zgcjb/1002085. jhtml.

② 有效发挥稳增长惠民生补短板作用 ——2021 年 PPP 事业发展稳中有进［EB/OL］. (2022-06-07). http：//cpppc. org/zgcjb/1002085. jhtml.

③ 国家发改委全国 PPP 项目监测服务平台即时数据 . https：//www. tzxm. gov. cn: 8081/tzxmspweb/tzxmweb/pages/pppInfo/pppIndex. jsp.

真正起到给地方政府"减负"的作用，反而加重了其整体债务负担，也就是说 PPP 模式并不必然保证地方政府债务风险的自动释放，运用不当反而会增加新的政府隐性债务。

面对上述情况，国家相关部委高度重视，陆续出台了政策文件，采取了一系列管控措施。2017 年，财政部印发《关于规范政府和社会资本合作（PPP）综合信息平台项目库管理的通知》（财办金〔2017〕92 号），明确要进一步规范 PPP 项目运作，防止 PPP 异化为新的融资平台，坚决遏制隐性债务风险增量，同时提出要严格新项目入库标准、集中清理已入库项目等要求。2018 年 1 月，中国保监会、财政部联合印发了《关于加强保险资金运用管理支持防范化解地方政府债务风险的指导意见》（保监发〔2018〕6 号），明确地方政府不得以引入保险机构等社会资本名义，借融资平台公司、政府投资基金等方式违法违规举债上新项目、铺新摊子。2018 年 2 月，国家发展改革委和财政部印发了《关于进一步增强企业债券服务实体经济能力严格防范地方债务风险的通知》（发改办财金〔2018〕194 号），强调要严格限制 PPP 模式适用范围，对政府付费类 PPP 项目、可行性缺口补贴 PPP 项目要审慎评估发行企业债券风险，严禁通过 PPP 模式违法违规举债融资。2018 年 4 月，财政部又印发了《关于进一步加强政府和社会资本合作（PPP）示范项目规范管理的通知》（财金〔2018〕54 号），对于核查中存在问题的 173 个 PPP 示范项目相应地提出了分类处置意见，没有启动采购程序的，要调整、完善实施方案，后续仍需采用 PPP 模式实施的，要充分做好前期论证工作，严格履行 PPP 入库手续；无法再通过 PPP 模式实施的，应当及时终止项目，相应调整采取其他合规方式推进。已完成采购或已落地的，要有针对性地整改核查问题，确保合法合规实施。已终止实施的，要依法合规，友好协商，妥善解决，切实履行合同约定，维护各方权益。

2019 年 3 月，财政部再次印发了《关于推进政府和社会资本合作规范发展的实施意见》（财金〔2019〕10 号），要求地方各级财政部门要进一步提高认识，遵循"规范运行、严格监管、公开透明、诚信履约"的原则，扎实推进 PPP 规范发展，切实防控地方政府隐性债务风险，坚决打好防范化解重大风险攻坚战。2019 年 6 月，国家发展改革委、财政部联合印发了《关于依法依规加强 PPP 项目投资和建设管理的通知》（发改投资规〔2019〕1098号），对 PPP 项目可行性论证、依法依规遴选社会资本、严格执行固定资产投资项目资本金制度等方面提出了更加严格的要求。2020 年 2 月，财政部政府和社会资本合作中心发布《关于加快加强政府和社会资本合作（PPP）项目入库和储备管理工作的通知》，同时发布了全国 PPP 综合信息平台上线运行的公告，进一步提高了 PPP 项目入库和储备管理的效率，提高了 PPP 项目监管、服务和信息披露能力，促进了 PPP 高质量发展。2021 年 12 月，财政部修订发布《政府和社会资本合作（PPP）综合信息平台信息公开管理办法》，明确了 PPP 综合信息平台信息公开的内容、录入与公开方式、监督管理内容等。

可以说，上述国家相关部委从严管理措施的实行，在一定程度上有效遏制了 PPP 诱发隐性债务的风险，但具体到不同地方政府，仍存在对 PPP 诱发的隐性债务界定不清、界定口径混乱、PPP 项目监管存在盲区，以及不同地方政府未根据本地 PPP 项目发展情况出台相应的风险防控措施等现实问题。故而，研究 PPP 模式诱发地方政府隐性债务风险的问题，亟须明确隐性债务属性，同时结合我国各地实际，制定长效机制规范 PPP 发展，有必要从 PPP 项目操作流程的每个阶段分析其隐性债务风险触发点，科学计量 PPP 引发的地方政府隐性债务风险的空间分布状态，提出不同地区有序有别防范 PPP 异化为新的融资平台并诱发地方隐性债务风险的治理对策。

二、研究目的

党的十九届四中全会发布的《中共中央关于坚持和完善中国特色社会主

义制度推进国家治理体系和治理能力现代化若干重大问题的决定》明确指出，要有效防范、化解金融风险，着力解决地方政府对于隐性债务的依赖。2020 年，全国财政工作会议再次指出，在全面贯彻党的十九大和十九届二中、三中、四中全会精神的基础上，要重点防范、化解地方政府隐性债务风险。党的十九届五中全会审议通过的《中共中央关于制定国民经济和社会发展第十四个五年规划和二〇三五年远景目标的建议》提出，"健全金融风险预防、预警、处置、问责制度体系"，这是维护我国金融安全，坚决守住不发生系统性金融风险底线的重大举措。本书的主要研究目的有三：一是搭建 PPP 视阈下地方政府债务构成的理论分析框架，厘清其中隐性债务的概念和构成。二是测度 PPP 视阈下我国地方政府隐性债务风险状态；基于制度结构和空间结构二重作用，提出空间结构研究假设和制度结构研究假设，构建空间计量模型；分析各地 PPP 视阈下隐性债务风险的空间分布及相邻空间的互动与溢出效应。三是提出推进 PPP 规范发展和针对各地不同风险状态有所区别的控制隐性债务风险增长的中长期治理对策。

第二节　研究意义

一、理论意义

现有国内外文献对我国 PPP 模式和地方政府隐性债务风险的研究比较多，基本上都是从财政经济、法律规范、政府职能、管理政策、管控措施等方面和角度分别对上述两个概念展开分析，但将两者紧密结合，着重研究 PPP 视阈下我国地方政府隐性债务风险状态的文献则相对较少，涉及相关领域的研究也大多是从某个方面或某个角度进行分析，以此为基础所提出的政策建议一般缺少有力的理论支撑。本书的理论意义在于：一是紧跟当前我国地方政府债务发展趋势和政策动态，准确界定 PPP 模式和地方政府隐性债务两种政府融资模式的概念，并综合运用经典财政风险矩阵理论，有利于从理论上厘清 PPP 模式引发的地方政府隐性债务的内涵、概念及分类；二是结合当前我国 PPP 实务中的具体情况，总结归纳不规范 PPP 操作的类型及成因，分析 PPP 模式诱发地方政府隐性债务的具体实现路径，进而深入剖析地方政府隐性债务风险的形成机理；三是基于 PPP 项目全生命周期的每个阶段归纳潜在的地方政府隐性债务风险的触发点，分析各地隐性债务风险空间分布及相邻空间的互动与溢出效应，进而构建制度因素和空间因素二重理论分析框架，为 PPP 规范管理和地方政府风险管理理论的研究提供理论支持并开辟新的研究角度。

二、实践意义

近年来，由于地方政府通过融资平台公司、政府投资基金、PPP 模式、政府购买服务等方式变相违规举债，造成我国地方政府隐性债务整体规模逐渐扩大，隐性债务风险问题已严重影响国家财政和金融安全，一方面隐性债务风险会向财政传导，加大各级财政支出压力，特别是基层财政部门，承担了超出自身能力的隐性代偿责任，这将会直接影响政府的正常运行；另一方面隐性债务风险还可能通过各种途径传导至金融领域，债务违约造成债权人无法收回到期本息，特别是城商行等中小金融机构，可能会面临破产，进而产生金融风险、债务风险，财政风险、金融风险一旦形成共振，就有可能触发区域性、系统性风险，将对我国经济社会可持续发展造成严重影响。为此，中央将防范、化解重大风险作为三大攻坚战之首，其中主要的是金融风险和政府债务风险，并相应出台了一系列债务风险防控政策和举措。本书的实践意义在于：一是以 PPP 综合信息平台为依托，按照风险最大化的原则测度并直观呈现全国及各地 PPP 视阈下地方政府隐性债务的规模及风险状况，为中央有关部委的顶层政策设计和出台 PPP 规范管理政策，以及各地地方政府隐性债务中长期防控规划提供一定的参考价值；二是从制度、空间、地区特征等方面进行系统分析，找出对 PPP 视阈下地方政府隐性债务具有显著影响的因素，对未来各地推进 PPP 模式高质量发展具有实践意义；三是通过财政空间计量方法分析并揭示了 PPP 视阈下各地方政府隐性债务风险的空间分布及相邻空间的互动与溢出效应，为地方实务部门及时识别和监测 PPP 项目引发的隐性债务风险提供有效依据。

第三节　文献综述

一、国内相关文献

（一）政府隐性债务概念研究

从政府隐性债务来源分析，周鹏（2010）将地方政府债务定义为地方公债，从债权人角度看即为地方政府历年积累起来的尚未清偿的债务。黄燕芬、邬拉（2011）则将地方政府债务区分为地方政府直接举借的债务和提供担保的债务，据此地方政府分别承担偿债或担保义务。上述文献都是针对地方政府债务概念的，而地方政府隐性债务概念是 2018 年以后正式出现的。王志红（2019）提出要穿透识别地方政府隐性债务，不论举债主体、项目性质还是融资方式如何复杂多样，甄别判断隐性债务主要还是看是否由地方政府通过财政资金偿还，或其是否作为最终偿债人。李丽珍、安秀梅（2019）从地方政府支出责任角度界定隐性债务，认为隐性债务是地方政府由于公众预期或道义责任而承担中长期支出责任所形成的债务。范伟琳（2019）从举债主体、举债内容、债务资金来源等方面区分了地方政府债务和地方政府性债务，认为地方政府性债务涉及的范围更广，除地方政府债务外还包括地方政府担保债务和地方政府救助债务。李升、陆琛怡（2020）对地方政府显性债务与隐性债务的差异情况进行了着重分析，显性债务受地方政府债务限额严格控制，额度、发行、还本付息等环节通过一整套制度实行闭环管理；隐性债务则存在较强的隐蔽性，形成的来源千差万别，无论是主体、用途，还是还款来源等没有统一的模式和机制。赵治纲（2021）进一步厘清负债和债务的概念，认为地方政府负债要大于地方政府债务的内涵，负债多应用于会计学范畴，指地方政府因经济业务形成未来经济资源流出的现时义务；而债务指债权人依合同向债务人出借资金，而债务人承诺未来还本付息。

从政府隐性债务构成分析，平新乔（2000）提出了财政负债的四个特征：显性负债为根据法律或合同规定政府需要偿还的债务；隐性负债为政府由于公众期望履行道义责任而承担的债务；直接负债为政府无论在任何条件下都必须承担的债务；或有负债务政府取决于一定的外生条件与内生条件而相应承担的债务，鉴于上述特征，政府负债可分为显性负债和隐性负债，也可以分为直接负债和或有负债。赵全厚、孙昊旸（2011）将地方政府债务分为直接负债和担保负债两个部分，然后再根据主体进行细分，包括一般公共服务部门、财政部门、其他职能部门等涉及的机关、事业单位和融资平台公司的负债，同时他们还提出应逐步将通过企业法人举债的债务从地方政府直接负债中转出，归入地方政府或有负债范围。白景明（2012）提出，研究地方政府负债问题首先要区分地方政府债务和地方政府性债务这两个概念，其中地方政府债务是指由地方政府举借并负责偿还的债务，范围和口径相对较小；相反，地方政府性债务的口径则相对较大，包括地方政府负有直接偿还责任和或有责任的债务，涉及地方政府部门、事业单位、融资平台公司等主体。刘尚希（2018）认为地方政府隐性债务主要就是或有债务，并将地方政府隐性债务分为建设性债务、消费性债务和地方政策性融资担保的债务三个大类，并相应列举了具体表现形式，同时又分别从法律和专业的角度提出，隐性债务不能归为政府债务，而"政府性债务"这个概念也不能再作为统计口径来使用。封北麟（2018）将地方政府隐性债务划分为两种类型：一是地方政府因违法违规举债融资而形成的政府负责偿还的债务，包括地方政府违规担保的融资、含有地方政府背书信用的融资平台公司债务、地方政府购买的服务、不规范的PPP、地方政府投资的基金等；二是地方政府由于承担公共管理职责以及公众期待而不得不履行的地方政府支出责任，包括自然灾害救助、社保基金缺口、国企亏损补贴等。王润北（2018）根据不同标准将政府债务分为两种类型，一是显性债务和隐性债务，主要根据法律强制性划分，显性债务如政府发行的债券，隐性债务如政府担保的债务；二是直接债务和或有债务，划分依据为条件是否发生，直接债务是由政府刚性偿还，或有债务则是在一定条件发生后才由政府偿还。吉富星（2018）根据政府承担偿债责任的程度将地方政府隐性债务划分为隐性直接债务和隐性或有债务，隐性直接债务是指法定政府债务外需由地方政府承担偿债责任的债务，如明股实债的地方政府投资基金、地方政府付费类PPP等；隐性或有债务是指在一定条件发生后地方政府对债务履约承担偿债责任，如地方政府补助类债务、不规范PPP等。与上述情况比较类似，李丽珍、安秀梅（2019）也将地方政府隐性债务分为直接隐性债务和或有隐性债务两个大类，并列出了具体的表现形式，其中直接隐性债务主要包括社保基金缺口、地方政府付费类PPP项目中债务融资，以及地方政府拖欠工程款三种情况；或有隐性债务主要包括地方政府违法违规担保融资和相关地方政府救助债务两种情况。郭敏、宋寒凝（2020）根据偿债来源将地方政府债务区分为显性债务和隐性债务，显性债务是指地方政府负有直接偿还责任的债务，主要指地方政府债券；隐性债务就是地方政府负有间接偿还责任的债务，主要以地方融资平台银行借款或发行企业债券、地方PPP投资基金等方式存在。温来成、贺志强（2021）将地方政府隐性债务分为地方政府投融资平台债务、国有事业单位2015年以前形成的历史债务、棚户区改造和保障性住房项目形成的债务、土地储备历史债务、担保历史债务、社会保障收支缺口形成的债务六个类型。

(二) 政府隐性债务成因研究

从经济发展角度分析原因，刘尚希等（2003）对我国政府或有负债形成机理的研究表明，政府或有负债往往是经济生活中各种矛盾的综合反映，首先，政府或有负债的形成是财政制度内在决定的，公共财政的本质体现在其是社会公共风险的最终承担者，社会公共风险的客观存在决定了政府或有负债的必然性；其次，政府或有负债源于政府对市场活动的维护和干预，特别是在市场经济改革初期，中国的国情是经济发展水平低、结构不合理、市场发育水平不高，"政府主导、市场化运作"模式的广泛应用，造成政府分担了部分本应由市场主体承担的风险，从而形成了政府或有负债；再次，政府或有负债实际上也是政府作为债务的最终承担者所提供的担保和承诺，反映在中央政府对地方政府出现财政危机所提供的流动性救助、政府对国有企业的融资担保，以及其他"财政兜底"承诺等。唐洋军（2011）提出，为了推动经济社会发展，在财政收入不能满足实际需要时，地方政府积极设立融资平台公司筹措建设资金，由此产生了地方政府债务。刘昊（2014）认为地方政府债务的产生主要有以下原因：一是经济社会转型造成的各种改革成本或历史欠账，涉及国企破产地方政府兜底、粮食亏损挂账、地方金融机构不良资产和负债、乡村企业破产等情况；二是财政分权体制下"事权与财权不对称"，反映为越欠发达地区债务负担越重；三是政治集权下的地方政府间竞争，扭曲的政绩观和预算软约束造成了债务规模增加；四是地方政府投融资制度缺失，地方政府投资、举借债务全过程都缺少制度约束，造成举债程序不规范、偿债意识不够强、防控机制不健全；五是实施积极财政政策，拉动政府基建投资，地方政府需要通过多种融资方式筹措资金，这部分配套融资就成了地方政府债务。马金华、宋晓丹（2014）对我国地方政府债务的发展历程进行了全面梳理，对债务形成的原因也进行了深入分析，认为我国各个历史阶段的财政经济发展状况对地方政府债务都有着深远影响。潘迎喜、董素（2016）根据我国实际，对地方政府债务成因进行了分析，首先，分析了我国地方政府债务与外国政府债务存在本质的区别，我国地方政府债务因投资而形成并对应资产，而国外政府债务因消费而形成，两者不可一概而论。然后，又进一步分析了我国地方政府债务形成的原因：一方面是经济社会发展的需求，包括地方政府加快城市化均有较大资金需要；另一方面面对这些资金需求，由于我国中央与地方财政体制存在财权事权不匹配问题，地方政府只能通过举债筹集建设资金。柯淑强等（2017）对国内外地方债务与经济增长相关研究文献进行了梳理，认为在经济发展初期，地方政府可利用债务这个政策工具促进投资来有效提高经济发展速率，然而随着经济规模的不断增加，投资边际回报率有所下降，地方政府举债投资将不会再带来可持续的经济增长。李一花、乔栋（2019）回顾了改革开放以来我国地方政府债务发展进程，并将地方政府隐性债务的成因归结为保增长压力与官员的政绩利益、公共财政民生化对投资支出的挤压、金融分权与金融市场化、地方政府财权事权不对称、预算软约束五个方面，其中保持经济增长是诱发地方政府隐性债务持续膨胀的首要原因。张增磊（2020）认为，近几年我国一系列减税降费政策短期内使得地方财政的压力进一步增加，但随着减税降费的经济效应逐步显现，长期将有助于债务风险化解。朱丹、吉富星（2021）指出，随着我国经济社会的发展，2018 年以来地方政府隐性债务出现了新的变化，表现为传统地方政府通过信用背书的举债模式逐步退出，而采取更隐蔽的方式，通过"包装项目"方式新增隐性债务。这些项目往往使自身能够实现的经营性现金流不足，造成不能覆盖项目投资成本，穿透来看，未来还是需要地方政府兜底，只不过是将地方政府的支出责任延后。

从体制机制角度分析原因，唐云锋（2006）从委托代理关系的视角分析我国地方政府债务形成的原因，认为中央政府与地方政府之间存在委托代理关系，但两者之间财权与事权不匹配，造成地方政府只得通过举债完成各项公共事务，同时地方政府自身也存在举债扩大财政支出的冲动；地方政府与本地居民之间同样也存在委托代理关系，由于本地居民没有有效的选择和考核机制来对地方政府举债投资进行约束，这也是地方政府债务形成和扩张的根源。财政部财政科学研究所（2009）对部分省份 1994 年以来分税制财政体制改革情况进行了研究，发现其中存在着很多问题，从而导致地方政府财权和事权不匹配，这种情况主要出现在省级以下市、县、乡级地方政府，通过分析认为这是地方政府债务产生的重要制度体制性原因。郭玉清（2011）提出我国地方政府债务的产生机理：一方面是财政体制约束因素，中央出台刺激经济政策的文件，地方政府需要配套建设资金，而地方政府受财力所限只得举债融资；另一方面则是地方政府自身因素，其总是存在举债投资冲动。黄燕芬、邬拉（2011）对我国地方政府债务成因进行了剖析，主要是从体制、政策、管理、社会等方面进行了分析，其中体制方面因素主要包括：分税制改革不彻底，造成了地方政府事权、财权不匹配；尚未形成多元投资局面，我国基础设施投资主要依靠地方政府；政府行为不规范，地方政府受传统政绩观影响造成盲目借债。刘煜辉、沈可挺（2011）对我国地方政府融资平台债务的现状进行了分析，认为在公共资本投融资体制方面存在的制度缺陷是地方融资平台债务激增的重要原因。缪小林、杨雅琴、师玉朋（2013）通过实证方式对地方政府债务影响因素进行了分析，认为在现有分税制财政体制下，预算支出扩张和经济增长预期均是地方政府债务增长的影响因素。王俊（2015）对地方政府债务风险的成因分别从财政体制性原因、金融体制性原因、政治体制性原因、宏观政策性原因四个不同的角度进行了分析，其中财政性原因提到了两个方面内容：一是现行财政体制下存在的地方政府财权、事权不匹配问题，加剧了地方政府举债融资的主观动机；二是财政转移支付制度结构不合理，难以弥补地方政府收支缺口，地方政府只得通过举债融资。陈磊（2017）从多角度分析了地方政府隐性债务的动机：一是中央出台了一系列对地方政府举债管控的政策，包括规模控制、方式限制、禁止担保等严格措施，为了追求政绩，地方政府铤而走险变相举借债务搞建设；二是地方政府实施公益性项目建设，在地方政府债券不能满足需要的情况下，借道融资平台举债形成地方政府隐性债务；三是缺乏对金融机构的监管，造成金融机构与地方政府一起采取违规操作方式，助推了地方政府隐性债务的快速增长；四是中央政府与地方政府事权、财权不匹配，地方政府财力不足，只得通过举债筹措建设资金进而形成地方政府隐性债务。郭平、江姗姗（2017）分析了财政分权、预算软约束对地方政府债务规模的影响，发现两者分别是地方政府债务规模扩张的主要驱动力和内在激励，其实证分析结果表明财政分权程度低时，加大预算软约束会缩小地方政府债务的规模；财政分权程度高时，增强预算软约束会扩大地方政府债务的规模。罗潇（2017）分析了我国地方政府债务的成因，将地方政府财权与事权不匹配作为首要原因，财权方面地方政府财政收入呈现缩小趋势，事权方面中央政府与地方政府事权划分不合理，转移支付方面专项转移支付占比高，上述因素共同加大了地方政府收支缺口，地方政府不得不举债融资弥补缺口。马金华、刘锐（2018）比较分析了我国分税制改革后 20 年与民国两个时期地方政府债务情况，不同之处在于两个时期债务膨胀的举债主体、债务结构、融资模式、债务投向等方面；相同之处在于两个时期地方政府债务膨胀都是因为中央与地方财政体制不合理、地方税体系不完善等因素。傅笑文、傅允生（2018）认为在我国现有财政与金融制度安排下，地方政府债务风险不断累积有其必然性，政府、平台与机构在投资扩大的驱动下偏好达成一致并产生了放大效应。刘骅、卢亚娟（2019）分别从财政和金融体制角度，对我国地方政府隐性债务的成因进行了分析，首先得出中央政府与地方政府财权事权不匹配、地方政府收支矛盾、过于追求 GDP 增长等财政体制影响因素；其次基于金融市场环境视角分别从宏观层面和微观层面分析了地方政府隐性债务的金融影响因素。李丹、王郅强（2019）提出，近年来 PPP 模式在中国的发展经历了多起多落，这是由于地方政府受财政制度约束、自身主观能动性以及缺乏相关信息等因素的影响，采取了支出责任"固化"、承诺固定投资回报等方式，使得部分 PPP 异化为新的融资工具并构成地方政府隐性债务。赵治纲（2021）在进一步界定政府债务概念的基础上，剖析了地方政府债务风险形成的机理：一是事权下移超出了部分地方政府的财政承受能力；二是传统政绩观强化了部分地方政府的非理性投资行为；三是单一的举债机制难以满足地方政府的合理融资需求；四是事前风险评估机制缺失弱化了债务风险的源头管理。

从实证数据角度分析原因，谢虹（2007）引入债务风险评价指标和评价模型，对地方政府债务的成因及风险开展实证研究。张曾莲、江帆（2017）对我国地方政府债务的影响因素进行了实证研究，发现财政分权、晋升激励和预算软约束三者共振的作用对地方政府债务的影响更为显著。吴洵、俞乔（2017）实证研究了地方政府债务扩张的重要原因，发现基础设施投资比例、转移支付比例、银行对政府支持与地方政府债务的规模均呈现正相关，进而也印证了中央政府、地方政府、金融机构对地方政府债务扩张的共同影响。吴勋、王雨晨（2018）运用实证方法分析了传统政绩考核、审计治理机制对地方政府债务的影响，发现传统政绩考核与地方政府债务显著正相关、与审计治理机制不存在相关性，但可有效弱化官员扩大债务规模的程度。李丽珍、刘金林（2019）从财政分权与土地财政角度出发，通过实证方法对地方政府隐性债务形成的原因进行了分析，发现财政纵向分权指标即转移支付率与地方政府综合债务率正相关，财政横向分权指标即财政自给率与地方政府综合债务率负相关，而财政收入结构稳健性指标即土地财政指数与地方政府综合债务率具有双重性。李升、陆琛怡（2020）首先基于显性债务和隐性债务的异质性，对地方政府债务风险的形成机理进行了实证研究，提出不同口径的财政自主度对不同债务风险的影响存在明显差异，晋升激励制度的不同构成也对不同债务风险存在相异的影响机理，由此显性债务风险和隐性债务风险的形成机理存在显著差别；其次通过分析得出专项转移支付"公共池"效应与地方政府债务"道德风险"相关，并造成了非理性的债务风险。钟腾、杨雪斌、汪昌云（2021）基于空间计量模型对 264 个地级市地方政府举债的动机进行了实证分析，发现地级市主动发债规模存在显著的"同群效应"，通过进一步论证得出，经济增长动机和晋升动机还会增强这种"同群效应"。

（三）政府隐性债务风险状态研究

从债务风险状态的研究方法看，汪德华、刘立品（2019）对原有从资金投向角度估算地方政府隐性债务规模的方法进行了修正，主要体现在根据政府性债务资金投向修正行业范围、根据中央与地方政府投资项目分配修正评估等，认为核算行业地方政府隐性债务等于当年到位资金分别减去国家预算内资金和自有资金（或自筹资金）后乘以地方投资占比。王涛、高珂、李丽珍（2019）在对我国现阶段地方财政可持续性及可偿债财力评估的基础上，结合地方政府显性债务和隐性债务现状，基于非线性财政反应函数评估地方财政可持续性，测算了我国地方政府债务率上限为 191%，因此认为虽然当前地方财政存在一定风险，但仍有足够的债务空间确保地方财政具有可持续性。韩健、程宇丹（2020）指出，我国地方政府隐性债务风险具有特殊性，体现在其识别存在一定的难度，早期政府债务危机指数、收支流量对比法等风险评估方法，主要针对我国地方政府债务风险，而后续引进的国外信用风险评估 KMV 模型，需要以资产价值的正态分布等假定为前提，造成实际意义大打折扣。魏蓉蓉、李天德、邹晓勇（2020）将我国 PPP 地方政府隐性债务区分为 PPP 直接隐性债务和 PPP 或有隐性债务，在此基础上运用 KMV 模型对我国 PPP 地方政府隐性债务风险进行了空间计量实证分析，结果反映我国 PPP 地方政府隐性债务区域异质性明显，中西部地区风险明显高于东南沿海地区，但全国总体 PPP 隐性债务规模处于合理范围。朱丹、吉富星（2021）对我国地方政府全口径债务风险进行了评估，考虑地方政府隐性债务涉密，选取了城投有息债务作为替代指标，分子为政府债券余额与城投有息债务之和，分母为总财力即一般预算财力与政府性基金财力之和，警戒线设定为120%和200%，以此测算地方政府债务风险结果为：上海、西藏等少数省份在120%以内，多数省份在120%~200%，天津、贵州等少数省份超过200%。杨怀东、陈舒悦（2021）运用因子分析法估算了地方政府隐性债务风险，发现我国各省份的隐性债务风险均呈上升态势，并且西部地区风险明显高于东部地区。

从债务风险状态的分析结果看，陈均平（2010）指出近年来地方政府过度融资、大额授信的风险逐渐暴露出来，主要包括债务违约风险、银行信贷风险、社会稳定风险等。郑春荣（2012）对我国地方政府的债务表现特点及风险状况进行了分析，发现地方政府债务融资模式对现有财政管理模式产生了不良影响，主要反映在挤出私人部门融资、干扰市场融资成本、破坏财政预算统一性等方面，进而形成了新的风险。杨灿明、鲁元平（2013）分析了我国地方政府债务的现状、规模和成因，而存在的风险包括基层隐性债务风险、部分地区债务风险较高以及偿债过度依赖土地财政等方面。赵璐（2016）分析了我国地方政府债务风险状况，主要包括债务规模总量大、结构不合理、道德风险演变成债务风险以及项目自身没有收益等方面。沈雨婷、金洪飞（2019）构建了包括相对偿债能力、相对债务水平、举债融资压力、外部经济环境在内的地方政府债务风险预警指标体系，并对其赋予指标权重，对我国地方政府债务风险进行了评估，总体评价为：我国地方政府债务风险平均水平逐年上升、风险存在明显区域及省份差异且高风险省份逐步增多。具体来看，北上广以及长三角地区风险等级最低，北部及中部地区的部分省份风险较高。汪德华、刘立品（2019）重点从债务融资成本、建设资金缺口、资产回报率等方面对我国地方政府隐性债务风险进行了分析：一是地方政府隐性债务融资成本占地方财政收入的比例过高；二是地方政府新增政府债券不能满足实际资金需求，其他方式举借债务仍存在可能；三是融资平台资产回报率下降，无法覆盖债务成本。郭敏、宋寒凝（2020）选取了三年各省债务数据（含地方政府债、融资平台债务和PPP项目额），通过债务率、负债率等风险指标研判各地政府债务总体规模和发展趋势,结果反映我国大部分地区债务风险总体可控,但呈现逐年攀升趋势,幅度分化较为明显。温来成、贺志强(2021)从广义隐性债务角度进行分析,认为我国地方政府债务风险防控的重点应该是存在违法违规举债行为的地方政府隐性债务风险,并通过列举近年来投融资平台城投债的变化情况,来说明我国地方政府隐性债务风险呈现扩张之势。洪源、阳敏、吕鑫、孟然然(2021)分别从投资侧和融资侧对我国地方政府隐性债务规模进行了估测,发现东部地区隐性债务存量规模较大,而从增量情况看 2015—2017 年西部地区隐性债务规模增长较快。

此外,鉴于各地受中央政府债务规范管理统一政策,以及相邻地区之间存在融资竞争、公共支出的空间外溢效应和债务管理政策的学习效应的影响,不同地区债务风险存在空间相关性。因此,近年来国内外前沿成果已经开始使用空间理论与技术方法研究政府债务风险。郭玉清等(2016)运用空间滞后 Tobit 和非线性动态门槛计量模型,从时、空两个维度审视地方财政杠杆的激励机制。伏润民等(2017)采用空间计量模型检验地方政府债务风险空间外溢的直接效应和间接效应。李承怡(2019)在预算软约束下研究地方政府支出竞争策略的空间经济效应。黄春元和刘瑞(2020)基于空间计量模型研究区域差异及其空间溢出效应对地方政府债务的影响。刘馨月、金兆怀(2021)通过空间计量模型利用 2007—2018 年省级面板数据分析人口流动、财政分权对地方政府债务水平的影响。

(四)政府隐性债务与 PPP 关系研究

从 PPP 产生风险角度分析,2014 年至今,我国 PPP 迅猛发展,中央各部委和国内学界开始关注其蕴藏的地方政府隐性债务风险。2017 年十二届全国人大常委会第二十九次会议指出要规范政府和社会资本合作、政府投资基金、政府购买服务等活动,有效防控隐性债务风险。2017 年财政部出台的《关于规范政府和社会资本合作(PPP)综合信息平台项目库管理的通知》

（财办金〔2017〕92号）指出，要防止PPP异化为新的融资平台，坚决遏制隐性债务风险增加。2019年，财政部又出台了《关于梳理PPP项目增加地方政府隐性债务情况的通知》（财办金40号文），提出了针对可能增加地方政府隐性债务的政府和社会资本合作项目的处理办法。温来成等（2015）提出我国在推进PPP模式时要对可能产生的隐性债务风险保持警惕。林涛、冉萍（2016）指出在当前社会经济下行、政府收支矛盾突出的情况下，政府为了提供公共基础设施已负债累累，为此要利用好公私合作机制，有效盘活民间资金，缓解政府债务压力。马恩涛、李鑫（2017）选取了四个国家来介绍PPP政府债务风险防控经验，提出我国要在完善PPP政府债务风险制度体系、强化预算会计管理、加大信息公开披露，以及加强债务风险评估等方面做好工作。傅志华等（2017）认为，目前在我国各地推进PPP模式的过程中存在速度过快、增加杠杆、政府承诺、区域不均、超出承受能力等现象，存在转化为政府或有负债的隐患，亟须及早应对。杨志勇（2017）将PPP作为地方政府债务风险的可能引爆点，反映了部分地方存在的政府或明或暗承诺、资产注入不合理、选择不规范模式等现象。巴婉莹（2018）指出运用PPP模式可以化解政府债务，但由于缺乏成熟完善的法律法规、风险分担不合理、存在政府推卸责任等现象造成运用不当，也将导致政府性债务问题。白德全（2018）辩证地分析了PPP模式与地方政府债务风险的关系：一方面分析了PPP化解地方政府债务风险的机制与路径，PPP通过社会融资等机制可以解决我国地方政府债务总量大、效率低、期限错配等问题；另一方面分析了加强地方政府PPP债务风险的机制与路径，在成本收益等机制的作用下，PPP可能会诱发财政风险、隐藏债务风险、金融经济风险。卢护锋、邹子东（2018）指出PPP异化的诱因是结构性的，并从内外两个方面进行了分析，归纳为制度缺失、财政体制失衡、项目自身缺陷等原因，并认为PPP是地方政府寻求法外融资的一种手段。赵全厚（2018）对由于伪PPP、明股实债、超出承受能力等造成的隐匿财政风险进行了界定和分类，指出要以审慎、监管的态度对待 PPP 造成的财政风险。吉富星（2019）指出由于存在政府兜底等情况造成了 PPP、政府购买服务等成了变相违规融资，实质上变为政府中长期支出责任。温来成、李婷（2019）指出保底承诺、回购安排、明股实债等，它们都隐藏在 PPP "外衣"之下，未来需要重点关注。庞德良、刘琨（2020）对我国 PPP 模式与政府债务风险关系进行了分析，从不完全契约角度看，表现在地方政府为加快推进 PPP 项目，在一定程度上会向社会资本妥协，进而形成私人部门道德风险等问题，容易引发地方政府隐性债务风险；从产权角度看，表现在 PPP 模式法律风险承担责任与经济实质决策权的分离是导致 PPP 财政风险的根源；从制度设计角度看，表现在我国 PPP "公公合作" "父子合作"等异化模式造成的风险分担不合理；从全生命周期项目结构看，表现在 PPP 财政风险贯穿于项目识别、准备、采购等各个环节。刘用铨（2020）指出，近年来就 PPP 模式是否形成隐性债务问题，各界都给予了极大关注，特别是 PPP 模式中"保底机制"已作为审计问题被提出，通过辨析分析，认为 PPP 模式是否产生隐性债务的关键在于判断政府保底的目的，如果政府保底是为了确保社会资本最低盈利，那么就形成了隐性债务；如果政府保底是为了确保社会资本最低收入，那么就不应该视为隐性债务。牛文霞（2021）指出，受我国相关法律法规不健全等因素的影响 PPP 模式被异化，形成地方政府隐性债务，在实际经营中被大量应用，形成了地方政府的隐性负债规模、偿债风险和管理风险。刘金林、蒙思敏（2021）从现实微观角度出发，通过建立 Probit 二值模型实证分析了 PPP 形成地方政府隐性债务的影响机制，认为地方政府治理水平、行政效率、行政干预程度、市场化程度等微观要素发挥了重要作用。

从 PPP 积极作用角度分析，冷继波（2014）认为可通过 PPP 模式化解地方政府债务，并分别针对新建、扩建和改建，以及已完工的基础设施项目形成的债务提出了具体化债路径。王韬（2015）归纳了 PPP 模式的优势，包括降低政府公共基础设施建设方面的公共开支、为新一轮城镇化筹资、提高项目运作效率、有效缓解和化解存量地方政府债务风险等。樊轶侠（2016）认为 PPP 模式对于治理地方政府债务具有积极作用，主要表现在有利于缓释财政风险、优化政府预算管理、提高项目效率防范债务风险三个方面。陈轶丽（2018）认为 PPP 模式对于推进新型城镇化发展具有重要意义，并分析了对政府的益处在于更好地提供公共产品、缓解财政压力、提高就业机会、充分利用民营企业经验等方面；对社会资本的益处在于获得更多参与机会、减少开发风险、降低开发成本、实现全产业链发展等方面。管立杰、赵伟（2019）认为 PPP 模式对我国农村基础设施建设起到了良好的支撑作用，并通过实证方法分析了促进农业领域 PPP 发展的影响因素。孙燕芳等（2019）指出促进高速公路 PPP 项目发展，要积极推进资产证券化以完善 PPP 退出机制，将有利于吸引社会资本方积极参与。马永洋（2019）认为，近年来 PPP 模式在我国得到了广泛应用，对我国经济转型和发展，以及化解和防范政府债务风险方面发挥了积极作用。田俊杰（2021）指出，PPP 模式可以引导社会资本参与城市轨道交通、污水处理、养老产业发展、区域综合开发等公共基础设施建设领域，并可以解决这些项目普遍存在的实现收益低、资金需求大等问题，有效地缓解财政支出压力，提高项目资金使用效率。

（五）地方政府隐性债务化解研究

郭玉清（2009）指出化解我国地方政府债务的关键在于亟须创新量化方法，量化思路可以从原始举债规模、新增违约、逾期债务、债务风险状况等方面设计，并采取提高债务信息透明度、合理划分财政偿债责权、构建地方偿债保障机制、完善相关配套机制等政策措施。针对地方政府债务风险防范和化解，贾康（2009）认为 2008 年以来我国地方举债融资的规模正在迅速扩大，为此要按照"治存量、开前门、关后门、修围墙"的思路建立债务风险防范制度，提出要强化国家综合部门、地方各级人大、金融市场监管部门、审计部门等对地方融资活动的监管，同时融资主体也要加强自律管理。

贾康（2014）指出要辩证地看待政府债务问题，不断地健全债务风险防范制度机制，控制债务风险，发挥积极作用，同时认为对于化解政府隐性风险要标本兼治，在深化改革中推进制度建设。魏加宁（2015）认为地方政府债务一旦出现违约，那么金融风险就会出来，将涉及表内、体系内、体系外金融风险，为此需要建立一套风险防范机制去化解债务风险。同时，提出PPP模式民企积极性不高，未来需要树立平等意识、法治意识和契约意识，做好PPP政府方方面面的改革。陈青曲（2016）认为由于地方政府自身缺乏风险意识、财政收支"空转"、现有体制机制不健全、政府债务管理不规范等形成的债务风险，需要采取提高地方政府债务风险意识、积极培养地方财源、完善财政体制和政府投融资体制、强化地方政府债务监督管理等政策措施。刘尚希等（2017）指出政府和社会资本合作中存在不同类型的风险，包括自然风险、市场风险、政策风险、行为风险和项目风险；可预期风险、不可预期风险和部分可预期风险；主观风险与客观风险等。这些风险通过转嫁、转移可能会被放大，为此需要分类施策防范、化解风险，鼓励社会资本加强风险内部控制，并加快推进PPP风险评估。封北麟（2018）分析了我国地方政府隐性债务的主要来源，认为防范、化解隐性债务风险，首先要完善"开前门"措施，合理分配新增地方政府债务限额；其次要强化部际协同管理，统筹做好财政金融宏观审慎管理；最后要加快推进全面深化体制改革，包括推进商业养老保险发展、推进金融监管改革、加快推进国企改革等。郑洁、昝志涛（2019）在研究了地方政府隐性债务的概念、成因与规模的基础上，又分析了地方政府隐性债务风险类型及传导机制，指出防范地方政府隐性债务风险要坚持长短统筹、疏堵结合的原则，重点采取加大金融机构违规操作监管、完善违规举债问责机制、规范地方政府举债融资行为等政策举措。李丽珍（2020）指出，PPP模式下地方政府隐性债务是各参与方之间多元博弈形成的不良结果，有其独特的形成机理，需要通过加强PPP项目规范化管理、促进PPP项目提质增效、优化PPP项目风险共担机制、巩固PPP项债务治理等方面采取措施，以避免 PPP 异化为新的政府融资平台。温来成、贺志强（2021）指出，应根据不同时期、不同区域政府履行社会治理职责的需要，因地制宜地制定化解隐性债务风险的政策，东部地区的政府职能正在向公共服务和社会治理转变，需要加快投融资平台转型速度，减少经济干预活动，逐年消减隐性债务规模；而中西部地区要统筹做好稳增长与防风险的关系，分阶段实施隐性债务治理，同时继续稳步推进自身经济社会建设，实现区域协同整体发展，缩小与东部地区发展的差距。

二、国外相关文献

（一）政府隐性债务概念研究

西方国家首先对地方政府债务问题进行了研究，并提出了地方政府债务基本理论，按照级次划分，政府性债务包括中央政府和地方政府两个层面，而地方政府性债务又包括作为债务人的地方政府举借的显性债务和隐性债务。20 世纪 90 年代，地方政府债务理论在实践中得到不断完善，Harvey S. Rosen（1992）提出了"隐性债务"概念，指出地方政府性债务不仅包括地方政府发行的政府债券，还包括地方政府承诺在一定条件发生后承担的隐性债务。Hana Polackova（1998）基于责任和发生可能性两个视角提出的财政风险矩阵，从债务责任确定性和非确定性、法律责任和道义责任角度得出四种债务类型，分别是政府直接显性债务、或有显性债务、直接隐性债务和或有隐性债务，其中，政府隐性债务为政府及其部门等因公益性项目建设以非政府债券形式举债，没有列入政府预算的债务。国际货币基金组织、世界银行、经济合作与发展组织、国际清算银行等先后制定了一系列统计指南，指出政府性债务口径不仅包括政府直接借款，还包括政府或有负债，即政府负有间接偿还责任和道义救助责任的债务。

国外地方政府自主公开发行公债并实施规范管理的历史较长，故而或有隐性债务少，侧重研究直接隐性债务，主要是养老金债务的研究。IMF

（2011）将提供给政府雇员或政府提供给所有居民的养老金福利定义为直接隐性债务。Ponds 等（2012）对 OECD26 个国家公共部门雇员养老金隐性债务进行分析和测算。Teles 和 Mussolini（2014）研究老年抚养比提高所导致的欧洲政府债务。近年来，国外学者围绕政府债务与经济增长的相互关系展开了深入研究，Spilioti S. 和 Vamvoukas G.（2015）研究表明，政府债务投资建设项目属于资本性支出，可以提高地区资本存量，促进地方经济增长。Huang 等（2020）则指出政府债务会通过资本配置效率对国民经济增长产生进一步影响。

（二）政府隐性债务成因研究

Oates（1972）提出由于市政基础设施项目一般投资规模大、运营周期长、自身收益低，很难通过社会资金承担，而这些项目的投资建设责任主体主要是地方政府，按照代际公平原则，公共基础设施一般会使好几代人获益，为此地方政府就会通过举债筹资建设公共基础设施，未来举债筹资成本将由受益的几代人来承担，地方政府通过举债方式来实施市政基础设施项目建设会比通过税收更加符合这一原则。出于政治责任考虑，中央政府对地方政府实施财政转移支付，对平衡地区间的发展发挥了积极作用，但同时也会造成地方政府认为，中央政府在地方政府破产或财政收入无法保障按期偿债时会实施一定的救助，这就是地方政府过度举债的动机，出现上述情况的制度根源是预算软约束（Kornai，2003）。Swianiewicz P.（2004）对地方政府债务成因及正当性进行了论证：一是地方政府举债提供公共产品和公共服务，有利于保持经济社会发展的可持续性；二是地方政府举债还可以保障在一定时期存在财政收支缺口时，实现预算收支平衡；三是地方政府举债提供公共产品，公众受益具有长期性且需要未来偿付，符合代际公平原则；四是规范的地方政府债务管理制度可以有效加强预算约束，地方政府通过信用举债在合理规划下融资成本相对较低。Guo G.（2009）研究认为，推进地方政府债务增长源自官员考核制度导致的对地方官员自身利益的激励。在中央政府对地方政府政绩考核的过程中，由于信息不对称等客观条件难以全面、准确地掌握实际情况，为此地方政府官员往往倾向于通过举债推进固定资产投资工程来展示自身的政绩。Ang 等（2016）认为近年来中国地方政府基于政府官员投资偏好动机，扩张房地产市场通过土地抵押融资发债，导致资本利用效率低。Arai 等（2018）从政治权力归属角度分析了政府债务扩张与经济增长的关系，发现政治权力增加会导致地方政府更多地通过发债筹资来提供公共产品，这种行为会对经济发展造成不良的影响，一方面会导致政府长期税率上升，另一方面会导致未来经济增长率下降。Ren 等（2019）研究指出，地方政府发债拉动投资的重要原因就是晋升激励导致的地方政府对绩效考核的过度考虑。Spyrakis Vasileios 和 Kotsios Stelios（2021）运用双线性差分方程系统地分析了高负债国家情况，得出 GDP 波动直接影响债务演变及主权债务导致私人投资减速等结论，为公共债务与 GDP、财政政策的互动提供了新的视角。

（三）政府隐性债务风险状态研究

Horton Jr.（1972）认为，债务违约事件会对经济造成严重影响，可能会将经济从繁荣时期变为经济萧条，而造成违约一般是由于债务增长超过了居民收入增长。Buiter（1985）认为，政府债务风险的形成主要是经济发展、财政体制等方面的原因，债务到期财政能够偿还，说明债务处于可持续状态，否则债务到期不能偿还将会导致财政破产。《马斯特里赫特条约》（1991）规定，政府的赤字率（财政赤字占国内生产总值的比重）与债务负担率（债务规模占国内生产总值的比重）的标准线分别为3%和60%，结合实际中经济、税收、财政体制等因素，风险警戒线应在上述标准线的基础上波动。Frankel 和 Rose（1996）的 FR 模型、Sachs 等（1996）的 STV 模型是从微观层面对信用风险进行度量，主要是通过变量关系与数据模型对债务违约概率进行测度。Hildreth 和 Miller（2002）通过实证分析了政府举债的积极作用，认为地方政府举债能够促进经济发展，而反过来实现良性循环，地方经济发展又会增加财政收入，为未来偿债奠定财力基础。Burnside（2002）分析了政府或有债务，认为其具有多方面隐患，包括或有债务一般由政府代偿的概率会很大，另外或有债务需要政府偿还的条件发生的不确定造成偿还时间难以预计。Ciarlone 和 Trebeschi（2005）将多元 Logit 模型应用于政府债务风险预警，通过对未来预期债务水平及违约概率进行估算，实现预警主权债务危机。Makin（2005）从财政可持续性角度提出，政府超出财力无序举债将导致政府的债务规模和负债率不断增长，最终造成财政彻底失衡。Fuertes 和 Kalotychou（2006）选取了 96 个发展中国家 20 多年的债务数据，分别从时间和空间两个维度的异质性造成的不同主权债务违约情况进行了研究，同时还使用 Logit 模型预测了上述国家的债务违约概率。Dafflon B. 和 Beer-Toth K.（2009）提出，从年度间情况分析，经济增长率、财政赤字、通货膨胀率、利率等指标可应用于衡量债务可持续性，但衡量债务可持续性也存在一些现实困难：一方面，由于经济周期变化造成经济增长、财政状况等数据难以准确预测；另一方面，一些指标如债务率存在不合理因素，因为分子债务余额属于存量数据，而分母财力规模则属于流量数据，两者相比不匹配且缺乏科学性，为此认为财政比率指标更为适合。Lee 和 Yu（2010）指出空间因素已成为自然或者债务以及经济研究的一个性质。Checherita（2012）应用实证方法分析发现，研究政府债务风险问题最根本的是考量债务是否可持续，具体来说，债务规模与经济增长之间存在一定的内在联系，即债务规模适当可以促进经济增长，债务规模过大则不利于经济增长，这种关系类似于倒"U"形，而倒"U"形的最高点就是债务规模最优区间，在此基础上从债务可持续性角度出发，构建指标体系、设定警戒线、测算指标实际值来评估债务是否具有可持续性，被广泛使用的债务风险评估指标包括政府负债率、债务依存度、偿债率、债务率、利息支付率、新增债务率以及担保债务率等，以债务率为例，如果债务与财力比率在警戒线以内或在一定时期内呈下降态势或保持稳定，则债务是可持续的。J. Aizenma 等（2013）使用财政空间分析方法和评价指标估计主权信用风险。A. R. Ghosh 等（2013）则运用财政空间方法分析了欧元区各国主权违约风险的传导机制。Bai 等（2016）指出中国经济的一个核心事实是地方政府表外债务的扩张。彼得森国际经济研究所（2020）指出为了缓解希腊债务压力，2018 年欧洲官方债权人延期了希腊债务本息，而希腊政府也承诺在 2022 年之前将基本盈余的 GDP 占比控制在 3.5%，并以此作为对于债务延期的回报。Kose M. 等（2021）认为，新兴市场经济体（EMDE）的债务处于半个世纪以来的最高水平，其中五成左右的新兴市场经济体债务高出国内生产总值的 30 个百分点以上，同时提出降低债务负担可通过促进经济增长、财政整顿、增加财产税，以及金融抑制、债务违约重组等措施来实现。

（四）政府隐性债务与 PPP 关系研究

Darrin Grimsey 和 Mervyn K. Lewis（2002）指出推广实施 PPP 模式可以吸引私营部门参与市政基础设施建设，从而改善和促进经济社会发展。Shenli Yin 等（2006）从不同角度对 PPP 中的 BOT、TOT 等投资与融资模式进行了分析。Cebotari（2008）认为 PPP 模式中可能产生的或有负债属于"隐性融资"，一方面会躲过财政和融资机制约束，另一方面会对政府财政运行的可持续性造成一定威胁。A. N. Chowdhury（2011）认为在 PPP 模式中政府在法律和制度上发挥作用，私营部门则承担筹集资金、技术支持等职能，使得政府和社会资本各自发挥优势，有效地缓解政府在提供公共服务或公共产品时涉及的资金问题和管理问题。Tarasova O. V.（2021）从空间角度对俄罗斯公私伙伴关系进行了研究，发现俄罗斯 PPP 存在空间失衡与矛盾、PPP 跨区域发展不均衡、小项目盛行等问题，强调改善领土制度环境对于 PPP 进程的强化至关重要。

国外学者对 PPP 模式产生的政府隐性债务问题给予了关注。Guasch（2004）对 1980 年到 2000 年拉丁美洲 PPP 模式中近 1000 份 PPP 合同的实施情况进行了分析研究，发现合同在实施过程中有三成进行了重新谈判，重谈调整后多有利于私人部门，这在一定程度上削弱了财政约束力。Hammami（2006）分析了部分国家 PPP 投资规模和政府债务规模的关系，发现使用 PPP 模式的国家负债也相对较多。Irwin（2007）对 PPP 模式中政府提供担保的现状、原因和方式进行了分析，并有针对性地提出了应对措施。Cebotari（2008）对 20 世纪末东南亚等国家的金融危机进行了研究，认为这些国家实施 PPP 模式产生的大量或有负债是重要原因之一。Hoppe（2011）认为实施 PPP 模式既可以节省政府基础设施建设开支，又可以为私人部门带来投资收益。Shendy 等（2013），Rashed M. A. 等（2016）对加纳、斯里兰卡等国家 PPP 模式的实施情况进行了分析研究，认为 PPP 模式导致这些国家政府隐性债务增加。在实证分析方面，Albalate 等（2015）选取美国各州 PPP 数据，以及财政约束变量（政府债务和税收收入）进行实证研究，发现财政约束与 PPP 私人部门参与度存在正相关，也就是说，政府债务越高，税收收入越低，则私人部门参与度越高。Buso 等（2017）通过自然实验方法对法国 PPP 项目进行了研究，发现政府越是财政困难越倾向于使用 PPP 模式。Nguyen 和 Garvin（2019）经过研究认为，PPP 模式中普遍存在的激励分配、高交易成本和长期合同中存在固有机会主义等生命周期不确定性是许多合约问题的根源。

（五）政府隐性债务化解研究

预算软约束、转移支付结构不合理、政绩考核机制等因素强化了地方政府举债动机，为此需要加强对地方政府举债融资的管理和控制。Ter-Minassian T.（1997）认为应该从中央直接控制、规则管理、市场约束、协商管理四个方面加强对地方政府债务的管控和约束：一是中央直接管控，由于信息不对称、预算软约束导致中央政府对地方政府举债缺乏控制，为此需要将地方政府举债涉及的限额、方式以及外债等纳入中央直接管控范围；二是规则管理，通过法律法规进一步明确控制地方政府举债的地方财政赤字上限和偿债能力指标，以弥补由于预算软约束而带来的监管不力，对于信息不对称而带来的地方政府借国有企业名义融资举债而绕开监管的行为，则需要进一步加大法律法规执行力度；三是市场约束，前提是在金融资本市场比较发达的国家适用，这些国家资本市场相对独立，不受政府控制，市场各种信息公开透明，市场力量可以对地方政府借债行为加以限制，并督促地方政府做出合理举债安排，与此同时，中央政府明确不对地方政府举债实施救助，且地方政府有专门的部门做好与市场沟通的相关工作；四是协商管理，需要建立中央政府与地方政府就债务管理问题的协商机制，掌握好原则性和灵活性，以正确处理国家整体利益和地方政府自身发展的关系。

Uctum 和 Wickens（2000）通过研究认为，需要强化跨年度预算约束，并有效控制地方政府的财政赤字和债务规模，以保证财政运转的可持续性。Ahmad 等（2006）对如何处理地方政府债务危机进行了归纳：一是财政重组，千方百计改善财政收入，严格控制财政支出，严禁新增举债，帮助地方财政尽快恢复良性运行；二是中央接管，暂停地方政府财政管理自主权，由中央政府直接管理；三是司法处置，履行法律程序由司法机关裁定地方政府破产，并协调解决其原债权债务关系。Buiter（2009）对债务可持续性问题进行了研究，认为地方政府自身筹资能力在一定程度上决定了债务是否可持续，只要政府保持信用良好，地方政府就可以保证能够长期举债，并且偿债来源可以得到保障，那么就能认为地方政府举债具有可持续性。Dafflon B.，Beer-Toth（2009）认为可以通过将地方政府债务纳入预算管理的方法来有效控制地方政府债务问题，这样可以使地方政府主动管理债务风险，具体方法就是要实现预算平衡：一方面保证经常账户收支相等，该账户不得进行债务融资，但可以在支出中列支债务成本与存量债务偿还本金；资本账户支出可以列支举债融资金额，但要通过设立债务风险指标对债务融资加以严格控制，而债务风险指标的设置既要科学又要行之有效。D. Alessandro 等（2014）基于合同具体条款与合同契约精神角度，分别从有形约束和无形约束两个方面研究了政府管理与 PPP 项目风险分配的关系。Hatice 等（2017）指出，基于行之有效的风险转移策略是设计并处理好 PPP 创新伙伴关系的基础，也是治理 PPP 合约的关键所在。Ying Yi－hua 和 Huang Hui－qiong（2017）提出有效控制和防范 PPP 项目风险最重要的是识别 PPP 项目全生命周期各阶段的风险，通过完善机制实现风险合理分担。Melecky Martin（2021）指出，新冠疫情危机使南亚的经济陷入深度衰退，凸显了南亚不断上升的债务水平和庞大的隐性负债，并从实现目的、激励手段、提高透明度和强化问责制四个相互关联的因素出发提出了降低政府债务负担的措施。Kim Jun II 和 Ostry Jonathan D（2021）认为将 GDP 与债务规模挂钩有助于稳定经济增长不确定性下的负债率，并通过与投资者分担风险来降低违约风险；发行期限较长的名义债券也有助于通过平稳债券市场价格的状态来降低违约风险，在这两种情况下，违约风险降低了借贷成本，并导致在基本收支平衡的给定路径上实现更高的最大可持续水平。

三、文献述评

从前述国内外文献来看，近些年许多学者已对地方政府隐性债务风险给予了高度关注，有的学者还通过定性研究或定量研究方法对 PPP 模式下产生的债务风险进行了概念界定和初步评估，并相应提出了应对措施，但现有国内文献针对地方政府隐性债务的研究依然存在一些不足：一是债务数据取得受限。我国地方政府债务中，对于政府债务，主要是地方政府发行的政府债券，我国目前已建立了完整的信息披露机制，财政部和地方政府会定期公布政府债券数据；而对于隐性债务，自 2018 年对全国地方政府隐性债务实施统计以来，由于数据涉密目前并未向社会公开，现有文献大多以地方政府融资平台在公开市场发行的企业债券、公司债券、中期票据、短期融资券等作为数据来源，但由于政府对这些城投债是否真正承担偿还或担保责任以及其他政府支出责任等造成实际隐性债务规模统计的口径模糊，进而导致以此为依据得出的实证研究结论不能准确地反映地方政府债务风险程度。二是理论与实证相结合的研究薄弱。各界对于 PPP 模式所产生的地方政府隐性债务问题虽有一定关注，但以理论与实证相结合的方式来进行研究的成果尚不丰富，现有研究成果多数是从财政、经济、管理等某一角度，综合研判 PPP 视阈下地方政府隐性债务风险，也还未将研究视角拓展到区域或空间角度，对 PPP 视阈下地方政府隐性债务的风险诱发途径、机理等的研究也有待深入，即便有少数最新文献已尝试将空间计量实证分析方法引入地方政府隐性债务风险研究中，但大多还是侧重反映区域范围内的趋同性或群同性，而未能全面分析不同地区之间关系的差异性，也并未构建起空间因素和制度因素相结合的理论分析框架，进而从多角度分析估测各地区政府隐性债务的风险状态。三是 PPP 模式与地方政府隐性债务关系辨别不清。从概念看，学界大多将 PPP 与隐性债务的关系定义为违规实施 PPP 项目形成的隐性债务，但对其范围和边界并没有进行清晰界定，较少文献能够从财政风险矩阵理论角度厘清 PPP 视阈下地方政府隐性债务类型；从成因看，更少能从 PPP 模式全生命周期管理角度分阶段分析债务风险点及传染路径；从措施看，很少能够针对各地风险区域差异情况提出应对措施。

与国内相关文献比较，现有国外文献同样也主要是围绕隐性债务概念、规模、成因、风险、对策以及单纯针对 PPP 运作模式开展研究，对于地方政府隐性债务具体概念方面，则与国内研究观点存在一定差异。由于国外地方政府融资主要依靠政府发行债券的方式，且没有融资平台这样的举债主体，所以国外文献并没有给出地方政府隐性债务的确切概念，一般会认为隐性债务主要是因政府承诺形成的未来支出责任，此类债务根据属性应归为政府债务，因此将直接债务和隐性债务均纳入政府债务统计范围，而将或有负债归类于隐性债务，即为公共部门在一定条件发生的情况下可能额外承担的偿还义务；债务风险评估方面，FR 模型、STV 模型从微观层面在应用信用风险度量后，又被应用于对货币危机的预警，后来经过发展，多元 Logit 模型被广泛应用于对政府债务风险预警，主要是通过对未来预期债务水平及违约概率进行估算以实现预警主权债务危机。与此同时，近年来国外学者已尝试将空间概念逐步引入财政经济与社会科学等领域，并应用空间指标测算主权信用风险，还有文献在 PPP 领域通过空间计量工具分析地区项目发展状况，并反映出 PPP 存在的空间失衡与矛盾、跨区域发展不均衡等问题，但关于 PPP 视阈下地方政府隐性债务风险方面尚未有深入的实证研究。

综上所述，国内外学界虽已着手研究 PPP 引发的地方政府隐性债务，但其概念及理论界定含混不清，对债务风险的分析多停留在指出现象的浅表层面，并没有深入研究两者之间内在传导机制，实证研究技术滞后，更是缺乏空间分析技术去深刻指出 PPP 引发的地方政府隐性债务风险在各地的空间分布。故而，本书将致力于研究 PPP 视阈下地方政府隐性债务的概念、类型及风险蕴藏点，构建以制度因素和空间因素为基础的理论分析框架，借鉴国内外财政空间技术方法，研究 PPP 视阈下地方政府隐性债务风险在各地的空间分布，并提出规范 PPP 发展、防范政府隐性债务风险的对策。

第四节　研究内容和研究方法

一、研究内容和思路

（一）研究内容

本书以政府和社会资本合作视阈下各地隐性债务风险的空间计量及隐性债务风险治理路径为研究对象，研究内容主要分为九个部分，依次继起、环环相扣，具体研究框架如下：

1. 导论。重点介绍了选题背景、研究目的及意义，对国内外文献中关于隐性债务、PPP 模式以及两者之间关系的研究进行了梳理，并进一步确定了研究内容、思路和方法等。

2. PPP 视阈下我国地方政府隐性债务的理论分析框架。借鉴财政风险矩阵理论，基于 PPP 模式特点厘清 PPP 视阈下地方政府隐性债务的概念及构成。

3. 我国 PPP 模式现状及其诱发地方政府隐性债务风险的路径。重点介绍了我国地方 PPP 模式应用的情况，并结合具体实例分析并总结了 PPP 模式应用风险诱发地方政府隐性债务风险的五个路径。

4. PPP 模式诱发地方政府隐性债务的制度风险因素。基于财政部 PPP 项目全生命周期操作流程，采用主客观结合的德尔菲法，调研东、中、西部示范 PPP 项目，从 PPP 项目识别、准备、采购、执行、移交的每个阶段归纳潜在的地方政府隐性债务风险触发点，剖析 PPP 诱发地方政府隐性债务的制度因素。

5. PPP 视阈下地方政府隐性债务风险的空间计量分析。鉴于各地受中央 PPP 规范管理统一政策影响的且邻近地区之间存在社会资本竞争和 PPP 规范管理政策的学习效应，不同地区 PPP 项目及其诱发的隐性债务风险存在空间相关性。故而在前面分析 PPP 诱发地方隐性债务风险的制度因素基础上，在隐性债务风险研究中加入空间结构因素，强调空间结构和制度结构的二重作用，提炼空间结构研究假设（空间结构因素包括空间相关性和空间邻近性）和制度结构研究假设（制度结构因素涉及 PPP 全生命周期整合程度、风险识别与分配、绩效导向与鼓励创新、潜在竞争程度、政府机构能力、可融资性等方面），构建空间滞后模型和空间误差回归模型。

利用财政部政府和社会资本合作中心项目库数据、各省 PPP 项目数据和 WIND 数据库，以省市为研究样本，收集经纬度数据，形成自变量数据（自变量包括 PPP 清库项目数、PPP 项目总金额、PPP 项目识别数占总项目数比重、PPP 项目执行数占总项目数比重、PPP 财政支出责任、社会资本占项目资本金比重、物有所值 VFM 值、物有所值定性分析得分、使用者付费项目数占总项目数比重、非国有资本占社会资本比例、项目自身收益占回报机制比例、政府项目资本金投资占 PPP 项目总金额比例、社会资本融资占需要出资比例、非银行贷款占社会资本融资比例、政府运营期付费中运营成本占比等)。因变量是地方政府隐性债务风险,以 PPP 政府直接隐性长期补贴和或有支出责任(兜底回购、保障收益、分期付款等)来反映,同时选取城镇化率、常住人口、社会融资规模增量作为控制变量,使用 Geoda 和 Stata14.0 软件,基于地理距离和经济距离的空间权重矩阵,对 PPP 视阈下各地隐性债务风险空间模型进行评估和检验,分析各地隐性债务风险空间分布及相邻空间的互动与溢出效应。

6. PPP 视阈下政府债务风险防控机制的国际经验借鉴。介绍法国、英国、加拿大、韩国 PPP 模式运行的主要特点和发展中国家成功的 PPP 项目,分析政府债务风险防控机制的经验做法,总结实践经验对我国的启示。

7. 我国防范地方政府隐性债务风险的优秀 PPP 项目案例。优秀案例包括北京市新机场北线高速公路(北京段) PPP 项目、上海市闵行文化公园美术馆 PPP 项目、深圳市光明新区海绵城市建设 PPP 项目。

8. 中央及各地治理地方政府隐性债务的政策及其发展。研判地方隐性债务风险治理,特别是 PPP 视阈下地方政府隐性债务治理的政策发展。

9. PPP 视阈下治理地方政府隐性债务风险的对策。基于国际经验、我国防范地方政府隐性债务的优秀 PPP 项目案例、我国当前治理地方政府隐性债务政策及其发展,结合前述 PPP 不规范管理导致的潜在的地方政府隐性债务风险触发点和各地 PPP 视阈下地方隐性债务风险的空间分布,提出各地有节有序推进 PPP 规范发展和针对各地不同风险状态下的中长期控制隐性债务增长的治理路径。

(二)研究思路

1. 梳理国内外关于隐性债务、政府和社会资本合作以及两者之间关系的相关文献，进一步确定研究内容、思路和方法。

2. 结合财政风险矩阵理论，分析 PPP 视阈下地方政府隐性债务的理论基础。

3. 结合具体实例，分析并总结 PPP 模式应用风险诱发地方政府隐性债务风险的五个路径。

4. 基于 PPP 全生命周期中项目识别、准备、采购、执行、移交的每个阶段归纳潜在的地方政府隐性债务风险触发点，剖析 PPP 不规范管理导致地方隐性债务风险的制度因素。

5. 提出 PPP 视阈下地方政府隐性债务风险的二重结构因素（制度结构、空间结构）及研究假设，构建各地隐性债务风险的空间计量模型，得出各地隐性债务风险空间分布情况，并通过计量模型对 PPP 视阈下地方政府隐性债务风险的空间分布进行实证分析。

6. 分析总结法国、英国、加拿大、韩国的 PPP 模式和发展中国家的 PPP 成功案例中政府债务风险防控机制的做法以及对我国的启示。

7. 分析我国防范地方政府隐性债务风险的优秀 PPP 项目案例。

8. 梳理当前中央及各地治理地方政府隐性债务的相关政策，研判地方隐性债务风险治理方向，特别是 PPP 视阈下地方政府隐性债务治理的政策发展。

9. 基于前述 4~8 的研究，提出 PPP 视阈下治理地方政府隐性债务风险的对策。本书研究技术路线如下图 1.1 所示：

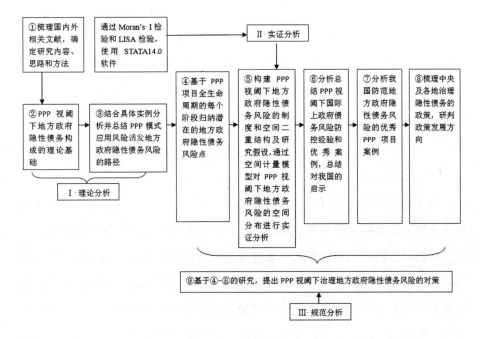

图1.1　研究技术路线

二、研究方法

我们依次采用了财政风险矩阵分析法、德尔菲法、调研访谈法、空间计量方法、归纳分析法。我们采用财政风险矩阵分析法搭建PPP视阈下地方政府隐性债务的理论分析框架，分析其中隐性债务的概念和构成；采用德尔菲法和调研访谈法剖析PPP不规范管理导致的潜在的地方政府隐性债务风险触发点；构建空间计量模型、采用空间计量方法与运用Geoda和Stata14.0软件分析PPP视阈下各地隐性债务风险空间分布及相邻空间的互动与溢出效应；采用归纳分析法提出推进PPP规范发展和针对各地不同风险状态有所区别的控制隐性债务风险增长的中长期治理路径。

第五节 研究创新之处与不足

一、创新之处

本书创新之处有三：其一，研究视角方面的创新。本书基于 PPP 的视阈来研究地方政府隐性债务风险问题，且在这一研究视阈中不同于现有国内文献是从财政、经济、管理等某一角度或是侧重反映全域及区域范围内风险的趋同性或群同性，而是突出以理论制度分析和空间计量实证相结合为基础，搭建制度因素和空间因素二重结构理论分析框架的研究视角，来全面分析地方政府隐性债务风险状态以及不同地区之间关系的差异性，进而提出各地有节、有序、有别的 PPP 视阈下地方政府隐性债务风险治理路径。其二，研究思路方面的创新。结合我国 PPP 实务中的具体情况，对于 PPP 模式中由于不当操作等原因导致地方政府隐性债务的诱发路径，以及从 PPP 模式全生命周期的识别、准备、采购、执行和移交等各个阶段对于诱发地方政府隐性债务的制度因素进行深入剖析；以 PPP 综合信息平台数据为基础，对于 PPP 诱发的地方政府隐性债务风险规模不是从债务人角度考虑，而是从债权人角度估计，从地方政府投资端入手，依托"支出＝收入"等式来进行估算，并据此作为本书实证分析的理论框架和数据来源。其三，研究内容与方法方面的创新。基于经典的财政风险矩阵理论对 PPP 模式诱发的地方政府隐性债务的概念及类型进行理论分析；采用财政空间技术方法，强调空间结构和制度结构的二重作用，提出并检验空间结构研究假设和制度结构研究假设，从制度风险触发点中全面挖掘、提炼可能影响地方政府隐性债务风险的因素，同时考虑反映地区经济社会发展特征的控制变量因素，构建空间滞后模型、空间误差回归模型来深入分析各地 PPP 视阈下地方政府隐性债务风险的空间分布情况、相邻空间的互动与溢出效应以及隐性债务显著影响因素，为未来地方政府规范发展 PPP 模式、准确识别应对 PPP 风险提供了理论支撑和量化依据。

二、不足之处

本书的不足之处在于对 PPP 项目操作流程中诱发地方政府隐性债务风险制度因素界定的客观性和准确性的研究不够深入，以及由于 PPP 具体项目实操中对外披露的信息及数据相对较少，导致本书可能在实证分析的指标选取上存在困难且受到局限，实证研究的权威性还有待深入和加强。这些不足同时也是研究 PPP 运作模式与地方政府隐性债务管理中的瓶颈和未来学界研究与实务界监管工作中要着力加强的方面。本书的研究内容可以随着 PPP 模式规范发展的进程和地方政府债务管理的进一步科学化而不断深化和充实调整。

第二章

PPP 视阈下我国地方政府隐性债务的理论
分析框架

历经七年实践探索，PPP 模式在我国已广泛应用于市政基础设施及公共服务领域，成为稳增长、促改革、调结构、惠民生、防风险的重要举措。为更好地发挥 PPP 模式投融资功能，切实防范隐性债务风险，本章主要对 PPP 视阈下我国地方政府隐性债务的理论框架进行分析，梳理和界定相关理论基础和概念，并借鉴财政风险矩阵理论，基于 PPP 模式特点，厘清 PPP 模式视阈下地方政府隐性债务的概念及构成，为后续进一步提出对策奠定基础。

第一节　理论研究基础

一、公共产品理论

（一）公共产品理论概述

公共产品理论是正确处理政府与市场关系、构建公共财政收支的基础理论，其以市场失灵为界划分社会产品，由于市场失灵天然存在，造成市场机制无法对公共产品实现"帕累托最优"，而公共产品则是政府经济活动的主要内容。公共产品理论认为，由于存在市场这只"看不见的手"，以及理性经济人先天固有的自利心理缺陷，因此在公共产品生产时表现为无能为力，而必须倚仗政府这只"看得见的手"来实现其作用。公共产品理论形成于19世纪末期，当时的学者们主要是运用边际效用价值论来研究政府在市场经济运行中的互补作用。此后，哲学家托马斯·霍布斯（Thomas Hobbes）、大卫·休谟（David Hume）、亚当·斯密（Adam Smith）又分别提出了国家起源论、搭便车人性论以及守夜人角色，从不同角度分析研究了政府职能以及其在提供公共服务和公共产品方面的作用。一些经济学家通过对公共产品形式的区分又进一步深化了公共物品理论，有代表性的是保罗·萨缪尔森（Paul A. Samuelson）以非排他性和非竞争性来定义公共产品，进而将社会产品两分为纯公共产品和纯私人物品，又对政府如何更加有效地提供公共产品进行了实证分析，在此基础上计算出公共产品生产的均衡解"萨缪尔森条件"。之后两分法又逐步扩展为多分法，即布坎南将俱乐部产品认定为准公共产品。政府具有提供公共产品的责任被明确后，那么政府如何更大效率地提供公共产品的问题成为学者关注的重点，研究方向包括税收、债务正当性等，后来就逐步形成了公共经济学。按照约瑟夫·斯蒂格利茨（Joseph Eugene Stiglitz）的说法，公共经济学是一门以研究政府公共部门活动为核心内容的学科，这里主要涉及政府活动范围、组织形式，以及对政府各项经济活动及政策进行评估，并相应提出意见与建议等内容。后续的公共经济学又逐步吸纳了组织学和博弈论、福利经济学、信息经济学等理论，公共产品理论也将关注重点放在政府如何决策和如何选择以及由此产生的经济效应等方面，注重公共产品生产与提供的关系、公共产品生产及定价，关注分析政府收支所产生的社会经济效应，公共产品理论的研究内容和方法取得了持续的进展。

上述西方公共产品理论研究的视角主要是个人消费和市场，研究重点是公共产品分类及政府提供公共产品的效率，没有对其历史属性及自身本质进行深入研究。而马克思则回答了上述问题，认为公共产品是人类社会发展的必然产物，是人类生存的重要物质基础，其外在表现出的非竞争性和公益属性，就决定了公共组织作为其主要的提供主体，而公共组织在提供公共产品时，基本出发点就必须是满足全社会共同利益的公共性和基础性，至于公共产品的提供主体是政府还是市场，则决定于不同阶段、不同地域的社会生产发展水平，随着经济社会的不断发展，公共产品的种类也将变得更加丰富，为此马克思判定未来公共产品的自身公益属性程度将是决定其最终提供主体的重要依据。

（二）地方政府债务、PPP 模式与公共产品理论

公共产品理论认为地方政府作为一个地区的公共组织，服务本区域经济社会发展、提供当地公众所需的公共产品则是其一项重要、应尽的职责，从而为地方政府以各种融资行为来供给公共产品的正当性和必要性提供了理论基础。具体来说，由于公共产品投资大、收益低、期限长等属性，当期财政能力往往不能满足提供公共产品或公共服务的需要，按照代际公平原则，地方政府可以以举债融资方式或与社会资本合作模式筹集所需资金，为社会成员提供必需的公共产品，与此同时，地方政府也将承担这部分债务偿还责任以及未来支出责任。地方政府通过举债行为、政府和 PPP 模式提供公共产品的积极作用和重要现实意义，也都可以从公共产品理论中找到诠释。

二、公共选择理论

（一）公共选择理论概述

20 世纪 40 年代后，由于政府实行了凯恩斯主义经济政策，对市场经济运行过多地加以干预，造成政府赤字扩大、物价飞速增长，凯恩斯主义经济政策所产生的一系列问题，为公共选择理论的出现创造了客观的经济环境和政策空间。布坎南等提出，与公共产品理论中存在市场失灵类似，由于政府是由具体个人组成的组织，不是一个理性的集体，所以政府在提供公共产品

时同样也会存在失灵现象，至此学者们运用微观经济学的基本假设、原理和方法，围绕公共选择问题提出了研究分析政府主体及其运行原理的公共选择理论。该理论是学者们在凯恩斯主义经济学关于政府失灵后，选择运用新自由主义思想关于微观市场的假设和方法来调整和优化政治决策过程，重新反思社会公众利益的实现路径。公共选择是指作为"理性经济人"的公民参与到政治决策的过程中，实现个人选择转化为集体选择的一种过程，具体来说，公民通过投票等方式表达自身诉求，并以此来决策政府提供公共产品的数量和方式，其与市场化分配相对应，是利用非市场方式实现资源配置。概括起来，公共选择理论关于政治过程最突出的特征主要有两个，一个特征就是政府失灵，政府虽然采取了一系列立法司法行政等措施来管理经济活动，但不可避免地还是会出现政府越位或失位的现象和问题，最终影响资源配置效率，并进而造成社会福利的损失。另一个重要特征就是理性经济人，公共选择理论的逻辑起点是个人主义，本质上仍然是追求利益最大化，整个政治决策过程实际上是将个人利益按照一定的规则汇聚成集体利益，因此个人主义是公共选择理论方法论的特征。在理性经济人即存在个人主义的前提下，在政府决策过程中，无法实现每个参与者个人利益都能最大化，而往往一般情况下彼此之间还都存在着冲突，所以公共选择理论得出政府与市场一样，也会存在政府失灵。因此，公共选择理论认为，需要引入新自由主义思想来解决政府失灵问题，也就是说要按照市场机制运作方式，建立一个以自由选择和契约精神为基础的规则，来实施政治集体决策。

（二）地方政府债务、PPP模式与公共选择理论

政府在为辖区内公民提供公共产品和公共服务时，由于自身过于追求政绩即自我扩张倾向，以及内部管理低效率等造成政府失灵，表现为会在主观上通过增加支出等方式不断扩大公共产品和公共服务的供给，在财力有限的情况下，采取举债方式来筹措建设资金，促进公共基础设施和公共服务等产品的生产和再生产。近年来，我国地方政府债务不断快速膨胀，一方面发挥

了债务资金促进公共基础设施建设的积极作用，另一方面也反映了处于政绩考核的背景下，地方政府官员为了考量职务晋升、满足自身利益等需求而不断扩大举债融资规模。正是由于政绩目标驱动，造成地方政府举债规模不断膨胀，而提供的公共产品和服务往往会超过社会公众实际需求，由此产生的债务只能通过借新还旧方式维持运行，债务"雪球"越滚越大，有些地区存在着政府破产的风险。从根本上解决这种由于政府失灵造成地方政府无序举债的行为，就需要引入公共选择机制，通过出台地方政府举债相关法律、严格政府债务限额管理，以及建立举债事前安全审查等政治决策和市场监管机制，严格执行政府和社会资本合作项目准入和社会资本方遴选机制，以及财政承受能力10%的红线要求，同时还可配套实施隐性债务数据多部门信息共享、联合监管等政策措施，来有效遏制地方政府隐性债务过快增长的势头。

三、委托代理理论

（一）委托代理理论概述

委托代理理论属于制度经济学中契约理论的分支，研究的核心内容是委托代理关系，即某个或某些行为主体根据提前制定的契约指定其他行为主体为其服务，契约中明确后者享有一定的决策权，服务结束后前者将根据后者提供的服务质量和数量，按照约定支付相应的报酬。在现代公司制企业经营管理中，由于股东和职业经理人之间存在信息不对称，造成了股东与职业经理人之间利益不一致问题，进而产生了委托代理问题。委托代理理论的前提是委托人和代理人均为"理性经济人"，两者都追求自身利益最大化，双方收益和成本是相互对应的，进而造成两者追求的利益不一致。具体来说，由于存在信息不对称问题，委托人不能全面了解代理人的辛勤工作程度，与此同时，代理人依靠信息资源和优势努力实现利益最大化，进而影响了委托人的利益，这就出现了代理问题，也叫作"道德风险"。解决信息不对称问题，就需要委托人与代理人通过契约或合同方式建立激励约束机制，从而有效实现两者利益达到一致。至于如何发挥这种机制来更好地激励代理人,解决好两者利益冲突,这就是委托代理理论中的激励相容约束问题,目的就是通过制度设计有效激励代理人发挥自身作用努力工作,以更好地实现委托人的既定目标。

（二）地方政府债务、PPP 模式与委托代理理论

在一个国家的治理体系中,存在不同层级的政府主体,各级政府之间就存在着委托代理关系。从我国情况看,中央政府与地方政府之间就是一种委托代理关系,委托方为中央政府,代理方为地方政府。我国中央政府与地方政府之间委托代理关系的现有激励制度设计中,中央政府主导的经济发展政绩观考核体系,在一定程度上激励了地方政府追逐举债融资导致风险飙升,具体来看,在一定时期中央政府以 GDP 增长考核地方政府政绩,各级地方政府在财力不足的情况下,通过举借债务实施基础设施建设拉动投资以推动GDP 的增长。同样,委托代理理论还体现在 PPP 运作模式中,即地方政府与合作成立的 SPV 公司之间就存在着这种委托代理关系,委托方为地方政府,代理方为 SPV 公司,双方通过合同约定权利、义务和风险、收益分担机制。基于以上叙述,中央政府与地方政府之间的委托代理关系存在问题,在一定程度上导致我国地方政府出现盲目举债搞建设和通过不规范 PPP 模式变向举债等现象。

四、财政分权及预算软约束理论

（一）财政分权及预算软约束理论

财政分权理论主要应用于财政体制管理领域,与上述公共产品理论和公共选择理论存在一定的关联。具体来说,财政分权是指中央政府赋予地方政府一定的财力和支出责任,地方政府按照规定在一定范围内自主决定预算支出规模和结构,向所辖公众提供公共产品和公共服务,所辖公众则可以选择

所需要的政府类型并参与社会管理。中央政府通过财政分权构建起有效的激励约束机制，有效地调动地方政府社会管理事务的积极性，从而更好地为本辖区公众提供公共产品和公共服务。从我国中央与地方财政体制情况看，现行财政事权中央及地方政府各自完全独立的事权较少，而需要共同承担的事权相对较多，共担事权则需中央政府与地方政府履行各自的政府支出责任。我国中央政府与地方政府现行财权事权划分以及激励约束机制尚不健全，造成地方政府自身财力与所需承担的支出责任不相匹配，即承担事权要大于其所享有的财力规模。

预算软约束概念最早应用于解释东欧等转型国家计划经济体制下国有企业经济行为，是由 Kornai 最先提出来的①。预算软约束是指政府预算不再发挥应有的约束作用，对政府行为失去控制效力，是导致政府财政支出扩张的制度缺陷，具体表现为：一方面，政府各部门的行事支出不再受年初既定的预算目标控制；另一方面，失去预算约束力的财政支出将会无限膨胀。预算最本质的作用就是对政府行为加以强有力的约束，对政府提供的公共产品和公共服务的内容和质量加以控制，然而一旦出现预算软约束，那么原定的政府收支平衡计划就会被彻底打破，政府行为无法得到有效控制，造成财政支出规模无序扩大，甚至会产生大量的财政赤字。近年来，预算软约束理论连同财政分权理论被应用于研究我国中央政府与地方政府财政体制问题，当地方政府承担事权所需支出责任大于财力时，一般就会出现突破预算约束的动机，地方政府通过预算外安排支出和举债融资，进而不断地突破预算约束，就造成了预算软约束问题。在我国这样中央政府与地方政府财政分权不够彻底的财政体制下，一定程度上存在逆向激励的现象，即地方政府为完成应尽事权时，习惯于依赖中央政府各种类型的转移支付救助或支持，地方政府难免会出现道德风险，往往越是财政相对困难或是债务风险较大的地方，越会

---

① Kornai J., Maskin E., Roland G. Understanding the Soft Budget Constraint [J]. Journal of Economic Literature, 2003 (41): 1095-1136.

主观认定未来中央政府会给予必要的财力救助。

(二) 财政分权不彻底和预算软约束易形成地方政府隐性债务

综上所述，由于我国中央政府与地方政府财政分权不彻底、界限不清晰，加之对应的中央政府对地方政府转移支付制度还不够完善，造成地方政府支出责任大于财力，超出自身承受能力的地方管理事务，地方政府就会产生习惯于依赖中央政府救助或支持的道德风险，进而出现突破预算软约束的动机，并通过赤字方式举债融资来弥补其财力不足。为了提供更多的市政基础设施、义务教育、医疗卫生等公共产品或公共服务，地方政府就会通过各类违规举债方式或不规范的 PPP 模式来筹集资金以弥补财力不足，这样就形成了地方政府隐性债务。近年来，中央政府针对地方政府存在的预算软约束问题，通过召开会议或出台隐性债务监管文件等方式多次提到"硬化预算约束"的要求。2014 年，国务院出台国发〔2014〕43 号文件明确提出："要硬化预算约束，防范道德风险，地方政府对其举借的债务负有偿还责任，中央政府实行不救助原则。"在此之后，中央金融工作会议和中发〔2018〕27号文件等均有类似表述，《国务院办公厅关于印发地方政府性债务风险应急处置预案的通知》（国办函〔2016〕88 号）也明确提出，地方政府对其举借的债务负有偿还责任，中央政府实行不救助原则。从省级层面看，近年来密集出台的加强隐性债务管理的文件亦是基于预算软约束理论的考虑，这些文件均提出要打消基层政府认为中央和省级政府会救助的想法。

五、"财政风险矩阵"理论

"财政风险矩阵"理论是由 Hana 于 1998 年创造性地提出的，反映了未来不确定性的收支按照其各自系数进行排列组合的一种计量方法。财政风险矩阵根据债务责任确定性与非确定性，以及政府承担法律与道义责任的角度，对债务进行细化分类得出政府直接显性债务、直接隐性债务、或有显性债务和或有隐性债务概念。从我国公共财政建设情况看，学术界将"财政风险矩阵"加以推广和拓展，按照债务偿还来源以及地方政府支出责任将地方政府债务分为政府性债务和或有债务；按照债务发生是否属于法定义务将地方政府债务分为限额内地方政府显性债务和限额外地方政府隐性债务，研究系统地反映了近年来我国地方政府财政风险状况。根据"财政风险矩阵"理论一般分类，并结合国际惯例和我国实际，地方政府债务具体内容如下。

直接显性债务是指根据国家法律法规或政府合同明确规定需由政府承担还款责任的债务，包括政府债券、国债转贷、地方政府外债和地方政府欠款等。政府债券是在中央下达政府债务限额内以地方政府名义发行的债券资金，用于市政基础设施、义务教育、医疗卫生等公共产品和公共服务；国债转贷是由中央统一发行国债，由财政部转贷地方政府，并明确由地方政府负责偿还，用于地方经济建设与社会发展；地方政府外债由财政部代表国家统一对外举债，最终由使用贷款的地方政府负责偿还；地方政府欠款主要是行政事业单位实施工程项目，未按合同约定按期支付的项目工程款。

直接隐性债务是指法律未明确做出规定、政府也没有约定负有偿还责任，但最终考虑社会稳定等因素需要由地方政府承担一定救助责任的债务，主要是失业、养老、医疗等各类社会基金缺口以及特困人员生活保障等方面。

或有显性债务是指法律或合同规定在具备一定的条件下政府需要承担的债务。这类债务一般有具体承债单位，在取得贷款时由地方政府进行担保，但名义上仍由具体承债单位负责偿还，当项目运行不善造成承债单位难以还款时，地方政府就必须安排预算资金进行偿付。我国《担保法》明文规定，除外国贷款外，国家机关不得作为担保人提供担保。然而从实践情况看，地方政府为了提供公共产品和公共服务需筹集大量资金，成立了很多融资平台公司，大多是以土地出让收入等各类财政性资金为担保进行融资，最终形成需由政府承担担保责任的或有显性债务。

或有隐性债务是指法律没有明确规定且政府没有承诺偿还，但地方政府迫于社会稳定或公众压力而可能被转嫁形成的债务，包括对国有企业经营不善破产重组以及地方法人金融机构不良债务的救助等。

六、空间经济学理论

对空间经济学说史的发展脉络进行梳理可以发现，早期经济思想家、古典经济学家等都曾经对空间经济思想进行阐释，但都没有建立起独立的理论体系，直到古典经济学空间因素被李嘉图比较优势替代，空间因素就彻底从主流经济学理论中消失了，一段时期内空间因素未在古典经济学理论中被涉及过。由此可见，早期的空间经济学由于缺乏在思想发展史上的理论积累，导致其仅是依附于主流经济学，而未真正融入主流经济学。近年来，空间经济学研究方向主要是资源如何实现空间最优配置，以及社会经济活动如何实现空间区位布局等方面，尽管空间经济学理论发展经历了悠久历史，但是空间维度与时间维度还是存在很大的差异，由于在整个经济中不同规模、不同层级的空间因素汇聚到一个复杂的系统中，一般只会用一个均衡理论来解释某些现象，而早期的空间经济理论又存在着致命缺陷，没有明确说明市场结构，数据模型基本都是在完全竞争或规模报酬不变等条件下进行分析的，没有通过模型对规模经济和寡头垄断问题进行有效分析。

现代空间经济学是结构经济学向发展经济学转化的中间环节，空间经济学与结构经济学使发展经济学成为学科，空间经济学是研究经济现象和规律在空间维度的表现，具体研究社会经济活动的空间区位和各类生产要素的空间布局。空间经济学被视为经济学的空间维度，而从本质上看其又是社会科学，一方面可以使用大量经济学研究方法，另一方面可借鉴空间地理学等分析工具。近年来，空间经济学经历了冯屠能的农业区位论、劳恩哈特和韦伯的工业区位论、沃尔特克里斯塔勒的中心地区理论、奥古斯特勒施的区位经济理论、奥林的区位贸易和生产布局理论、经济活动的空间区位理论等历史演进。空间经济学是将经济史学、区域科学、经济地理学、国际贸易学、城市经济学等学科加以融合形成的一门学科，在其整体逻辑框架下，一方面将以空间竞争冲突为研究内容的博弈论引入，进一步丰富了理论模型的分析思路；另一方面将地理学科前沿空间分析工具引入，从而促进自身分析工具更加科学化。

由于我国各地受中央 PPP 规范管理统一政策影响，相邻省份之间必然存在着社会资本溢出或竞争的效应。省际的 PPP 合作项目和地理位置在省际的基础设施建设类 PPP 项目，更是使相邻省份在 PPP 项目和由此产生的隐性债务风险上存在空间上的联系。此外，各省份在地方政府隐性债务管理和 PPP 项目规范管理领域，一方面要遵循中央统一的法律法规和政策框架，另一方面各相邻省份也存在出台规范管理政策的学习和效仿效应。鉴于 PPP 诱发的地方政府隐性债务风险在空间分布上存在相关性和邻近性，因而可以将空间经济学应用于研究 PPP 视角下的地方政府隐性债务风险。

七、风险管理理论

风险管理理论起源于 20 世纪 30 年代的美国，彼时美国由于受到全球经济危机的影响，经济总量萎缩，增速放缓。在这样的大背景下，美国逐渐积累了对应经济风险管理的经验，也就是从那个时候起风险管理发展成为一门学科，并传播至其他国家被广泛应用。可以说，风险管理理论是建立在人类经济社会不断实践和发展道路上的一项重要理论成就，其基本思路就是如何把风险降至最低，究其本质，就是在实现降低风险这一目标的前提下在所获得的收益与所付出的成本之间做出取舍，并根据实际情况决定采取哪些应对风险的政策措施。一般来说，风险管理理论所涉及的操作流程主要包括风险识别、风险衡量、风险控制、风险管理效果评价等。

风险管理理论对于研究我国地方政府隐性债务风险具有十分重要的意义。2020 年以来，我国受中美贸易摩擦以及疫情等因素影响，各地方经济增长放缓、财政收支矛盾加剧，债务风险开始不断显现。PPP 视阈下我国地方政府隐性债务风险由于覆盖面广、成因复杂，更需要应用风险管理理论分析方法对其进行识别和衡量，在此基础上，根据风险程度制定切实可行的补救与防范风险措施。

综上所述，传统公共产品、公共选择、委托代理、财政分权及预算软约束理论是研究、解释我国地方政府隐性债务风险问题的理论基石，在此基础上，引入空间经济学、风险管理等最新理论可以让研究更接近实际。上述理论分别从不同角度和层面诠释了我国地方政府隐性债务风险所涉及的成因、状态和对策等情况。我国地方政府隐性债务问题比较复杂，需要运用多学科、多领域的方法进行研究分析，特别是近年来我国经济社会发展进入"新常态"，地方政府隐性债务也呈现出新的表现和特征，更需要对其内在形成机理进行全面和深入的研究，并在此基础上有针对性地提出建立我国地方政府隐性债务风险监管体制机制的政策建议，为打赢防范、化解重大风险攻坚战提供智力支持。

第二节　相关概念界定

一、地方政府债务

地方公债是指由地方政府发行并负责支配而形成的收入，该定义是从发债角度界定地方公债。但近年来，我国地方政府发债的不断发展，上述概念已不能解释我国地方政府债务实际情况。当前我国地方政府债务情况，从债务级次看，我国地方政府债务涉及省、市、县、乡政府举借并承诺偿还的各种负债；从债务性质看，地方政府债务是指地方政府依据法律或合同明确必须承担偿还义务的债务，地方政府债务不仅涉及法律规定的刚性偿还债务，还包括法律虽未规定但为了社会稳定等因素考虑，实际仍需负责偿还的债务；从债务支出看，地方政府举借债务资金一般用于提供市政基础设施、医疗卫生、义务教育等公共产品或公共服务。综上，地方政府债务可概括为各级地方政府为了履行职能需要，根据市场信用原则，按照法定程序或政策规定，确定承担或可能承担并通过有偿方式取得债务收入的一种举债形式，从更大口径也可界定为最终由地方政府承担的款项全部视为地方政府负债。

2015年新《中华人民共和国预算法》实施后，我国地方政府债务的概念和分类界定更加清晰，划分为地方政府债务和地方政府隐性债务。地方政府债务包括地方政府依法发行的政府债券以及以非债券形式存在的政府债务。地方政府债券是指以有财政收入的政府为发行主体，通过发债筹措政府收入，债券收入由地方各级政府安排用于市政基础设施、棚户区改造、教育、卫生医疗、乡村振兴等领域，地方各级政府负责政府债券还本付息。按照用途划分，地方政府债券又分为一般债券和专项债券，两者区别主要是资金投入的项目自身是否能够产生收益，用于无收益公益性项目为一般债券，用于有一定收益公益性项目为专项债券。非债券形式债务主要是由融资平台公司因实施公益性项目建设举借，而实质上则是需由地方政府通过财政性资金偿还的债务。

二、地方政府隐性债务

2018年，中央对地方政府隐性债务概念进行了界定，即在政府债务法定限额之外举借的、承诺以财政资金偿还以及违法提供担保的债务。实践中，由于目前地方政府汇总统计的隐性债务数据并未对外公开，学界一般从人民银行、银保监会、证监会等监管部门以及地方各级融资平台公司对外披露的信息来获取隐性债务分析数据。鉴于当前财政部已经设立了地方全口径债务监测平台，并已要求各地按相关要求填报相关数据，加之本书后面章节主要以财政部政府和社会资本合作中心数据作为分析基础，因而本书根据财政部要求对地方政府隐性债务进行界定，将地方政府隐性债务的分类归纳为以下几种情况。

一是地方政府融资平台违规举借债务。在地方政府发债置换融资平台存量政府债务以后，为了保障在建项目后续资金等原因，一部分地方政府融资平台仍保持原有政府融资职能，产生了实质上确需财政资金偿还的隐性债务。一部分地方政府融资平台按照政策有关要求已转型为一般类国有企业，在剥离政府融资的前提下开展各种市场经营活动，其中其以社会资本方身份通过PPP模式或政府购买服务模式重新参与到地方政府市政基础设施建设项目中，并通过地方政府承诺回购或政府支出责任协议变相融资参与政府提供公共产品或公共服务。上述两类地方融资平台从形式上剥离政府融资职能，但由于自身治理能力差、盈利不足，只是由政府注入公益资产或变相增信，经过对项目进行包装运作，再向银行贷款或发行信用债券，由此产生了地方政府隐性债务，这类债务游离在地方政府预算管理外，存在一定债务风险。

二是地方政府在法定限额外举借、约定由财政资金偿还的债务和地方国有企事业单位等举借、约定由财政偿还或由政府提供担保的债务。地方政府及其所属部门通过贷款、借款、集资等方式直接举借政府债务，通过不规范的土地、收费权等抵质押方式贷款举债，以及地方国有企业事业单位等举借、约定由财政偿还或由政府提供担保的债务，这部分债务大多是在2015年新《中华人民共和国预算法》实施前，以地方政府或地方国有企业事业单位名义直接举借，之所以成为隐性债务主要是地方政府债务清理甄别时由于各种原因并未纳入统计范围。

三是不规范的PPP模式。我国在推行PPP模式初期，地方政府将PPP模式视为可以避开债务监管的政府举债融资工具，为了大力推行PPP模式以达到融资目的，地方政府不惜通过采取财政兜底、承诺回购以及固定收益等违法违规方式吸引社会资本参与PPP项目。这样就造成了部分落地的PPP项目由于自身属于纯公益性项目，实际上并没有任何经营性收入，只是通过政府增信吸引到社会资本。这种期限拉长版的违规 BT 项目，未来仍将完全依靠地方政府支付项目各项建设成本，政府不仅需要支付项目所有投资，还要支付财务费用以及社会资本收益，实际上一方面变相举债，另一方面也扩大了地方政府总投资规模。

四是变相政府购买服务。一些地方政府突破原有政府购买服务模式使用边界，擅自扩大政府购买服务范围、延长政府购买服务期限，举借隐性债务，具体情况包括将棚户区改造、管网建设、市政道路等建设类工程项目，以政府购买服务方式进行包装变相融资，形成地方政府隐性债务。

五是违规设立政府投资基金。近年来，为筹集各类市政基础设施建设资金，地方政府通过设立投资基金形式实现政府融资目的，包括市政基础设施建设基金、政府专项建设基金、产业引导基金等，其基本运作机制为，地方政府首先投入较少资金作为投资基金的引导资金，然后吸引银行、保险、证券等市场资金按照与引导资金的一定比例增加杠杆进行融资，而金融机构能够参与政府投资基金的前提就是，地方政府需要约定到基金期满后以劣后方式给予固定回报或股权回购的保障。上述操作地方政府实际上承担了政府投资基金"兜底"责任，实质上属于"名股实债"。

三、PPP 模式概念及其运行原理

（一）PPP 模式的概念

从国际情况看，法国、英国、加拿大等西方国家应用 PPP 模式要早于我国，它们也是通过不断实践总结出 PPP 模式的概念。欧洲国家普遍认为，PPP 模式是指政府部门与私人部门通过签订合作协议，将应由政府部门提供的公共产品或公共服务，通过授予私人部门一定的权力，并与其共同合作为社会公众提供产品或服务。加拿大 PPP 国家委员会则认为，PPP 模式是政府部门与私人部门通过签订合同或协议的形式来建立一种长期合作伙伴关系，为了取得预期效果，双方需要都具备一定的实践经验，在合作过程中双方都要发挥各自优势，实现共享收益、共担风险，更好地为社会公众提供公共产品或公共服务。

从国内情况看，学界给出的PPP一般概念是，政府部门通过与私人部门签订长期合作合同，将公共服务或公共产品交由私人部门提供，私人部门将主要负责PPP项目的建设、运营和管理。从历史沿革看，PPP的狭义概念特指BOT合作方式，即"建设—运营—移交"，一般针对垃圾处理、污水处理等"使用者付费"项目；PPP的广义概念就是目前我国地方政府广泛应用的模式，即政府部门和私人部门通过合作共同提供公共产品或公共服务。具体又包括BOT、BOO、TOT等方式，区别就在于根据项目不同，政府部门授予私人部门特许经营权的方式也不尽相同①。PPP模式之所以能够在我国得到快速推广，主要是因为PPP模式有利于政府部门转变优化公共管理职能，有利于提高公共产品和公共服务的供给质量和效率，有利于扩大私人部门投资领域，有利于地方政府化解存量政府债务风险。

综上所述，国内国外学者与机构对PPP模式的概念理解存在着一定差异，但基本都认同的是政府部门和私人部门合作，共同实施基础设施项目建设。结合我国国情，财政部于2014年印发《关于推广运用政府和社会资本合作模式有关问题的通知》（财金〔2014〕76号）明确表示，PPP模式是指在基础设施和公共服务领域内政府和社会资本建立的一种长期合作关系。在合作过程中双方各自发挥优势承担不同职责，同时共同承担PPP项目的收益和风险：政府的职责是构建制度顶层设计、明确项目建设标准、制定绩效考评体系等，以有效提高基础设施服务水平或质量，最大限度保障公共利益；社会资本的职责是负责项目建设、运营和管理，提供技术和资金，并通过PPP项目使用者或政府付费取得收益，以实现获取项目的有效回报，增加自身市场份额或占有量。本书以财政部明确的PPP概念及其运作模式为分析基

---

① 国务院办公厅转发《财政部 发展改革委 人民银行关于在公共服务领域推广政府和社会资本合作模式指导意见的通知》（国办发〔2015〕42号）

础,如图 2.1 所示,从而便于收集数据和研究分析。

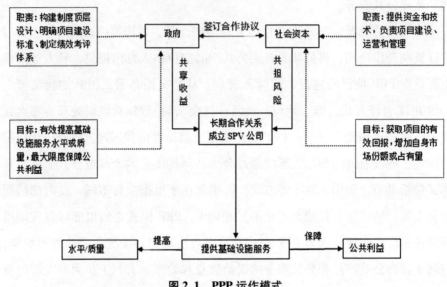

图 2.1 PPP 运作模式

(二) PPP 模式运作机制

PPP 模式是由地方各级政府授权,具体实施的行业主管部门负责牵头编制 PPP 项目实施方案,按照一定采购程序确定社会资本,并与其签订合作协议,然后根据合同约定由双方共同出资组建 SPV 公司,社会资本出资要多于政府部门,并作为 SPV 公司大股东。实施部门与社会资本均作为股东参与 SPV 公司日常运营管理。地方政府根据项目具体情况还需将 PPP 项目所涉及的特许经营权授予 SPV 公司运营,并为项目公司提供信贷等支持政策,SPV 公司负责 PPP 项目的设计、建设、融资和运营等。根据项目特点 PPP 模式可采取政府付费、可行性缺口补贴以及使用者付费三种运作方式。项目建成后,实施部门要对 SPV 公司提供的公共产品和公共服务进行绩效评价,并以绩效评价结果作为政府付费依据。PPP 项目合作期限结束后,SPV 公司要对 PPP 项目进行清算,并依据前期合同将涉及资产移交给实施部门。

（三）PPP项目收费模式

1. 政府付费

政府付费是指PPP项目提供的基础设施或公共服务需由政府负责付费，一般乡村公路、河流治理等纯公益性项目采用这种政府付费模式。政府付费数额将依据SPV公司提供PPP项目使用量以及绩效结果来确定。

2. 使用者付费

使用者付费是指PPP项目向所提供的服务受益者收取费用，一般污水处理、经营性高速公司、垃圾处理等有一定收益的项目采用这种收费机制。使用者付费不仅可以覆盖SPV公司对于PPP项目的建设和运营成本，而且还可以取得合理收益。在此种机制下，政府通过签订协议控制社会资本方获取超额利润，而使用量不足所产生的风险一般由社会资本方承担。

3. 可行性缺口补贴

可行性缺口补贴介于上述两种收费机制之间，有一定收益但不足以满足建设、运营成本以及合理回报的PPP项目适用此种收费机制。当预期项目未来不能通过自身收益覆盖成本时，政府就需要按照合同约定提供一定的补助予以弥补。这种付费机制政府弥补的是PPP项目收益成本差额，而不是社会资本超额利润。

4. PPP项目资金来源

（1）项目资本金来源

政府和社会资本按照合同约定并结合项目实际情况，按一定比例分别向SPV公司注入项目资本金，双方投入项目资本金来源必须是自有资金，不得为债务性资金。项目资本金占总投资比例依据投资概算确定，政府投入项目资本金比例要低于社会资本，一些市场化程度较高的PPP项目政府也可以不出资。

（2）项目资本金外资金来源

除PPP项目资本金外，其余项目建设资金需由社会资本通过不同融资方式筹措，包括银行贷款、保险、投资基金等。目前PPP项目主要是采取债权融资方式，股权融资相对较少，由此很容易产生项目实现的收益与债权融资还本付息计划不相匹配的问题。

四、PPP 模式视阈下地方政府隐性债务构成

从国外应用 PPP 模式的实践经验看，其可能产生债务风险的主要原因包括政府推行 PPP 项目偏差、PPP 项目收益预期偏高、政府变相提供担保等方面。早期 PPP 模式被视为融资手段，用以逃避预算约束控制，PPP 模式为政府提供了以变相举债为基础设施融资的渠道。公共基础设施项目由于自身属性收益一般很少，但为了方案审核通过，在编制过程中往往高估收益而低估成本，现实中收益估算误差现象较为普遍。为确保 PPP 项目顺利融资，政府往往采取变相担保方式为 SPV 公司增信，在缺乏统一监管机制情况下，这种政府变相担保将可能被任意使用，进而导致政府增加隐性支出责任，进一步造成未来财政的偿付风险。此外，政府运用 PPP 模式产生的未来支出责任属于财政支出，一般不被计入政府公共负债，而从本质上看，这部分付费实际形成了直接和或有的公共负债。

从我国推行 PPP 模式的实践看，PPP 模式下，地方政府隐性债务的形成则是在监管机制尚不健全的情况下参与各方多元博弈所产生的不良结果。评判 PPP 模式是否形成隐性债务，需厘清以下几个问题：基于道义责任、公众期望或社会压力，政府除承担合同约定的支出责任外，是否还会对 PPP 项目进行长期补贴；由于 PPP 模式可行性论证不规范、融资不到位、合同不规范、项目风险配置不当等原因导致项目失败后，地方财政是否对项目进行必要的援助等。如果在 PPP 模式中政府承担了长期购买合同、股权投资支出、合同约定的运营补贴、配套投入以及收益担保合同外，基于道义责任提供额外补贴或项目失败提供必要援助，则可能形成地方政府隐性债务。因此本书借鉴财政风险矩阵理论，基于 PPP 模式特点，回归政府债务属性本质，将 PPP 模式下地方政府债务风险矩阵梳理成表 2.1。

表 2.1　PPP 模式的债务风险矩阵

	直接债务	或有债务
显性债务	政府长期购买合同 股权投资支出 合同约定的运营补贴 政府配套投入	收益担保合同
隐性债务	基于道义责任、公众期望或社会压力，地方政府对 PPP 项目的长期补贴	可行性论证不规范、融资不到位、合同不规范、项目风险配置不当等原因导致项目失败后，地方财政对项目的必要援助

其中，涉及地方政府隐性债务的应为直接隐性债务和或有隐性债务。直接隐性债务存在于地方政府维持 PPP 运营的长期过程中，PPP 项目运营成本高和回报低是造成这类风险的主要源头；或有隐性债务由 PPP 项目失败引发，对 PPP 项目风险管理不当或者管理薄弱是造成这类风险的主要源头。

第三章

我国 PPP 模式现状及其诱发地方政府
隐性债务风险的路径

近年来，PPP 模式在我国经历了快速发展，可以总结 PPP 模式是个好的投融资工具，在转变政府职责、提高供给质量、化解债务风险方面发挥了积极作用，因此不能因为出现风险就全盘否定 PPP。与此同时，PPP 模式在推广过程中也暴露了一些问题，确实不是所有项目都适合 PPP，因此要切实应用好 PPP 模式。本章将重点分析 PPP 模式诱发地方政府隐性债务风险的现状，介绍我国地方 PPP 模式应用情况，结合具体实例，分析并总结 PPP 模式应用风险诱发地方政府隐性债务风险的五个路径。

第一节　我国地方 PPP 模式应用情况

一、我国地方 PPP 模式应用总体情况

我国于 1994 年实行分税制改革，中央上收财权，地方政府财力被削弱，而公共产品和公共服务支出仍需要承担，出现了财力和支出责任不相匹配的问题。在这种情况下，地方政府为了履行社会管理职责，不得不通过举债方式弥补财政收入和刚性支出缺口。2008 年，受全球金融危机影响，我国实施

了扩大投资的积极财政政策，中央政府发布了以各类基础设施为主的 4 万亿投资刺激计划，加上地方政府配套资金投资，投资总金额超过 18 万亿。由于分税制改革后地方政府财力受限，已没有更好的资金筹措手段，地方政府只得借道通过划拨土地及注入国有资产等方式设立融资平台来落实配套资金。各地融资平台主要以城投公司名义存在，公司大多以政府增信方式向银行贷款或在资本市场发行公司债券、企业债券等方式融资，实际上这些债务最终还款均为地方政府。2013 年 11 月，党的十八届三中全会提出"要处理好政府与市场的关系，加快转变政府职能，让市场在资源配置中起决定性作用；深化投融资体制改革，允许社会资本通过特许经营等方式参与城市基础设施投资和运营，建立现代财政制度"的决定。此后，PPP 模式在我国的发展迎来了重要窗口期。财政部、国家发展改革委及相关部委先后出台了一系列大力推广 PPP 模式的政策性文件，鼓励地方政府在基础设施及公共服务领域推行 PPP 模式。在这样的背景下，我国 PPP 模式取得了大规模推广实施，但部分地方也出现了"大干快上"等问题。为规范 PPP 模式健康发展，有效防范地方政府债务风险，财政部于 2017 年专门印发文件，在全面梳理不规范 PPP 项目情形的基础上，要求各地对 PPP 项目进行清理，同时提出了规范 PPP 模式的一系列政策规定。经历专项整顿后，各地 PPP 模式发展速度逐步放缓，而 PPP 项目实际落地率和开工率得以提升，至此我国 PPP 模式走向了高质量发展之路。就 PPP 模式发展阶段而言，目前学界普遍认为主要经历了快速发展、严格管控和高质量发展三个阶段，但就具体划分节点观点不尽相同，有的是以 PPP 项目规模增长变化来划分，有的是以地方政府运用 PPP 模式规范程度来划分。本书则认为，我国一些地方早在 20 世纪 80 年代就开始在污水处理、垃圾处理等领域引入特许经营权进行探索，直到党的十八届三中全会提出"使市场在资源配置中起决定性作用和更好发挥政府作用"，则标志着我国真正开始实施 PPP 模式，同时考虑本书是以财政部等部委 PPP 项目数据为实证分析基础，因此本书主要是依据我国 PPP 发展历程中，国家及部委出台涉及 PPP 管理标志性文件的时间节点来将 PPP 发展划分为四个阶段。

（一）PPP 探索成长阶段（1984 年至 2014 年 8 月）

20 世纪 80 年代初期至 90 年代中前期为我国推行 BOT 的起步阶段，1984 年由香港合和实业与中国发展投资公司共同作为承包商，投资兴建的深圳沙角 B 电厂 BOT 项目，这是 BOT 传入中国内地后的第一次"试水"。90 年代中后期为我国推行 BOT 的着力推进阶段，比较有代表性的项目如广西来宾 B 电厂。来宾 B 电厂的运行模式见图 3.1。如图可见，当时的 BOT 模式更多依赖国家部委、省级政府、省级企业的强力支持和参与，与当前建立 SPV 项目公司吸引社会资本并从全生命周期的视角规范 PPP 运行机制的做法还有比较大的差距。

然而，广西来宾 B 电厂 BOT 项目是目前我国成功走完全生命周期并实现顺利移交的 BOT 项目，因而毫无疑问的是，其在当时的运行机制和项目管理经验均属于全国领先。该项目此后一段时期，一些地方政府也探索运用 BOT 方式运作建设项目①。党的十八届三中全会进一步确立了政府与市场的关系，在此基础上明确指出允许社会资本通过特许经营等方式参与城市基础设施投资和运营，这为 PPP 模式在我国推广奠定了制度基础。可以说，PPP 不仅是微观层面政府投融资工具的升级，更应该是宏观层面的一次体制机制变革。至此，我国开始了从理论和实践层面对 PPP 模式的不断探索，国家相关部委在学习消化世界银行和一些发达国家成功经验基础上，结合我国国情，开始搭建 PPP 模式制度理论框架，部分地区也开始加大对 PPP 模式宣传推广力度。江苏、山东、湖南等省市积极探索 PPP 这种新型政府投融资方式，将原由政府承担的一些支出事项通过转移"特许经营权"方式由社会企业来实施，广泛吸纳社会资金参与项目融资、建设和经营。

---

① 张智海. BOT 在中国的推行与发展 [J]. 中华建设, 2006 (06)：31-35.

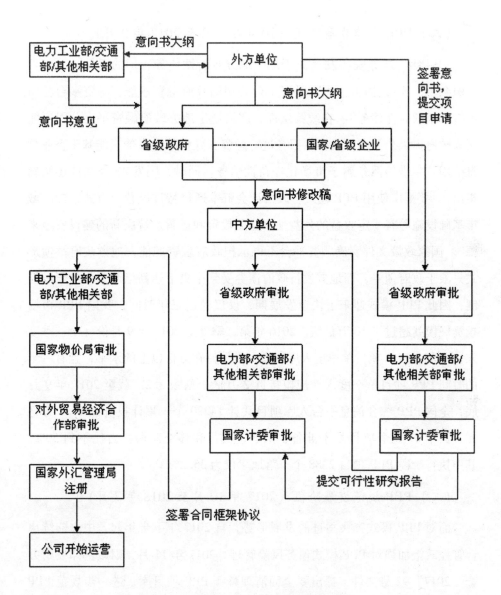

图 3.1 来宾 B 电厂 BOT 模式运行结构

资料来源: 根据中国财政学会 PPP 专委会举办的中国 PPP 沙龙第 13 期中的《广西来宾 B 电厂 BOT 项目介绍》整理而得, 2016 年 3 月 21 日

（二）PPP快速发展阶段（2014年9月至2017年9月）

2014年，国务院印发《关于加强地方政府性债务管理的意见》（国发〔2014〕43号），提出"剥离融资平台公司的政府融资职能，融资平台公司不得新增政府性债务"，在政策层面，严格规定地方政府融资平台公司不能再为政府提供公共产品或公共服务进行融资，融资平台举债只能基于企业自身信用，举借的债务属于市场化经营性债务。同时，国发43号文件还明确指出，"要推广使用PPP模式，鼓励社会资本通过特许经营等方式，参与城市基础设施等有一定收益的公益性事业的投资和运营，解决新的建设资金来源"。国家政策文件明确融资平台不再承担政府融资职能，地方政府举债形式只限于政府债券，而地方发行政府债券受到中央下达新增政府债务限额控制，因此PPP模式迎来了快速发展期，仅仅经过三年时间，我国PPP市场投资规模就超过了10万亿级。2016年第二季度至2017年9月份（第三季度末）之间，PPP项目单季度入库规模一直保持在万亿以上的水平，且有一半的时间PPP项目单季度入库规模接近2万亿，见图3.2。截至2017年9月底，全国PPP综合信息平台入库项目共计14220个，累计投资额17.8万亿元，其中6778个项目处于准备、采购、执行和移交阶段，占比不到50%，其中执行阶段PPP项目2388个，落地率仅为35.2%①。

（三）PPP规范发展阶段（2017年10月至2018年7月）

面对PPP模式突飞猛进的发展形势，自2017年下半年起，中央陆续出台管控政策加强对PPP模式债务风险管理。2017年11月，财政部印发财办金〔2017〕92号文件，提出要全面清理整顿PPP项目库，进一步规范PPP项目管理，防止PPP异化为新的融资平台，坚决遏制隐性债务风险增量。当年，全国金融工作会议提出，着力防范化解重点领域风险，严控地方政府

---

① 全国PPP综合信息平台项目管理库2017年10月报［EB/OL］.（2017-10-17）. https：//www. cpppc. org/ptgg. jhtml.

债务增量，终身问责，倒查责任。在此宏观政策背景下，财政部、国家发展改革委、银保监会等国家部委相继出台了一系列指导性文件，防范和化解 PPP 模式债务风险。

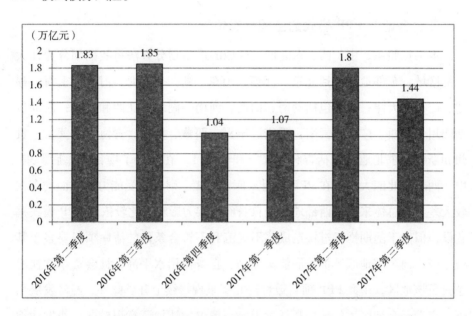

（万亿元）

图 3.2 PPP 项目单季度入库规模（万亿）

资料来源：财政部政府和社会资本合作中心网站

（四）PPP 高质量发展阶段（2018 年 8 月以来）

2018 年，中共中央国务院印发《关于防范化解地方政府隐性债务风险的意见》（中发〔2018〕27 号文），界定了地方政府隐性债务的概念，并指出一些地方存在的违规政府投资基金、违规 PPP 等情形。2019 年 3 月，财政部印发《关于推进政府和社会资本合作规范发展的实施意见》（财办金〔2019〕10 号）明确强调，要充分发挥 PPP 模式积极作用，同时也要有效防控地方政府隐性债务风险。同年 4 月，财政部印发《关于梳理 PPP 项目增加地方政府隐性债务情况的通知》（财办金〔2019〕40 号），再次强调要坚决遏制以 PPP 名义变相新增地方政府隐性债务行为,扎实稳健地推进 PPP 高质量发展。

二、各地方 PPP 模式的空间分布情况

本书按照东、中、西、东北四大区域的最新划分方法将我国划分为几大经济区域,东部地区包括北京、江苏、山东、浙江、河北、海南、上海、福建、广东和天津;中部包括湖南、山西、河南、湖北、江西和安徽;西部包括四川、陕西、广西、云南、重庆、宁夏、西藏、甘肃、青海、内蒙古、贵州和新疆;东北地区包括吉林、辽宁和黑龙江。在经历了项目清库后,东、中、西、东北四大区域在 PPP 项目入库、开工、财政承受能力等方面均存在较大差异。总体来看,西部地区受自身经济实力影响,比较依赖 PPP 模式搞建设,但由于前期推行过快造成其不规范和不符合条件的清库项目要多于其他地区。而东部地区经济发展势头强劲、自身信用水平高,社会资本往往愿意投资该地区,由此 PPP 项目数量这几年呈现持续上升。此外,经济发展程度决定着一个地区举债融资责任意识,一般欠发达地区意识较弱,而发达地区则意识相对强,这主要表现在年度财政承受能力指标值超 10% 红线的行政区个数,中西部地区要远远高于东部地区。

根据财政部《全国 PPP 综合信息平台管理库项目 2021 年 1 月报告》①数据,从不同维度进行分析,同样可以看出东、中、西、东北四大区域在 PPP 项目上存在着较大的不均衡。从累计入库项目数情况看,前五位是河南 818 个、山东 757 个、广东 571 个、四川 565 个、贵州 559 个,合计占入库项目总数的 32.6%;累计入库投资额前五位是云南 13522 亿元、贵州 12205 亿元、四川 10831 亿元、河南 10437 亿元、浙江 10130 亿元,合计占入库项目总投资额的 36.9%。上述累计入库项目数和投资额省市中,整体表现出西

---

① 全国 PPP 综合信息平台管理库项目 2021 年 1 月报 [EB/OL]. (2021-03-01). https://www.cpppc.org/ptgg/999809.jhtml.

部多于中部、中部多于东部的状况。从累计开工建设项目数情况看，前五位是山东470个、四川356个、安徽338个、广东276个、云南274个。累计开工率前五位省市是四川87.7%、山东81.6%、安徽79.0%、云南78.5%、湖南77.9%。累计开工建设项目投资额前五位是云南8371亿元、四川6361亿元、山东4979亿元、浙江4290亿元、河北4062亿元。上述数据反映，在东部省市中，广东、浙江、河北等开工建设项目数位列全国前列。从PPP助力脱贫攻坚和乡村振兴情况看，全国832个贫困县中，已有526个贫困县探索运用PPP模式支持脱贫攻坚和乡村振兴且有项目在库，占贫困县总数的63.2%；贫困县PPP项目数前五位省市是贵州325个、云南213个、河南160个、安徽104个、河北98个；项目投资额度前五位省市是贵州2568亿元、云南1675亿元、河南1184亿元、河北998亿元、安徽819亿元。上述PPP项目除河北外，全部属于中西部地区省市，且主要投向市政工程、交通运输、生态建议、环境保护和水利建设等方面。这类项目自身实现收益的能力一般较差而对财政依赖度较高，同时考虑这些贫困县实际财力情况，未来诱发隐性债务风险的可能性较大。从财政承受能力情况看，全国2735个PPP项目在库的行政区中，2712个行政区PPP项目合同期内各年度财政承受能力指标值未超10%红线，总体处于安全区间。超10%红线的行政区共23个，西部地区省市占15个，中部地区占3个，东部地区占4个，东北地区占1个，说明PPP项目财政承受能力指标的隐性债务风险主要集中在中西部，特别是西部省市，占比超过50%。PPP管理库累计项目投资额和财政承受能力超10%红线行政区区域分布如图3.3和图3.4。

综上所述，我国各地PPP项目分布、PPP模式应用和财政承受能力等均呈现显著的空间不均衡性，因此在研究PPP模式的风险防控上，更要基于不同地区的PPP模式使用现状进行空间分析，并针对不同地区提出区别对待的政策建议，避免出现政策"一刀切"现象。

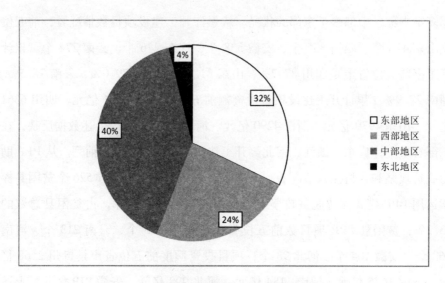

图 3.3 PPP 管理库累计项目投资额区域分布

数据来源：根据财政部政府和社会资本合作中心网站的有关数据整理

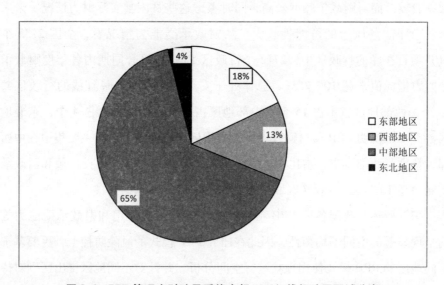

图 3.4 PPP 管理库财政承受能力超 10%红线行政区区域分布

数据来源：根据财政部政府和社会资本合作中心网站的有关数据整理

三、PPP模式政府债务风险防控情况

近年来，随着我国PPP模式不断推进，国家先后出台了《关于政府和社会资本合作模式操作指南（试行）》（财金〔2014〕113号）、《关于在公共服务领域推广政府和社会资本合作模式指导意见的通知》（国办发〔2015〕42号）、《政府和社会资本合作项目财政管理暂行办法》（财金〔2016〕92号）、《政府和社会资本合作（PPP）综合信息平台运行规程》（财金〔2015〕166号）等一系列相关政策文件，并通过搭建PPP项目综合信息平台分别实行项目管理库和储备库管理，对一些地方不规范PPP项目实施了分批次退库处理，这种"制度+技术"的方式对规范PPP模式健康发展发挥了积极作用。但与此同时，我国PPP模式运行过程中也出现了不规范现象，主要原因是在推广过程中没有同步建立起完整的PPP模式政府债务风险防控机制。具体表现在：一是地方政府缺乏针对PPP项目的全面系统预算约束机制，近年来中央通过加强地方政府财政赤字控制和政府债务限额，使地方政府债务逐步实现了显性化，然而对地方政府借用不规范PPP变相融资没有及时进行制度约束，滋生了地方政府债务限额外隐性债务风险；二是部分地方官员出于政绩考虑，急于追求创新投融资模式筹措建设资金，不顾地区财力可能，过度利用PPP模式融资以换取政绩甚至搞形象工程建设，由于失去了财力支撑诱发了地方政府隐性债务风险；三是政府部门工作人员缺乏应有专业知识和管理能力，造成与社会资本相比掌握信息不全面，同时双方之间关系的不对等又导致风险分配不当，地方政府推动PPP项目时承担了部分超额风险并构成潜在债务压力。

（一）缺乏针对PPP项目的全面系统预算约束制度

2015年新《中华人民共和国预算法》实施后，中央进一步加强对地方政府举债融资行为管控，一方面明确"开前门"，即地方政府举债融资只能通过发行地方政府债券，另一方面明确"关后门"，即剥离地方政府融资平

台政府融资职能。但是发行额度中一般债券受赤字控制，专项债券受额度限制，每年允许发债额度与地方政府实际资金需求存在较大差距。与此同时我国开始大力推广 PPP 模式，而在 PPP 模式推行初期涉及预算约束只有财政承受能力 10% 红线，并没有对 10% 这一指标相关计算口径做进一步解释说明，另外对于 PPP 模式项目的投向、回报机制、融资方式、审批程序、合作期限、绩效考评等方面也未做更为严格的要求，因此地方政府在一段时间内很自然将 PPP 模式作为筹资搞建设的救命稻草。过去融资平台公司建设项目投资规模大，且需要在建设期内全部投入到位，而通过 PPP 模式则可以将当期投入转变为未来小规模年度支出，这样平滑支出可以不再受财政约束限制。为了利用好这一政策窗口期，最大化吸引社会资本参与本地项目建设，造成一些地方出现了"兜底回购""固化收益"等承诺，实质上是借 PPP 模式变相举债、表外融资。

（二）部分地方政府官员缺乏正确政绩观

地方政府过度推广 PPP 模式而产生隐性债务风险，在一定程度上是来自政治激励下部分地方官员不恰当的政绩观。市政基础设施项目特点是一次性投入大、自身收益低，当期巨额成本超支风险可能引发政治风险。而运用 PPP 模式往往可以实现"时间换空间"的效果，社会资本提供前期建设资金、政府未来支付费用。政府当期投入少，可以将支出责任转向未来或向后转嫁，由于官员对未来预期的不确定性，更加促使他们选择 PPP 模式。此外，PPP 模式建设期地方政府不付费、运营期地方政府需要付费，这样就形成了本届政府建设、未来政府支出的情况，即地方政府隐性债务风险的权责时空分离，也容易诱发其逃废债务的动机。在各地推进 PPP 项目的发展中，以上政治激励和官员偏好导致 PPP 债务风险防控机制失效，具体表现为：个别地方政府脱离经济发展实际，按照较高增幅预测未来财政规模，以此扩大政府未来支出总量并规避财政承受能力评估控制，个别 PPP 项目在论证初期，存在着物有所值评价流于形式、高估项目自身收益、人为拉长项目生命周期等现象。在国家出台相关政策规定前，个别地方政府在没有扣除必要的土地整理成本等刚性支出的情况下，将土地出让收益作为未来政府付费来源或将其计入未来财政收入。上述弱化项目论证、虚假包装项目、隐匿债务风险等行为在一定程度上均源于地方政府官员主观动机，最终后果将会大概率转化为政府兜底支出责任，进而引发财政债务风险。

（三）地方政府承担过多 PPP 风险

由于地方政府与社会资本之间不对等的关系，造成 PPP 模式下双方风险分配不当，也是地方政府隐性债务风险生成的重要因素。造成风险分配中政府承担风险过多的原因包括：一方面是 PPP 项目投资规模大、运营周期长，在项目推进过程中可能会出现许多未知风险，社会资本对于这些风险往往持有回避态度。同时各地推广 PPP 模式面临相互竞争，且社会资本绝大多数为实力雄厚的中央企业，地方政府在谈判过程中一般处于劣势，为此只能通过降低社会资本所承担的风险，而自身承担更多风险方式来吸引社会资本，这种情况就会进一步扩大 PPP 模式异化地方政府隐性债务风险的可能性。另一方面，由于 PPP 运作模式比较复杂而且专业性强，地方政府自身缺少这方面的人才再加上知识和经验均存在不足，只能依赖从社会资本进行引智。因此地方政府难免会出现合作不当或错误决策，甚至会因缺乏法律方面知识而额外承担了 PPP 模式中的某些商业风险，例如地方政府在签订 PPP 合同时只了解为社会资本提供的担保以及类型，但对自身提供担保的责任边界并不清楚。上述地方政府承担过多风险具体表现在：地方政府与社会资本签订合同时承诺项目运营期满后回购社会资本所投资本金，保障社会资本最低收益；通过私下签订补充合同，由地方政府为 PPP 项目社会资本融资提供变相担保或承诺，由地方政府为项目投资建设运营风险提供承诺保障；社会资本为赚取施工利润只承担项目建设、不承担后续运营，政府未来付费没有与项目运营绩效实行挂钩，社会资本以债务性资金充当项目资本金，虚假出资或出资不实；PPP 项目在谈判中，地方政府因最初合同中未规定的额外任务或项目建设运营发生未预料情况发生时，地方政府需要进行额外补偿，如重庆地铁项目开建后企业与政府就谁承担轨道建设地上转地下的成本问题进行再谈判，最后决定由政府承担额外成本①。

第二节 PPP 模式应用风险诱发地方政府隐性债务风险的路径

一、PPP 项目数量激增造成未来财政压力

PPP 模式在我国推广初期，仅仅历经两三年的时间就形成了超过 10 万亿元投资市场。与此同时，这些 PPP 项目大多以可行性缺口补贴或政府付费模式为主。这两类模式 PPP 项目占比达到八成以上，按照 PPP 运作机制和项目自身收费机理，地方政府对于上述这两种模式的项目都要承担相应的支出责任，也就导致了地方政府需要承担的财政支出责任快速增长，对未来财政承受能力造成较大压力。此外，PPP 模式推行初期由于各参与方缺乏实践经验，加之为了快速推进项目造成必要的识别论证阶段被严重压缩，项目实施方案质量难以得到有效保证，在此基础上测算的项目收益成本数据未来可能具有不确定性，一旦超过一定数量的 PPP 项目运营状况不及预期，则可能导致地方财政额外再承担这部分不可预计的项目支出，进一步增加地方财政不可持续的风险。综上，PPP 模式在短时间内的快速推进，虽然没有给当期财政造成负担，但是却增加了地方政府未来财政刚性支出。由于经济发展受国内外各种因素影响具有周期性，一旦出现经济增长速度放缓情况，地方财

---

① 李丹，王郅强. PPP 隐性债务风险的生成：理论、经验与启示 [J]. 行政论坛，2019，26 (04)：101-107.

政收支压力必然加大，在保障"三保"① 等必要支出的前提下，是否能及时支付 PPP 项目各类未来支出事项将难以得到保障，如果地方政府出现支付违约情况，那么将进一步导致地方经济和财政状况进入恶性循环。

近年来，地方政府债券、融资平台、PPP 模式，已成为地方政府主要的投融资工具。在 2015 年新《中华人民共和国预算法》实施后，随着中央对地方政府债务限额管理与融资平台公司举债严格监控，PPP 模式一度成为地方政府举债融资的最优选择。然而将上述三种投融资工具穿透分析则不难看出，最终的还款责任都是地方政府，然而，由于缺少对不同投融资工具举债的统筹管理和协调分配，加之 PPP 模式运行初期缺少良好的风险控制制度设计，必然会出现各类债务共同影响超出地方经济承载能力问题，从而形成新的地方政府隐性债务。

二、超财力实施 PPP 投资形成隐性债务

运用 PPP 模式不会引起当期的高额财政赤字，地方政府支出责任后延，说明 PPP 具有隐匿债务风险的特性，在现行财政预算制度的框架下，对于地方政府来说，PPP 模式具有优于融资平台、地方政府债券的优势，后者债务规模和风险在当期可以显现，而 PPP 模式在拉动现阶段地方政府直接投资时，无论是政府、社会资本、公众都会很自然地认为当期是在通过社会资金投入基础设施项目，而对于未来政府付费这个事实往往被隐形化。基于此，地方政府更倾向于运用 PPP 模式突破预算的限制来扩大实施基础设施建设，希望借此助推经济快速增长，于是造成财力水平与 PPP 投资规模失衡进而诱发地方政府隐性债务风险。

首先，由于我国地方政府部分 PPP 项目前期论证不充分，盲目投资出现不规范 PPP 项目，实施方案对投资项目未来可能出现的各类风险以及取得收

---

① 财政"三保"支出是指保工资、保运转、保民生。

益的可行性预计不足，后续一旦项目运营失败，社会资本会以各种理由撤出，在退出机制不完善的情况下，地方政府出于公众利益只能接盘项目，地方政府很可能需要承担隐性债务。其次，在我国推行 PPP 模式实践中，社会资本本应具有的在建设、运营、管理方面的高效率优势被忽视，而 PPP 模式的扩大投资融资效果则被无限放大。加之社会资本大多为国有企业，"公私合营"又变回了"公公合营"，"政企不分""无序竞争""缺乏创新"的现象将难以避免，这也将无形中增加地方政府或有支出责任。再次，PPP 投资项目回报机制与实现收益之间，也可能存在着不匹配问题，对于政府付费PPP 项目完全依靠地方政府财力，可能会出现未来财政承受能力不足、政府信用违约等问题，造成付费难以落实；对于使用者付费 PPP 项目完全依靠市场主体支付费用，可能会出现消费需求不足、收费标准调整等问题，造成项目难以正常运营；对于可行性缺口补贴 PPP 项目部分依靠地方政府付费，可能会出现测算收益不实、运营成本增加等问题，造成参与各方费用分担不合理，以上这些情况都将会增加地方政府或有隐性债务。而从实际情况看，我国中西部部分地区即便财力水平不及东部地区，仍十分积极主动地运用 PPP模式拉动政府投资，以推动经济快速增长。但这种超财力实施 PPP 建设项目，由于大多数资金都投向了自身收益低、运营周期长的市政基础设施领域，一旦经济增长和项目运营得不到预期效果，这些区域地方财政将会面临巨大支出压力，甚至个别相对贫困的地区很容易就会引发财政危机。

三、违规操作 PPP 形成隐性债务

相比其他一些西方国家，我国推广应用 PPP 模式相对较晚，各项制度机制管控措施都要结合我国国情不断健全和完善。一些地方在 PPP 模式实施初期，存在一定的理解误区，将 PPP 模式视为单纯的融资工具，并借此激发了自身的投资冲动，甚至有的地方政府为了"短平快"地充分利用好 PPP 模式这个政策窗口期，甚至在操作过程中出现了承诺固定回报、政府提供兜

底、明股实债、变相融资担保等不规范的 PPP 异化行为。承诺固定回报是指社会资本参与 PPP 项目，不仅赚取施工利润，地方政府还会承诺提供额外一部分利润，而这种承诺与项目后续运营是否产生收益没有关系，政府付费类项目为吸引社会资本参与一般会出现这类问题，实际上就是期限拉长版 BT 项目；政府提供兜底是指政府与社会资本在签订 PPP 项目合同时约定，项目运营期满后社会资本要退出，同时地方政府还需按照一定对价回购前期社会资本投入的股权；明股实债中的一种情况是指政府和社会资本均以股权投资方式参与 PPP 项目，地方政府通过自筹资金投入 SPV 公司，而社会资本投入的资金需由地方政府承诺在退出时给予优先保障，另一种情况是指社会资本单纯作为融资方只提供项目融资，而并不实际参与项目建设和运营，属于地方政府借 PPP 模式变相融资；变相融资担保是指地方政府变相为 SPV 公司项目融资提供担保，为融资提供政府信用，意味着地方政府将作为最终偿债主体。以上情况出现的 PPP 模式异化现象表明，地方政府违规应用 PPP 模式并将其演变为政府变相融资，自身实质上成为偿债主体，并形成地方政府隐性债务。此外，PPP 模式异化还可能通过融资平台公司这个路径形成地方政府隐性债务。2014 年以后，国家政策明确规定，剥离融资平台公司政府融资职能，然而有的地方融资平台公司采取对外公告等方式，明示不再为本地区政府承担融资职能，而是转型为市场化主体，作为国有企业参与本地基础设施建设项目。近年来，在各地实施 PPP 模式过程中，就出现了许多转型后融资平台公司以社会资本身份参与 PPP 项目的情况。然而，地方政府融资平台公司虽然名义上实现了转型，但仍然存在资产不实、负债偏重、经营性现金流不足等问题，在这种情况下参与 PPP 项目，实际上是加大了 PPP 项目风险。特别是，当 PPP 项目在后续运营过程中出现问题，由于作为社会资本的融资平台公司自身处置风险能力不强，造成 PPP 模式固有的风险共担机制无法发挥作用，回过头来还是要政府对 PPP 项目各类债务进行兜底，同时作为国有企业的融资平台公司，地方政府对其还是要承担一定的救助责任，多重风险叠加就可能引发区域性系统性金融风险。综上所述，PPP模式主要应用于基础设施及公共服务领域，由于先天的公益属性，地方政府虽然说在运作过程中不主导、不控股，但项目出现问题还是要承担最终救助责任，特别是承担不规范或异化的PPP模式引发的救助责任，将进一步增加形成地方政府隐性债务的可能性。

四、变相突破红线限制产生隐性债务风险

PPP模式中一般公共预算10%红线的限制是防范财政风险的重要手段，但其也存在计算口径问题，一方面是分子口径，主要表现为，通过一般公共预算之外资金付费如何计算、PPP项目全生命周期政府付费是否完整等情况；另一方面是分母口径，主要表现为如何确定未来一般公共预算增幅等情况。在PPP模式实施初期，一些地方政府为了获取更多的社会资金参与PPP项目建设，违规采取了一些方法来规避10%的红线限制：一是转移PPP项目地方政府支付责任，将其列入政府性基金预算、国有资本经营预算等一般公共预算之外的账户；二是将整个PPP项目根据建设内容进行分包，分为土地整理、设备购置、工程建设、运营管理等，针对不同内容分别采用地方政府专项债券、政府采购、PPP模式实施，只将整体项目的部分政府支出责任纳入10%红线的限制范围；三是对于政府可行性缺口补贴类PPP项目，通过高估服务使用人数等方式将使用者付费比例提高，相应减少政府支付责任，以规避10%红线限制；四是脱离经济发展预期测算未来一般公共预算规模，造成地方政府超财力承担建设项目。上述做法可以使地方政府实施更多的PPP项目，进一步扩大融资规模。在此基础上，加之经济发展和项目运营的不确定性，未来现有10%的红线限制将会存在一定的波动性，将进一步增加地方政府支出责任规模的不确定性和地方政府隐性债务风险。

五、社会资本追求利润促生地方政府隐性债务风险

获取收益是社会资本通过 PPP 模式参与地方政府基础设施及公共服务领域项目建设的主要目的。全生命周期 PPP 项目包括建设、运营、管理等内容，需要社会资本全程参与。由于 PPP 项目运营周期较长、收益相对较低，那么以利润作为第一要务的社会资本更希望在短时间内收回建设成本并获取应得收益，因此其更加看重 PPP 项目施工利润。这也是我国"央字头"工程建设类国企积极参与 PPP 项目的主要原因。PPP 模式的优势是利用社会资本先进技术和理念有效提高公共产品和公共服务的质量与效率，而较其他政府投融资模式 PPP 整体的综合成本要高，由于社会资本过于"重施工、轻运营"，那么地方政府有效提高供给质量的初衷非但无法实现，甚至还可能额外增加财政风险。我国 PPP 模式社会资本参与者中，国有企业要远远多于民营企业，这将不利于有效发挥 PPP 模式的优势，而且在过于追利目的的前提下还存在着以下弊端：一是国有企业实力往往很强，在公开招标情况下，可以接受更低的价格，民营企业利润率降低，将会打消民营企业的参与热情；二是实质上的"公公合作"往往还会出现运作效率低下、风险分担不合理等情况，甚至可能出现单方逐利，演变为双方逐利的寻租现象，从而影响 PPP 模式整体的实施效率，极易增加地方政府隐性债务风险。除此之外，在 PPP 运作过程中，SPV 公司大多会代表社会资本的利益，对于未来不可预计的项目建设规划调整、建设运营成本超支、自然条件影响工程施工进度、原材料价格上涨、原定需求未能实现等情况，都会想方设法要求地方政府提供各式各样隐形担保，这也将形成地方政府隐性的未来支出责任。

综上所述，PPP 模式在我国应用过程中由于操作使用不规范、防控机制不健全等原因极易形成地方政府隐性债务风险，这种风险具有藏匿性、长期性和系统性。藏匿性表现在不同于融资平台举债、政府发行债券，债务规模和风险可以通过风险指标来衡量比较，而 PPP 模式诱发债务风险往往嵌套在若干个环节，很难整体准确度量；长期性表现在 PPP 模式在当期并不对地方财政造成显著压力，项目建设期内地方政府只需承担资本金出资责任，在未来项目长期运营过程中，地方政府则需承担刚性支出，而未来地方政府财政收支的不确定性，进一步加剧了 PPP 模式运作风险程度；系统性表现在 PPP 模式联系着财政和金融两个系统，一方面地方政府未来需要付费属于财政风险，另一方面社会资本会通过金融市场融资建设项目，那么一旦项目出现问题，将同时触发财政风险与金融风险，并加剧两个风险间的传导，诱发地方政府隐性债务风险全面爆发，处理不当甚至会引发区域经济危机。

第四章

PPP 模式诱发地方政府隐性债务的制度风险因素

前面章节厘清了 PPP 视阈下地方政府隐性债务的构成和 PPP 模式应用风险诱发地方政府隐性债务风险的路径。这些均有利于我们从 PPP 项目的生命周期流程进一步深入探究其诱发地方政府隐性债务的制度风险点。虽然规范的管理流程可以极大地杜绝 PPP 项目的异化，但由于 PPP 项目本身论证过程复杂、涉及资本方较多、生命周期较长，再加之各地方一度竞争式推出项目，导致部分 PPP 项目无序、野蛮生长，因而在 PPP 的全生命周期中仍蕴藏着由于制度不健全、管理不规范等制度因素诱发的风险。按照财政部对 PPP 项目全生命周期的划分①，图 4.1 中详细列出了项目识别→项目准备→项目采购→项目执行→项目移交五个不同 PPP 项目生命周期阶段中所蕴藏的共计 10 个制度因素风险点（见图 4.1①~⑩）。本章将结合 PPP 项目的每个生命周期阶段，来具体分析应用 PPP 模式有可能产生的制度风险，并以此为基础加上空间因素搭建本书下一章的二重结构理论分析框架，即本章归纳总结出的制度风险点将作为确定实证分析部分中变量的依据，并据此进一步论证其对 PPP 视阈下地方政府隐性债务风险的影响。

---

① 《政府和社会资本合作模式操作指南（试行）》，财政部财金〔2014〕113 号文，2014年 11 月 29 日。

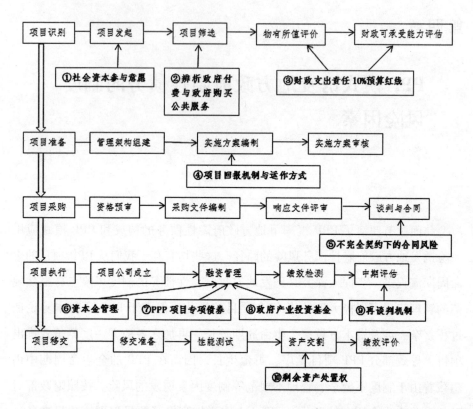

图 4.1 PPP 项目生命周期中易诱发隐性债务的制度风险点

第一节 PPP 项目识别阶段制度风险分析

一、PPP 项目识别阶段涉及内容

PPP 项目识别阶段主要包括项目发起、项目筛选、财政"两评"（物有所值评价和财政承受能力论证）三个环节。

一是项目发起环节。政府部门和社会资本均可以发起PPP项目，在我国实践中一般以政府部门发起为主。政府部门发起PPP项目是由地方财政部门向交通、住建、教育等行业主管部门征集PPP项目需要，而行业主管部门则根据相关行业规划遴选新建、改扩建或存量潜在PPP项目；社会资本发起PPP项目是由其以书面形式向地方财政部门推荐潜在PPP项目。

二是项目筛选环节。地方财政部门会同行业主管部门，邀请专家一起对潜在PPP项目的可行性研究报告、存量公共资产历史资料、初步实施方案进行评估，通过优胜劣汰最终筛选确定备选项目清单，并结合实际情况制订PPP项目未来开发计划。

三是财政"两评"环节。地方财政作为PPP项目"两评"责任部门，物有所值评价主要是看PPP模式比较传统模式优劣，财政承受能力论证主要是看同级财政部门是否能够承受PPP项目支出压力，通过"两评"PPP项目可进行项目准备。物有所值评价分为定性和定量两个方面：定性评价是将PPP模式与传统模式比较是否具有优势，主要在增加供给、风险分配、运营效率等方面；定量评价关注使用PPP模式后是否降低了项目全生命周期政府成本支出。财政承受能力论证是地方财政部门将政府付费或政府补贴的项目进行汇总，测算并判断每年PPP项目财政支出不得超出当年财政收入的一定比例。

二、识别阶段存在制度风险分析

第一，项目发起阶段。虽然社会资本或政府部门都可以发起PPP项目，但部分PPP项目发起时，对社会资本参与意愿或是否适宜采取PPP模式的考量明显不足（见图4.1的①号制度风险点）。一方面，对社会资本参与意愿考量不足表现在，社会资本基于逐利目的单纯主动发起合作的积极性并不高。无论是国有企业还是民营企业参与PPP项目的根本目的应是为了获取未来更大收益，但在PPP项目的发起实践中，国有企业有时会被动参与地方政府 PPP 项目，如国有企业被动参与中央与地方合作框架下实施的 PPP 项目；民营企业则往往是看中 PPP 项目之外的隐形利益，如民营企业将参与其他政府项目作为条件而同意介入 PPP 项目。上述国有企业和民营企业在 PPP 项目发起中的行为均是被动型和短期逐利行为，违背了社会资本自身意愿才是 PPP 项目长远发展的根本规律。另一方面，对是否适宜采取 PPP 模式的考量不足，如涉及国家安全、重大公共利益以及不应属于政府提供公共服务或公共产品范围内的不适宜由社会资本承担的项目，另外项目内容只有工程建设而没有运营项目。

第二，PPP 项目管理实践中曾经一度混淆了政府购买公共服务和 PPP 模式的适用范围，各地发改委、城建部门存在着利用政府购买公共服务提供基础设施和公共工程，试图规避基础设施和公共工程类 PPP 项目的复杂论证，以求项目尽快施行的现象（见图 4.1 的②号制度风险点）。特别是由于 PPP 项目参与者大多为建设单位，并且超过 70% 的中标方为中央企业、地方国企，这类企业在参与 PPP 项目的过程中，固守原有的"重建设、轻运营"思路，为地方政府混淆概念，采取签订购买公共服务协议的方式变相融资，实施基础设施建设提供了便利。鉴于上述情况，财政部于 2017 年专门出台了《关于坚决制止地方以政府购买服务名义违法违规融资的通知》（财预〔2017〕87 号），明确提出要严格按照规定范围实施政府购买服务，严禁将铁路、公路、机场、通信、水电煤气以及教科文卫、体育等领域的基础设施建设，储备土地前期开发，农田水利等建设工程作为政府购买服务项目，不得利用或虚构政府购买服务合同为建设工程变相举债，不得通过政府购买服务向金融机构、融资租赁公司等非金融机构进行融资。

第三，PPP 项目的可行性评估中要求财政支出责任不得突破一般公共预算的 10%，但很多 PPP 项目的支出责任并未列在一般公共预算范围内，而是借由政府基金预算来列支，而政府基金预算受地方经济运行、房地产市场波动、土地限价政策影响较大，不能成为确保 PPP 项目财政支出责任的稳定资金来源（见图4.1的③号制度风险点）。可行性评估的物有所值评价在实际操作中，还存在着"轻定性判定、重定量测算"的问题，地方政府往往关心定量分析出的数值，以此来证明采取PPP模式是否优于传统模式，而定量测算在本质上与财政承受能力评估存在着一定的相关性，"重定量"恰恰容易导致忽视从定性角度判定采用PPP模式的真正意义，即是否可以真的增加供给、优化风险分配、提高运营效率等。此外，对于政府付费项目，目前有一定数量的PPP项目采取了少量打捆和包装由使用者付费的方式，实际项目收益来源与项目内容并无实质关联，且使用者付费比例实际低于10%。这部分项目未来实施后将对同级财政造成极大压力，故国家进一步对此提出严格规定，财政部于2019年专门印发《关于推进政府和社会资本合作规范发展的实施意见》（财金〔2019〕10号），明确提出财政支出责任占比超过5%的地区，不得新上政府付费项目。

第二节　PPP项目准备阶段制度风险分析

一、PPP项目准备阶段涉及内容

PPP项目准备阶段主要包括管理架构组建、实施方案编制、实施方案审核三个环节。

一是管理架构组建环节。在PPP项目准备阶段，项目实施机构要为后续项目的实施提前明确项目投融资结构、回报机制以及相关配套安排等内容。项目投融资结构主要涉及项目建设资金的来源、性质和用途；项目回报机制主要涉及PPP项目中社会资本取得投资回报的方式和来源；相关配套安排主要涉及项目以外配套设施及其上下游服务。

　　二是实施方案编制环节。PPP 项目实施方案是 PPP 模式中最重要的内容，由项目实施机构负责组织编制，涵盖项目概况、风险分配基本框架、项目运作方式、合同体系、监管架构、采购方式选择等方面。其中，项目概况主要是介绍项目基本内容、采用 PPP 模式运作的必要性和可行性等基本情况，项目区位、占地面积、投资规模等经济技术指标以及公司股权结构、设立项目公司等股权情况，风险分配基本框架主要是按照合理、对等和可控的基本原则，综合政府和市场各自风险管理能力以及项目回报机制等因素，介绍项目风险如何在政府部门和社会资本之间进行合理分配。风险分担包括各自承担和共同承担两种类型，地方政府根据职责定位承担法律、政策和最低需求等风险，社会资本依靠自身优势承担项目前期设计、建造运营、财务融资等商业风险，对于不可抗力等风险由双方合理共担；项目运作方式主要是由项目收益、收费机制、融资需求、资产处置等因素决定，具体包括委托运营（O&M）、管理合同（MC）、建设—运营—移交（BOT）、建设—拥有—运营（BOO）、转让—运营—移交（TOT）、改建—运营—移交（ROT）等；合同体系是 PPP 项目实施方案中最核心的要件，通过约定各参与方的权利和义务，为后续 PPP 项目顺利实施提供法律保障，合同体系主要涉及项目合同、融资合同、工程承包合同、产品采购合同等，各类合同分别约定了社会资本责任、政府支付方式等权利义务，项目回报机制、收费定价机制等交易条件，强制保险方案、履约保函体系等履约保障；监管架构主要涉及事前和事中两个方面，事前主要包括对项目实施机构以及社会资本的两个授权关系，事中主要涉及对各参与方的履约管理、行政监管和公众监督等方面；采购环节是 PPP 模式中的重要一环，项目实施机构根据政府采购相关规章制度，结合项目实际情况，依法选择公开招标、竞争性磋商、单一来源等采购方式，其中公开招标适用于核心边界条件和技术经济参数相对明确和完整的 PPP 项目，其在实践中应用较为广泛。

　　三是实施方案审核环节。按照部门职责分工，地方财政部门负责对 PPP

项目物有所值和财政承受能力进行论证；地方政府建立由发展改革、财政、法律等部门组成的联合工作机制，对经过地方财政部门论证通过的 PPP 项目实施方案进行评审，通过评审的，由项目实施机构报政府审定，经反复评审仍未通过的，不再采用 PPP 模式。

二、准备阶段存在制度风险分析

在 PPP 项目实施方案编制环节，需要确定项目回报机制，这也是 PPP 项目能成功进入后续项目落地实质阶段的关键。PPP 项目的回报机制包括使用者付费、政府付费、可行性缺口补贴三种，学界和实务界公认的最为安全、最不易衍生地方政府隐性债务的是使用者付费模式。使用者付费模式，其本质和英国 PPP 项目中使用的 PFI 模式（Private Finance Initiative）极为相似，都是私人公司自主负责基础设施的投融资、建设和运营，然后通过使用者付费的方式实现收益。但是英国运营 PFI 多年来出现的失败案例证明，使用者付费模式中政府容易过于相信市场本身的力量，将监管侧重点置于项目提供的服务质量，而对项目成本的监管与控制不足。在 PPP 合同中，若无法将政府与私人部门的风险严格清晰划分，容易出现私人部门借机提高风险收益，向政府公共部门提高要价的问题，进而导致政府运营 PFI 的实际成本加大。由此可见，使用者付费这一模式也并非百益而无一害，其依然存在滋生地方政府隐性债务的制度风险点（见图 4.1 的④号制度风险点）。此外，使用者付费模式也存在未来需求不确定的风险，由于经济社会、自然条件、物价水平、政策法规等情况会对原定未来需求造成影响，导致实际需求与方案预计需求存在较大差异，并严格影响 PPP 项目收益，如杭州湾跨海大桥、京通高速等 PPP 项目中均存在这一风险。为推动实施市政公路、农田水利、市容环卫等没有收益或收益水平很低的公益性项目建设，地方政府一般会选择 PPP 模式，由于项目自身可以实现的收益很少，甚至无法覆盖建设运营各类成本，只能采取政府付费或可行性缺口补贴的回报机制。这类项目从表面上引入了社会资本参与，但透过表面去看项目运营本质，无论是建设期还是运营期，支付社会资本的资金来源几乎都是财政资金，这存在着政府承诺过多和补贴过多的问题，一旦财力未来不能保障，就可能形成政府隐性债务风险。

第三节　PPP 项目采购阶段制度风险分析

一、PPP 项目采购阶段涉及内容

PPP 项目采购阶段主要包括资格预审、采购文件编制、响应文件评审、谈判与合同四个环节。

一是资格预审环节。在正式启动政府采购环节前，为验证 PPP 项目的社会资本响应程度，项目实施机构要面向社会资本和金融机构开展资格预审。PPP 项目实施机构负责编制资格预审文件，一般由省级财政部门在其网站上发布公告，内容包括 PPP 项目概况、项目实施主体、社会资本资格条件和参与家数等，同时向同级财政部门备案。通过资格预审环节的条件是，必须有 3 家以上社会资本响应，在此基础上项目实施机构才能开展后续采购文件编制工作，如果在正式启动政府采购阶段之前，相关社会资本资格条件发生变化，需要及时通知项目实施机构。

二是采购文件编制环节。项目采购文件一般包括以下几个方面内容。首先，要介绍项目基本情况，涉及项目实施机构、项目实施方案、项目批复文件、项目合同草案等。其次，要说明政府采购要求，涉及采购方式、采购程序、评审方法等。最后，要明确对社会资本的要求，涉及资格证明、响应文件等提交的时间与地点。PPP 项目实施机构要严格按照政府采购有关政策和

要求实施采购，其中采用竞争性谈判或竞争性磋商采购方式的，还需要成立由评审专家和项目实施机构组成的评审小组，评审小组要分别配有财务专家和法律专家。

三是响应文件评审环节。社会资本提交的响应文件由项目实施机构负责组织接收和开启，并授权评审小组专家进行评审。评审环节涉及两个阶段：第一阶段，确定最终采购需求方案，主要是由评审小组专家与社会资本就原采购需求方案进行谈判沟通，对于采购文件中规定的不可谈判的核心条件不得修订，根据谈判结果可以对采购文件中涉及的技术、服务要求以及合同草案条款进行修订，但修订内容必须经项目实施机构同意，并及时公告涉及的社会资本；第二阶段，对社会资本进行综合评价排序打分，社会资本针对上述最终采购需求方案，调整并提交最终响应文件，评审小组对所有社会资本提交的文件进行综合评分，并对候选社会资本进行优先排序，连同评审报告一并提交项目实施机构，项目实施机构根据评审报告组织社会资本考察PPP项目现场，并召开后续采购专题答疑会。

四是谈判与合同环节。采购结果确认谈判工作组将代表项目实施机构根据已确定的候选社会资本的综合评价排名，依次与社会资本及相关金融机构就合同中的可变条款再次进行确认谈判，但对于合同中不可谈判的核心条款不得涉及，按照上述规则，社会资本中与采购结果确认谈判工作组率先达成一致的即为中选者。谈判结束后，项目实施机构与已中选的社会资本签署确认谈判备忘录，同时向社会公示采购结果、合同文本以及中选社会资本相关承诺和技术文件。如公示期满没有异议，项目实施机构要将项目合同上报地方政府，经审核同意后，正式与中选社会资本签署项目合同。如果PPP项目后续设立专门项目公司，项目实施机构要与项目公司重新签署项目合同，并在2个工作日内将项目合同在省级财政部门网站向社会公告。

二、采购阶段存在制度风险分析

由于我国目前尚未有针对PPP的立法，实施采购相关规则大多依据

《政府采购法》，项目采购方式包括公开招标、邀请招标、竞争性谈判、竞争性磋商和单一来源采购。考虑 PPP 项目的生命周期均较长，由于政府和社会资本的有限理性，无法预见或约定未来或然情况，而且明晰各方权利义务的成本过高，政府与社会资本签订的 PPP 合同属于典型的不完全契约合同，再加之缺少 PPP 法律依据，可能会造成 PPP 项目在采购阶段存在具体操作程序不规范、招标透明度不强以及 PPP 合同文本不规范等风险，因而也就有必要在项目执行的中期评估阶段引入再谈判机制，否则容易造成项目失败，政府承担额外支出责任（见图 4.1 的⑤号制度风险点）。在非经营性项目建设中，常用模式多为"可用性付费+绩效付费"的组合，社会资本方的收益一般包含在可用性付费中，社会资本方承担与可用性对应的设计、建设风险，并通过科学的财务测算计算出政府付费金额。若这类项目未来出现风险，项目实施机构首先需要和社会资本方启动 PPP 项目再谈判，重新设计风险分配框架，修缮设计回报机制、绩效和付费挂钩的考核办法等，使项目合规并满足风险分配原则。合同风险有时也来源于人为因素，特别是 PPP 模式推行初期，由于缺乏管理经验和能力、项目审批程序不规范、项目论证不充分、政府和社会资本双方信息不对称等因素都有可能导致合同风险出现，如青岛威立雅污水处理项目中社会资本就利用政府 PPP 知识有限和管理能力不足，在政府部门不十分了解市场价格变化趋势的情况下，与其签订了不对等协议，以至于后续政府部门不得不重启谈判以降低价格，这不仅造成后续谈判的拖延，而且严重影响了项目的正常实施。

第四节　PPP 项目执行阶段制度风险分析

一、PPP 项目执行阶段涉及内容

PPP 项目执行阶段主要包括项目公司成立、融资管理、绩效检测、中期评估四个环节。

一是项目公司成立环节。根据实际需要，在 PPP 模式中按照采购文件和项目合同约定，社会资本可以依法设立 PPP 项目公司，作为政府授权的机构依法出资参股项目公司。项目公司成立后，合作双方要根据约定及时注资入股，项目实施机构和地方财政部门对社会资本后续按时足额出资设立项目公司进行监督。

二是融资管理环节。PPP 项目融资业务由社会资本或项目公司具体负责，根据项目合同约定和项目实施进度，社会资本或项目公司要及时开展 PPP 项目融资方案设计、金融机构接洽、融资合同签订和融资资金交割等工作。为避免 PPP 项目中企业经营性债务转变为政府债务现象的出现，地方财政部门和项目实施机构要做好监督管理工作。对于项目融资中存在的问题要区别对待，由于社会资本或项目公司主观原因造成融资未到位的，地方政府可以采取强制措施，提取履约保函直至终止项目合同；由于外部环境出现市场金融风险的，参与各方可根据约定对合同中融资条款进行修订完善；由于各种原因造成 PPP 项目出现经营不善，进而产生财务风险使债权人利益受损的，债权人可依据前期与参与各方签订的直接介入条款，及时要求其对公司运营和财务管理情况进行改善，债权人上述介入措施需持续至公司重大风险被处理后得以解除。

三是绩效检测环节。绩效管理是 PPP 模式中的重要一环，政府是否付费要根据绩效结果来确定。项目实施机构根据合同约定，对社会资本或项目公司在项目执行阶段的履约情况进行监督，并对其提供的服务进行定期监测，同步编制项目产出绩效指标报告，报地方财政部门进行备案。对于政府付费或可行性缺口补贴类 PPP 项目，项目实施机构要定期公布产出说明，并将 PPP 项目实际绩效情况报告同级财政部门，同级财政部门对完成情况进行绩效评估，按照合同约定向社会资本或项目公司及时足额支付。绩效完成度高于预期的，将执行奖励条款，这将有利于社会资本在项目期满后继续实施 PPP 项目；绩效完成度低于预期的，将执行惩处条款，这将有利于督促社会资本改进，提高实际绩效。另外，对于 PPP 项目中设置超额收益分享机制的，如果项目确实已实现超额收益，社会资本或项目公司要及时足额向政府支付其应享有的超额收益。

四是中期评估环节。实施中期评估有利于及时应对 PPP 项目执行阶段可能出现的各类风险状况。PPP 项目中期评估主要内容是项目运行状况和合同执行情况，由项目实施机构负责组织实施，一般每 3~5 年组织实施一次，通过中期评估可以及时发现存在的问题，并有针对性地制定应对措施。此外，地方政府相关职能部门要根据相关法律法规对 PPP 项目中涉及提供公共产品和公共服务质量、价格收费机制、安全生产等情况进行行政监管，社会资本或项目公司若对行政监管处理决定不认同，可依法提起复议诉讼。

二、执行阶段存在制度风险分析

第一，2018 年年底，财政部政府和社会资本合作中心网站公布了财政部集中清理的 PPP 不规范项目，约 2557 个不合规的 PPP 项目被清退出库。自此以后，财政部实行无进展入库项目定时清退的做法。这些被清库项目中已经投入的政府资本金将会成为地方政府债务增长的隐患（见图 4.1 的⑥号制度风险点）。上述退库项目中，大多是涉及地方政府融资平台公司的 PPP 项目，如后续需重新入库，那么必须要满足《国务院办公厅转发财政部发展改革委人民银行关于在公共服务领域推广政府和社会资本合作模式指导意见的通知》（国办发〔2015〕42号）和《财政部关于规范金融企业对地方政府和国有企业投融资行为有关问题的通知》（财金〔2018〕23号）（后文简称"42号文和23号文"）的要求，核心要务是实现真正意义上的平台公司转型及明确股权项目资本金问题。由于这些平台前期参与PPP项目的主体身份不合规，后续又拿不出项目资本金，很大程度会将风险转嫁财政。

第二，PPP模式融资风险是指在政府和社会资本分别注入PPP项目资本金后，由于项目市场认可度低、融资结构不合理、融资成本过高等因素，造成项目建设资金筹措困难（见图4.1的⑦号制度风险点）。按照PPP模式操作规程和实践情况，通过政府采购环节中选社会资本后，地方政府将会与中选社会资本草签特许经营权协议，目的就是让中选社会资本通过特许经营权协议在规定期限内与金融机构签订相关融资合同，也就是说，只有在完成融资合同后特许经营权协议才正式生效。如果没有在规定期限内完成融资，中选社会资本将会被取消资格，如湖南某电厂项目，社会资本在取得特许经营权后没有按期完成融资而被取消了中标资格。此外，目前PPP项目专项债券（企业债券性质）的发行主体多为国有大型企业集团，全国首家发行企业为广州珠江实业集团，即PPP项目专项债券虽然可以缓解PPP项目融资困难的问题，但若国有企业无法偿还债券本息，则极易出现类似于地方"城投债"的问题，形成地方政府隐性债务的局面。

第三，我国现有PPP产业投资基金均依赖各级政府或国有经济投入引导基金，其运作方式为，由省级财政部门出资成立引导基金或由地方国企联合金融机构按照一定比例共同出资成立有限合伙基金，进而吸引和带动其他金融机构投资。前期财政或国有经济的引导性资金投入有可能因PPP项目失败而形成地方政府债务风险（见图4.1的⑧号制度风险点）。

第四，由于不可抗力风险，即在合同签订前无法预计，在此类情况发生时各参与方又无法回避或克服的风险，也会对 PPP 项目中期评估产生一定变数（见图 4.1 的⑨号制度风险点）。如江苏某污水处理厂项目，由于暴发了不可预计的非典疫情，中断了政府与社会资本关于投资回报率的中期谈判。按照现行制度框架，为应对未来可能出现的不确定情况，在项目实施一段时间后、中期评估中，理应引入再谈判机制，结合当期情况重新对原有合同或机制进行完善，但在实际操作中很多项目并没有将再谈判机制纳入 PPP 项目实施方案中。

第五节　PPP 项目移交阶段制度风险分析

一、PPP 项目移交阶段涉及内容

PPP 项目移交阶段主要包括移交准备、性能测试、资产交割、绩效评价四个环节。

一是移交准备环节。PPP 项目实施后期将会涉及项目移交事宜，主要由项目实施机构具体负责收回合同约定的项目资产。按照现行政策和有关合同约定，项目移交环节包括移交形式、补偿方式、移交内容和移交标准等方面内容。移交形式主要为：如果项目在全生命周期内正常运转，那么就期满终止移交；如果项目由于主客观原因无法正常运转，那么就需要双方协商提前终止项目，启动移交程序；从补偿方式看，分为无偿移交和有偿移交。对于有偿移交，需要在最初签订合同时提前约定补偿方案，如果事前没有约定，由项目实施机构提出补偿方案报政府审定；移交内容主要涉及项目资产、人员、文档和知识产权等；移交标准主要是移交资产中涉及相关设备的完好程度等情况。

二是性能测试环节。项目实施机构或其他政府代表机构要成立专门工作组，在PPP项目移交前对涉及资产状况进行评估。根据规定程序和移交标准，工作组可以委托专门的资产评估机构，对移交资产进行评估和性能测试，后续将资产评估结果作为重要依据来确定补偿金额。通过测试确认资产性能不达标的，社会资本要进行恢复性修理或提取维修保函。

三是资产交割环节。对于已通过测试且满足性能标准的PPP项目，由社会资本按照合同约定的时限将所涉及的资产、产权以及技术法律文件，移交项目实施机构或其他政府代表机构，并办理过户和移交手续。同时，在资产移交过程中，社会资本要确保PPP项目平稳运营。

四是绩效评价环节。PPP项目移交工作完成后，地方财政部门要对PPP模式全生命周期内的项目收益成本、服务质量、管理效率等情况进行整体绩效评价，并按照规定向社会公开PPP项目评价结果。

二、移交阶段存在制度风险分析

近几年，我国PPP项目数量迅速增加，但还未有一个项目完成整个生命周期，因而项目移交的资产交割环节中，政府对项目剩余资产和项目剩余收益等的处置规定尚不规范，特别是对于已经被清退项目的资产移交处理不规范，这些退库项目中有很多已处于项目采购或项目执行阶段，未来也会导致政府权利不能得到充分体现（见图4.1的⑩号制度风险点）。由于现有项目基本上均未完成PPP模式全生命周期，大部分还在建设运营过程中，因此未来按照PPP项目合同在事前约定绩效目标，对收益成本、管理效率、服务质量等方面进行绩效评价，极有可能受各种不确定因素的影响，导致在PPP项目移交和绩效评价的阶段才发现前期绩效指标设计不尽合理，或者是即便绩效指标设计合理，但在实践中也缺乏熟练运用绩效评价指标评价PPP项目绩效的经验。此外，对于实施存量PPP项目，按照规定需履行相关国有资产审批、评估手续的，由项目行业主管部门、存量资产所属单位会同同级发改委、财政部门进行初步筛选识别并组织实施。实际操作过程中发现，由于项目前期准备工作不到位，涉及存量 PPP 项目国有资产转移的，未按照规定履行审批手续，而有些项目目前已进入项目执行阶段，未来移交阶段仍然会存在制度风险。

综上所述，PPP 项目全生命周期的五个阶段中蕴藏的十个制度风险点都可能使 PPP 项目触发地方政府隐性债务风险。故而，应特别关注近些年实施 PPP 项目较多的地方政府，将制度风险和空间因素结合起来，提出不同地区有序有别防范 PPP 异化为新的融资平台并诱发地方隐性债务风险的对策。

第五章

PPP 视阈下地方政府隐性债务风险的空间
计量分析

鉴于各地受中央 PPP 规范管理统一政策影响，且邻近地区之间存在社会资本竞争和 PPP 规范管理政策的学习效应，不同地区 PPP 项目及其诱发的隐性债务风险存在空间相关性，故而在分析 PPP 诱发地方隐性债务风险的制度因素基础上，本章将在隐性债务风险研究中加入空间结构因素，强调空间结构和制度结构的二重作用，提炼空间结构研究假设和制度结构研究假设，构建空间滞后模型和空间误差回归模型，对 PPP 视阈下各地隐性债务风险空间模型进行估计和检验，分析各地隐性债务风险的空间分布及相邻空间的互动与溢出效应。

第一节　制度结构局限与二重结构论的提出

一、传统制度结构角度研究的缺陷

目前，学术界对由于 PPP 项目不规范管理引发的地方政府隐性债务的研究多从制度结构缺陷角度入手，忽略了空间结构对各地方政府 PPP 项目发展和隐性债务风险状态的影响，造成风险分析偏共性、轻个性，提出的政策建议缺乏针对性。近些年来，国内外越来越多的前沿研究表明，空间结构对很多经济和社会现象具有显著解释力。各地的 PPP 项目发展情况和由 PPP 引发的地方政府隐性债务风险会受到地理位置的影响和制约，具有空间上的相关性，如实施区域协同发展一体化战略中，通过 PPP 模式建设的市政基础设施等，而邻近地区的 PPP 项目发展情况及其引发的隐性债务风险更是会相互影响，即呈现出空间邻近性，且不同局部地区风险的配置特征也呈现出不同的状态。

二、空间结构研究的可行性

由于各地受中央 PPP 规范管理统一政策的影响，导致邻近省份之间必然存在社会资本溢出或竞争的效应。如图 5.1 所示，邻近的山东和河南、湖北、湖南、福建和江西有着明显的邻近地区间 PPP 项目的溢出效应（邻近地区间都表现为增长的正效应）；而邻近的四川和云南对于重庆来说，则是邻近地区间 PPP 项目的竞争效应（四川和云南挤出重庆 PPP 项目增长）；同样，河北、山西对于北京、天津来说，江苏、浙江对于上海来说，都存在邻近地区间 PPP 项目的竞争效应。出现上述现象的主要原因是：首先，建立在区域协同发展战略框架下的省际 PPP 合作项目，特别是市政基础设施建设、城际铁路、污染防治、河流治理等 PPP 项目因其地理位置覆盖邻近省份，使省际 PPP 项目及其引发的隐性债务风险存在空间上的联系。其次，央企、地方国企、民营企业等社会资本在参与 PPP 项目方面，同样存在区域选择偏好的差异性，如长三角、珠三角地区民营企业较多，而中西部、东北、京津冀等地区以央企或地方国企为主，由于不同性质的社会资本债务风险抵御能力不同，进而造成由此产生的债务风险也具有一定的区域属性。再次，在地方政府隐性债务管理和 PPP 项目规范管理方面，一方面各省份要遵循中央统一的法律、法规和政策框架，另一方面各邻近省份也存在出台规范管理政策的学习和效仿效应。因此，PPP 视阈下的地方政府隐性债务风险符合空间经济研究的假设，故本书提出如下两个假设。

假设1：PPP诱发的地方政府隐性债务风险在空间分布上存在空间相关性，邻近各省份之间PPP视阈下的地方政府隐性债务风险呈现互相影响的特征。

假设2：PPP诱发的地方政府隐性债务风险在空间分布上存在空间邻近性，邻近各省份之间PPP视阈下的地方政府隐性债务风险存在互动行为，且不同邻近省份的反应方式可能不同。

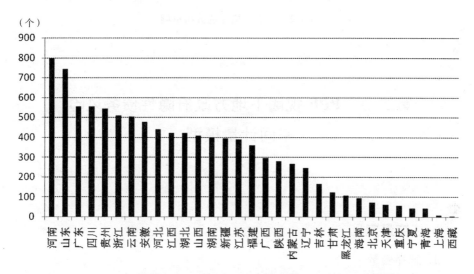

图5.1 2020年12月31日财政部PPP项目管理库累计项目数的地域分布情况

数据来源：根据财政部政府和社会资本合作中心网站的有关数据整理

三、构建二重结构论

本书试图探讨并检验空间结构对PPP视阈下地方政府隐性债务风险的影响，在此基础上，通过开展制度结构和空间结构的整合性研究，提出PPP视阈下地方政府隐性债务风险的二重结构论（如图5.2所示），从空间因素（空间相关性和空间邻近性）和制度因素（见前图4.1①～⑩的制度风险点）

两方面来分析 PPP 视阈下地方政府隐性债务风险，进而揭示邻近地区在地方政府隐性债务风险方面的互动关系。

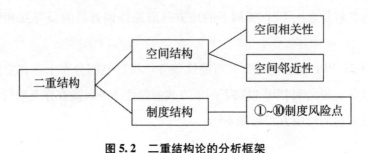

图 5.2　二重结构论的分析框架

第二节　PPP 视阈下地方政府隐性债务风险空间计量模型

一、变量定义

1. 解释变量

基于前述提出的 PPP 视阈下地方政府隐性债务风险的二重结构论，可以从空间因素和制度因素两方面来开展双重整合性研究。具体来说，结合图 4.1 中 PPP 诱发的地方政府隐性债务的风险点以及财政部政府和社会资本合作中心对 PPP 项目数据的披露情况，可以分析出空间因素和制度因素变量（均属于自变量），分别如表 5.1 所示。

对照第四章图 4.1 PPP 项目操作流程及其潜在隐性债务风险点，梳理出 PPP 项目生命周期中项目识别、项目准备、项目采购、项目执行、项目移交 5 个不同阶段所蕴藏的 10 个制度因素风险点，选取表 5.1 所列具有代表性的 15 个制度因素变量，分析其与 PPP 诱发的地方政府隐性债务风险的相关性，进而有针对性地提出治理隐性债务风险的对策建议。上述自变量主要是从政府端、社会资本端以及 PPP 项目端三方面选取的。

表 5.1　二重结构论下空间因素和制度因素变量构成

空间因素变量	制度因素变量
空间距离权值（基于各省经纬度而得）	PPP 清库项目数、PPP 项目总金额、PPP 项目识别数占总项目数比重、PPP 项目执行数占总项目数比重、PPP 财政支出责任、社会资本占项目资本金比重、物有所值 VFM 值、物有所值定性分析得分、使用者付费项目数占总项目数比重、非国有资本占社会资本比例、项目自身收益占回报机制比例、政府项目资本金投资占 PPP 项目总金额比例、社会资本融资需要出资比例、非银行贷款占社会资本融资比例、政府运营期付费中运营成本占比

（1）政府端自变量

主要反映 PPP 政府管理能力、财政支出水平等情况，包括：PPP 清库项目数，即截至 2020 年 12 月 31 日各地按照财政部要求累计清理出库的不规范 PPP 项目数，反映了各地推进 PPP 模式的规范程度问题；PPP 项目识别数占总项目数比重，即截至 2020 年 12 月 31 日各地 PPP 项目管理库中处于识别阶段项目数占总项目数比例，反映了各地 PPP 项目未处于实质性阶段问题；PPP 财政支出责任，即截至 2020 年 12 月 31 日各地 PPP 项目管理库中政府付费项目和缺口补助项目所涉及财政未来支出数据，反映了各地 PPP 项目财力承受问题；政府项目资本金投资占 PPP 项目总金额比例，即截至 2020 年 12 月 31 日各地 PPP 项目管理库项目总投资中政府实际出资占比，反映了 PPP 项目政府投资撬动社会资本投入情况；政府运营期付费中运营成本占比，即截至 2020 年 12 月 31 日各地 PPP 项目管理库中政府在运营期所有付费中实际用于运营成本所占的比例，反映了政府付费中未对应实有资产问题。

（2）社会资本端自变量

主要反映 PPP 社会资本参与意愿、融资能力等情况，包括：PPP 项目执行数占总项目数比重，即截至 2020 年 12 月 31 日各地 PPP 项目管理库中处于执行阶段项目数占总项目数比例，反映了各地 PPP 项目实际落地情况；社会资本占项目资本金比重，即截至 2020 年 12 月 31 日各地 PPP 项目管理库中 PPP 项目资本金中社会资本需要承担的部分，反映了非国有资本参与各地 PPP 项目意愿问题；非国有资本占社会资本比例，即截至 2020 年 12 月 31 日各地 PPP 项目管理库中私营、外资等非国有资本出资占所有社会资本出资的比例，反映了社会资本参与意愿问题；社会资本融资占需要出资比例，即截至 2020 年 12 月 31 日各地 PPP 项目管理库中社会资本投入中通过融资方式投入的比例，反映了 PPP 项目实际融资情况；非银行贷款占社会资本融资比例，即截至 2020 年 12 月 31 日各地 PPP 项目管理库中社会资本参与 PPP 项目融资结构中涉及信托、基金、发债等非银行贷款方式所占比例，反映了社会资本融资风险问题。

（3）PPP 项目端自变量

主要反映 PPP 项目自身质量、投资规模等情况，包括：PPP 项目总金额，即截至 2020 年 12 月 31 日各地 PPP 项目管理库中项目总投资，反映了各地 PPP 项目规模问题；物有所值 VFM 值，即截至 2020 年 12 月 31 日各地 PPP 项目管理库中 PPP 物有所值评价定量数值，反映了 PPP 模式是否降低项目全生命周期成本问题；物有所值定性分析得分，即截至 2020 年 12 月 31 日各地 PPP 项目管理库中 PPP 物有所值评价定性得分数值，反映了 PPP 模式较政府传统运作模式优劣问题；使用者付费项目数占总项目数比重，即截至 2020 年 12 月 31 日各地 PPP 项目管理库中使用者付费项目数占总项目数比例，反映了项目回报机制与运作方式问题；项目自身收益占回报机制比例，即截至 2020 年 12 月 31 日各地 PPP 项目管理库中通过项目自身实现的收益占未来所有回报收益的比例，反映了项目市场化程度问题。

2. 被解释变量

本书的空间分布测度研究逻辑是在包含空间因素自变量的研究中，研究制度和空间两个自变量对因变量 PPP 诱发的地方政府隐性债务风险的影响，得出相邻空间这一债务风险的配置情况。目前各地财政部门对隐性债务的统计口径仍是立足于负债端，从地方政府有可能承担偿债责任的角度来估计隐性负债。这种做法未能基于财政风险矩阵中对地方政府隐性债务的性质界定严格把握，容易造成对债务规模的低估。理论上说，负债的统计不应从债务人角度估计，而应从债权人角度估计，从地方政府投资端入手，依托"支出=收入"等式来估计PPP诱发的隐性债务风险规模。PPP项目中的地方政府投资支出应主要包括股权投资、运营补贴、风险承担、配套投入等。PPP项目政府资本方收益=地方政府实缴资本金（而不是项目资本金）+分红+项目移交后收回资产价值。地方政府PPP项目的收支数额之差，即可认为是PPP诱发的地方政府隐性债务（也即本书的被解释变量）。因而，本书对PPP诱发的隐性债务规模的计算公式可概括为：地方政府PPP项目中股权投资支出+地方政府PPP项目运营补贴+地方政府PPP项目风险承担+地方政府PPP项目配套投入−PPP项目政府资本方实缴资本金−政府资本方分红−PPP项目移交后收回资产价值，公式中涉及变量数据取自财政部PPP项目库披露的具体项目实施方案等资料。本书分析PPP视阈下地方政府隐性债务意在最大口径反映其风险状况，一方面，考虑目前学界和实务界并未将PPP模式中地方政府根据合同未来负责支出的股权投资、补贴投入等纳入对其整体的债务风险评估指标体系内，因此本书基于财政风险矩阵不仅反映其所涉及的隐性债务，还将确需地方政府在未来PPP项目建设期和运营期所要承担的股权投资和运营补贴等刚性支出责任（基于财政风险矩阵，其属性理论上应归为直接隐性债务）一并纳入研究范围；另一方面，考虑目前财政部要求地方统计隐性债务时要根据贷款合同和支出协议，约定未来偿还数和支付数，录入地方融资监测平台，本书统计隐性债务规模也将依据PPP方案中约定政府未来投入原值进行分析。举例说明各地隐性债务测算过程如下：截至2020年12月31日，陕西省在库PPP项目共计174个，从对外披露实施方案看，股权投资753793万元、运营补贴25197809万元、风险承担768861万元、配套投入 471276 万元，合计 27191739 万元，为政府端总支出；政府端总收入主要是分红收入，合计 9600 万元，因此该省 PPP 诱发的地方政府隐性债务为 27182139 万元。其他省份 PPP 诱发的地方政府隐性债务也依此思路计算，将各省数值加总得到全国 PPP 诱发地方政府隐性债务为 12.36 万亿元。从总量上看，截至 2020 年 12 月 31 日，全国地方 PPP 项目总金额为 15.44 万亿元、PPP 财政支出责任为 15.14 万亿元、PPP 诱发地方政府隐性债务为 12.36 万亿元，PPP 项目总金额客观反映在库 PPP 项目建设总投资金额。PPP 财政支出责任反映全生命周期内地方政府所有支出责任合计，既包括部分建设成本（另外部分由社会资本分担），还包括部分运营补贴（另外部分由使用者分担）。PPP 诱发地方政府隐性债务如前所述反映地方政府在全生命周期内总支出与总收入差额，因此说上述 3 个变量有其各自含义及计算口径，彼此没有数量上的可比性。

3. 控制变量

为使实证结果更加可靠，本书加入反映地区特征的控制变量到模型中。控制变量 1 为城镇化率，是反映地区社会组织程度和管理水平的重要标志，其计算公式为地区城镇常住人口与总常住人口的比例；控制变量 2 为常住人口，是指实际经常在某地区居住一定时间的人口；控制变量 3 为社会融资规模增量，反映一定时期内、一定区域内实体经济从金融体系中获得的资金总额，包括人民币贷款、外币贷款、委托贷款、信托贷款、未贴现银行承兑汇票、企业债券、政府债券、非金融企业境内股票融资。

二、数据来源说明

空间因素变量来自 Geoda 空间分析软件自带的经纬度数据。制度因素变量和地方政府隐性债务数据来自财政部政府和社会资本合作中心以及财政部政府债务研究和评估中心网站的数据（鉴于隐性债务数据有一定滞后性，为了保证制度因素变量数据和地方政府隐性债务数据的时间节点一致，故而本书空间计量所有数据均为截至 2020 年 12 月 31 日的数据），控制变量来自国家统计年鉴和 Wind 数据库。根据财政部政府和社会资本合作中心项目管理库最新披露，截至 2020 年 12 月 31 日现有各地 PPP 项目金额约为 15.4 万亿元，总计 9772 个项目①。鉴于 PPP 相关数据涉及具体项目主要信息，故而本书主要基于截至 2020 年 12 月 31 日的财政部政府和社会资本合作中心网站公布的数据，采用人工和爬虫软件相结合的方式逐个项目查看 PPP 项目实施方案、财政"两评"报告、合同协议来获取制度因素变量数据，对于个别项目信息不全的情况，辅以国家发展改革委 PPP 项目数据库作为补充。由于项目储备库的项目未进入真正 PPP 生命周期内，故而本书中空间计量模型所有自变量和因变量数据主要来自项目管理库，未纳入项目储备库的数据。所有制度因素自变量、地方政府隐性债务和控制变量的原始数据见表 5.2 至表 5.5。

三、制度因素自变量描述性分析

描述性统计结果如表 5.6 所示。地方政府隐性债务规模较大的省份主要是河南、浙江、湖北，规模较小的省份主要是西藏、上海、宁夏。制度因素自变量方面，PPP 清库项目数较多的省份主要是湖南、贵州、山东，较少的省份主要是上海、北京、西藏；PPP 项目识别数占总项目数比重较大的省份主要是西藏、安徽、云南，较小的省份主要是贵州、陕西、湖北；PPP 财政支出责任较大的省份主要是河南、山东、四川，较小的省份主要是上海、西藏、青海；政府项目资本金投资占 PPP 项目总金额比例较大的省份主要是北京、天津、宁夏，较小的省份主要是上海、西藏、陕西；政府运营期付费中运营成本占比较大的省份主要是山西、北京、河北，较小的省份主要是西藏、上海、海南；PPP 项目执行数占总项目数比重较大的省份主要是黑龙江、宁夏、吉林，较小的省份主要是西藏、山西、重庆；社会资本占项目资

---

① 数据来源于财政部政府和社会资本合作中心项目管理库在线实时数据，https://www.cpppc.org/home.jhtml。

本金比重较大的省份主要是江西、吉林、福建，较小的省份主要是西藏、上海、云南；非国有资本占社会资本比例较大的省份主要是宁夏、北京、河北，较小的省份主要是上海、西藏、陕西；社会资本融资占需要出资比例较大的省份主要是青海、云南、四川，较小的省份主要是西藏、上海、天津；非银行贷款占社会资本融资比例较大的省份主要是海南、天津、湖南，较小的省份主要是上海、西藏、青海；PPP 项目总金额规模较大的省份主要是云南、贵州、四川，较小的省份主要是西藏、上海、青海；物有所值 VFM 值较大的省份主要是北京、上海、福建，较小的省份主要是西藏、浙江、重庆；物有所值定性分析得分较高的省份主要是上海、重庆、福建，较低的省份主要是西藏、江西、甘肃；使用者付费项目数占总项目数比重较大的省份主要是甘肃、北京、青海，较小的省份主要是西藏、上海、四川；项目自身收益占回报机制比例较大的省份主要是青海、北京、海南，较小的省份主要是西藏、上海、江西。上述被解释变量和制度因素自变量变动差异较大，体现出各地 PPP 发展存在地区差异；地区控制变量均表现出较大的标准差，说明我国东中西地区之间差异也较为明显。

四、空间实证分析

（一）空间相关性检验

在只考虑制度因素变量影响的传统回归模型中，将空间因素（以经纬度来衡量）代入模型进行实证研究之前，需要先进行全局性的空间相关性检验，以确保可能产生的空间研究效果显著且有意义。国内外学者常用的检验方法为 Moran's I 指数检验。若空间计量模型通过检验，则说明因变量具有空间相关性，证明研究中加入空间变量可以更好地解释制度因素变量；反之，则证明因变量的空间相关性不足，不具备进行空间计量研究的可行性。本书也将采用 Moran's I 指数对 PPP 项目中的制度风险因素和由此引发的地方政府隐性债务风险做出全局层面上的空间相关性检验。

表 5.2 政府端制度因素自变量

序号	省份	PPP清库项目数（个）x_1	PPP项目识别数占总项目数比重（%）x_2	PPP财政支出责任（万元）x_3	政府项目资本金投资占PPP项目总金额比例（%）x_4	政府运营期中付费占运营成本占比（%）x_5
1	北京	1	0.64	41268131.55	0.31	0.43
2	天津	5	0.81	53154262.35	0.25	0.38
3	河北	43	0.81	57762597.76	0.04	0.42
4	山西	59	0.94	54928801.42	0.03	0.44
5	内蒙古	152	0.73	25975461.75	0.02	0.37
6	辽宁	16	0.66	41162380.43	0.05	0.29
7	吉林	28	0.95	47527743.76	0.01	0.27
8	黑龙江	20	0.74	5633387.55	0.02	0.30
9	上海	0	0.70	467706.13	0.00	0.01
10	江苏	87	0.91	53210689.06	0.02	0.24
11	浙江	32	0.85	70991114.35	0.02	0.26
12	安徽	41	0.97	76053012.38	0.02	0.27
13	福建	62	0.80	42880432.33	0.02	0.29

续表

序号	省份	PPP清库项目数（个）x_1	PPP项目识别数占总项目数比重（%）x_2	PPP财政支出责任（万元）x_3	政府项目资本金投资占PPP项目总金额比例（%）x_4	政府运营期付费中运营成本占比（%）x_5
14	江西	38	0.79	51515317.43	0.01	0.31
15	山东	158	0.73	96997665.33	0.02	0.31
16	河南	90	0.70	123460544.18	0.01	0.25
17	湖北	47	0.57	84765370.04	0.01	0.35
18	湖南	161	0.93	72709758.30	0.02	0.31
19	广东	36	0.94	90047422.67	0.04	0.37
20	广西	25	0.71	36277611.21	0.01	0.26
21	海南	13	0.68	7768091.79	0.02	0.22
22	重庆	17	0.72	36862107.52	0.06	0.30
23	四川	77	0.72	96428614.44	0.01	0.33
24	贵州	159	0.44	81165206.01	0.04	0.37
25	云南	102	0.96	75048419.08	0.06	0.34
26	西藏	2	1.00	83598.85	0.00	0.00

续表

序号	省份	PPP清库项目数（个）x_1	PPP项目识别数占总项目数比重（%）x_2	PPP财政支出责任（万元）x_3	政府项目资本金投资占PPP项目总金额比例（%）x_4	政府运营期付费中运营成本占比（%）x_5
27	陕西	62	0.57	30347384.33	0.01	0.28
28	甘肃	23	0.94	17422306.04	0.05	0.29
29	青海	3	0.75	4095189.08	0.08	0.36
30	宁夏	8	0.90	7140967.44	0.13	0.25
31	新疆	80	0.75	31038999.79	0.02	0.36

表 5.3　社会资本端制度因素自变量

序号	省份	PPP项目执行数占总项目数比重（%）X_6	社会资本占项目资本金比重（%）X_7	非国有资本占社会资本比例（%）X_8	社会资本融资占需要出资比例（%）X_9	非银行贷款占社会资本融资比例（%）X_{10}
1	北京	0.91	0.60	0.27	0.73	0.06
2	天津	0.72	0.62	0.17	0.55	0.60
3	河北	0.77	0.79	0.26	0.80	0.24

续表

序号	省份	PPP 项目执行数占总项目数比重（%）X_6	社会资本占项目资本金比重（%）X_7	非国有资本占社会资本比例（%）X_8	社会资本融资占需要出资比例（%）X_9	非银行贷款占社会资本融资比例（%）X_{10}
4	山西	0.46	0.82	0.16	0.81	0.28
5	内蒙古	0.74	0.81	0.16	0.76	0.11
6	辽宁	0.66	0.60	0.02	0.69	0.17
7	吉林	0.91	0.94	0.06	0.80	0.38
8	黑龙江	1.00	0.62	0.05	0.83	0.02
9	上海	0.66	0.00	0.00	0.00	0.00
10	江苏	0.83	0.84	0.14	0.78	0.28
11	浙江	0.84	0.72	0.08	0.80	0.25
12	安徽	0.91	0.84	0.12	0.81	0.30
13	福建	0.89	0.87	0.05	0.77	0.35
14	江西	0.81	0.97	0.07	0.79	0.20
15	山东	0.73	0.81	0.20	0.76	0.25
16	河南	0.70	0.62	0.09	0.82	0.32
17	湖北	0.74	0.80	0.03	0.80	0.25

续表

序号	省份	PPP 项目执行数占总项目数比重（%）X_6	社会资本金占项目资本金比重（%）X_7	非国有资本占社会资本比例（%）X_8	社会资本融资占需要出资比例（%）X_9	非银行贷款占社会资本融资比例（%）X_{10}
18	湖南	0.74	0.73	0.09	0.80	0.46
19	广东	0.77	0.69	0.10	0.76	0.25
20	广西	0.58	0.64	0.05	0.80	0.25
21	海南	0.71	0.82	0.15	0.83	0.67
22	重庆	0.52	0.68	0.03	0.77	0.00
23	四川	0.66	0.84	0.18	0.84	0.06
24	贵州	0.80	0.51	0.10	0.83	0.36
25	云南	0.80	0.43	0.05	0.85	0.20
26	西藏	0.00	0.00	0.00	0.00	0.00
27	陕西	0.75	0.80	0.00	0.78	0.29
28	甘肃	0.67	0.66	0.02	0.78	0.14
29	青海	0.75	0.54	0.21	0.89	0.00
30	宁夏	0.98	0.75	0.29	0.77	0.29
31	新疆	0.82	0.73	0.05	0.76	0.40

表 5.4 PPP 项目端制度因素自变量

序号	省份	PPP 项目总金额（万元）x_{11}	物有所值 VFM 值 x_{12}	物有所值定性分析得分（百分值）x_{13}	使用者付费项目数占总项目数比重（%）x_{14}	项目自身收益占项目回报机制比重（%）x_{15}
1	北京	24356210.46	0.66	83.86	0.16	0.77
2	天津	31158879.19	0.23	80.98	0.04	0.58
3	河北	68836866.42	0.21	82.40	0.09	0.46
4	山西	46018317.85	0.15	80.58	0.06	0.41
5	内蒙古	24622825.74	0.16	81.07	0.10	0.57
6	辽宁	25560746.76	0.18	81.66	0.06	0.57
7	吉林	32114699.66	0.16	78.93	0.07	0.61
8	黑龙江	9287875.64	0.20	80.39	0.03	0.66
9	上海	302305.10	0.49	87.50	0.00	0.00
10	江苏	76515569.03	0.19	83.58	0.06	0.44
11	浙江	103936606.66	0.11	80.53	0.07	0.46
12	安徽	52280082.59	0.13	83.88	0.03	0.35
13	福建	36058615.39	0.47	84.73	0.05	0.33

续表

序号	省份	PPP项目总金额（万元）x_{11}	物有所值VFM值 x_{12}	物有所值定性分析得分（百分值）x_{13}	使用者付费项目数占总项目数比重（%）x_{14}	项目自身收益占回报机制比重（%）x_{15}
14	江西	38516791.91	0.26	77.53	0.03	0.26
15	山东	80557540.16	0.23	83.90	0.07	0.37
16	河南	103292659.35	0.22	80.28	0.06	0.46
17	湖北	70115000.27	0.16	80.66	0.04	0.37
18	湖南	57127284.07	0.17	83.32	0.06	0.51
19	广东	67475845.96	0.12	82.48	0.04	0.38
20	广西	42590080.95	0.16	81.35	0.03	0.35
21	海南	8821074.83	0.17	80.13	0.07	0.71
22	重庆	28905295.14	0.12	85.70	0.05	0.62
23	四川	108162636.54	0.25	79.86	0.02	0.34
24	贵州	122563434.70	0.19	83.66	0.08	0.50
25	云南	135215859.78	0.20	81.89	0.04	0.47
26	西藏	53157.00	0.00	0.00	0.00	0.00

续表

序号	省份	PPP项目总金额（万元）x_{11}	物有所值VFM值 x_{12}	物有所值定性分析得分（百分值）x_{13}	使用者付费项目数占总项目数比重（%）x_{14}	项目自身收益占回报机制比重（%）x_{15}
27	陕西	42513969.99	0.18	82.18	0.11	0.56
28	甘肃	34023848.31	0.21	77.61	0.21	0.69
29	青海	6415216.43	0.24	79.26	0.14	0.81
30	宁夏	8039618.62	0.13	80.56	0.12	0.48
31	新疆	58949520.71	0.20	82.75	0.07	0.54

表5.5 地方政府隐性债务和控制变量

序号	省份	PPP诱发地方政府隐性债务（万元）y	城镇化率（%）（2019年）a_1	人口数（人）（2020年）a_2	社会融资规模增量（亿元）（2020年）a_3
1	北京	7229281.01	86.60	21893095	16631
2	天津	15792372.87	83.48	13866009	4508
3	河北	39750272.66	57.62	74610235	10169

续表

序号	省份	PPP诱发地方政府隐性债务（万元） y	城镇化率（%）（2019年） a_1	人口数（人）（2020年） a_2	社会融资规模增量（亿元）（2020年） a_3
4	山西	23963207.59	59.55	34915616	4689
5	内蒙古	16914639.30	63.37	24049155	1095
6	辽宁	21271854.03	68.11	42591407	1310
7	吉林	49166481.95	58.27	24073453	3579
8	黑龙江	4448976.04	60.90	31850088	1899
9	上海	73527.45	88.30	24870895	10916
10	江苏	75670209.65	70.61	84748016	33611
11	浙江	92319984.15	70.00	64567588	32155
12	安徽	76956445.28	55.81	61027171	9251
13	福建	39930315.05	66.50	41540086	10592
14	江西	38815251.59	57.42	45188635	8550
15	山东	72406446.02	61.51	101527453	20108
16	河南	102275799.89	53.21	99365519	11472
17	湖北	82519109.71	61.00	57752557	10433

续表

序号	省份	PPP诱发地方政府隐性债务（万元） y	城镇化率（%） （2019年） a_1	人口数（人） （2020年） a_2	社会融资规模增量（亿元） （2020年） a_3
18	湖南	57966788.18	57.22	66444864	10779
19	广东	78418316.89	71.40	126012510	40692
20	广西	21610384.15	51.09	50126804	7089
21	海南	4005563.00	59.23	10081232	970
22	重庆	20012292.58	66.80	32054159	8101
23	四川	58119157.79	53.79	83674866	14334
24	贵州	70009264.70	49.02	38562148	6567
25	云南	61667685.43	48.91	47209277	5873
26	西藏	0.00	31.54	3648100	491
27	陕西	27182138.35	59.43	39528999	6407
28	甘肃	10719575.44	48.49	25019831	4016
29	青海	3798933.63	55.52	5923957	117
30	宁夏	3729230.95	59.86	7202654	872
31	新疆	59181049.83	51.87	25852345	4558

表5.6 变量的描述性统计

变量名	符号	样本数	平均值	标准差	最小值	最大值
PPP 清库项目数（个）	x_1	30	55	50	1	161
PPP 项目识别数占总项目数比重	x_2	31	0.78	0.14	0.44	1.00
PPP 财政支出责任（万元）	x_3	31	48844848.20	32388417.94	83598.85	123460544.18
政府项目资本金投资占 PPP 项目总金额比例	x_4	29	0.05	0.07	0.01	0.31
政府运营期付费中运营成本占比	x_5	30	0.31	0.08	0.01	0.44
PPP 项目执行数占总项目数比重	x_6	30	0.76	0.12	0.46	1.00
社会资本占项目资本金比重	x_7	29	0.73	0.13	0.43	0.97
非国有资本占社会资本比例	x_8	29	0.11	0.08	0.00	0.29
社会资本融资占需要出资比例	x_9	29	0.78	0.06	0.55	0.89
非银行贷款占社会资本融资比例	x_{10}	28	0.26	0.15	0.00	0.67
PPP 项目总金额（万元）	x_{11}	31	49818981.78	36606535.49	53157.00	135215859.78
物有所值 VFM 值	x_{12}	30	0.22	0.12	0.11	0.66
物有所值定性分析得分（百分值）	x_{13}	30	81.77	2.27	77.53	87.50
使用者付费项目数占总项目数比重	x_{14}	30	0.07	0.04	0.00	0.21
项目自身收益占回报机制比例	x_{15}	29	0.51	0.14	0.26	0.81

续表

变量名	符号	样本数	平均值	标准差	最小值	最大值
PPP 地方政府隐性债务（万元）	y	31	39868534.04	31092143.00	0.00	102275799.89
城镇化率（%）（2019年）	a_1	31	60.85	11.59	31.54	88.30
人口数（人）（2020年）	a_2	31	45476733	30506940	3648100	126012510
社会融资规模增量（亿元）（2020年）	a_3	31	9736.58	9919.96	117.00	40692.00

Moran's I 指数定义如下：

$$I = \frac{\sum_{i=1}^{n}\sum_{i \neq j}^{n} W_{ij}(X_i - \overline{X})(X_j - \overline{X})}{S^2 \sum_{i=1}^{n}\sum_{i \neq j}^{n} W_{ij}}$$

(5.1)

其中，$S^2 = \frac{1}{n}\sum_{i=1}^{n}(X_i - \overline{X})^2$，$\overline{X} = \frac{1}{n}\sum_{i=1}^{n} X_i$。$X_i$ 表示第 i 个省份的数据（各制度因素变量 X_i）；W_{ij} 表示二进制的邻近空间权值矩阵，用于定义空间对象的相互邻近关系，若 i 与 j 相邻，则 $W_{ij}=1$，若 i 与 j 不相邻，则 $W_{ij}=0$。Moran's I 的值为 -1.0 至 1.0，Moran's I>0 表示空间正相关性，其值越大，空间相关性越明显；Moran's I<0 表示空间负相关性，其值越小，空间差异越大；Moran's I=0 表示空间不相关，呈现空间结构的随机性。使用 Geoda 空间分析软件对地方政府隐性债务进行估计，Moran's I 指数的空间相关系数是0.4989，通过了 1% 的显著性概率检验，说明 PPP 诱发的地方政府隐性债务在空间分布上具有明显的正向相关关系。因此，前文假设 1 提到了佐证，即 PPP 诱发的地方政府隐性债务风险在空间分布上存在空间相关性的假设成立。

2. 空间邻近性检验

在空间计量研究中，是否存在局部空间自相关性，一般可通过 LISA（Local Indicators of Spatial Association）检验进行测算。LISA 检验是用于考察局部地区空间自相关性特征及显著性的基本工具，每一个观测值的 LISA 值表示该观测值与邻近地区的类似观测值之间的空间相关关系指标及显著性（Anselin 1995）。局部空间结构和整体空间结构不是割裂的，所有局部地区的 LISA 观测值之和与整体的空间相关指数值是成比例的（Anselin 1995）。因此，PPP 诱发的地方政府隐性债务的 LISA 值既能直接反映各省与邻近省地方政府隐性债务的局部空间结构，也能间接反映某省域内地方政府隐性债务的整体空间分布情况。

常用 LISA 检验局部 Moran's I 指数，以考察局部地区的空间邻近性特征。局部 Moran's I 指数被界定为：

$$I_i = \frac{X_i - \overline{X}}{S^2} \sum_j W_{ij}(X_j - \overline{X})$$

(5.2)

式（5.2）中，各变量含义与式（5.1）中一致。根据 Geoda 软件进行 LISA 检验，可以得到四种显著的空间聚集类型。①高—高（H-H）类型，该类型是指某省 PPP 诱发的地方政府隐性债务高，同时邻近省的地方政府隐性债务也较高；②高—低（H-L）类型，该类型是指某省 PPP 诱发的地方政府隐性债务高，但邻近省的地方政府隐性债务却较低；③低—低（L-L）类型，该类型是指某省 PPP 诱发的地方政府隐性债务低，同时邻近省的地方政府隐性债务也较低；④低—高（L-H）类型，该类型是指某省 PPP 诱发的地方政府隐性债务低，但邻近省的地方政府隐性债务却较高。

从上述四种显著的空间聚集类型来看，前文假设 2 得到了佐证，即 PPP 诱发的地方政府隐性债务风险在空间分布上存在空间邻近性的假设成立。PPP 诱发地方政府隐性债务风险的 LISA 散点图见图 5.3。

3. 空间回归模型

在考察 PPP 诱发地方政府隐性债务风险问题的空间结构（空间相关性和邻近性）之后，需要把这种空间结构作为内生变量与制度结构因素结合在一起，再分析两者对地方政府隐性债务风险产生的影响。为有效分析各类解释变量对被解释变量影响的空间分布状态，同时考量反映区域特征的控制变量的影响情况，本书使用 Stata14.0 软件来分析空间滞后模型和空间误差回归模型。

空间滞后模型被设定为：

$$y = \rho W_y + \beta_1 X + \beta_2 Control + \varepsilon$$

(5.3)

其中，ρ 表示被解释变量的空间滞后系数；W 表示空间矩阵，对应表

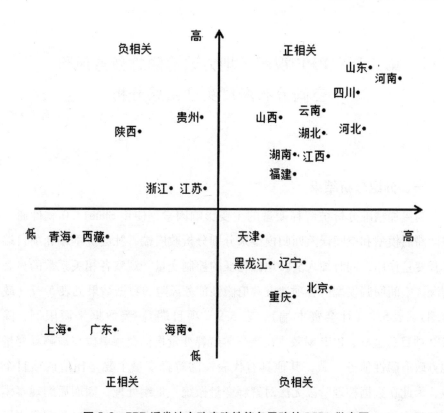

图 5.3　PPP 诱发地方政府隐性债务风险的 LISA 散点图

5.1 中的空间因素变量；y 为被解释变量，表示 PPP 诱发的地方政府隐性债务风险；X 表示表 5.1 中的制度因素变量，即解释变量（自变量）；β_1 表示回归系数；Control 表示地区控制变量；β_2 表示回归系数；ε 表示误差项。

空间误差回归模型被设定为：

$$y = \beta_1 X + \beta_2 Control + \lambda W_\varepsilon + \varepsilon \tag{5.4}$$

其中，X 表示表 5.1 中的制度因素变量，即解释变量（自变量）；β_1 表示回归系数；y 表示被解释变量，表示 PPP 诱发的地方政府隐性债务风险；Control 表示地区控制变量；β_2 表示回归系数；W 表示空间矩阵；λ 表示误差项空间自相关系数；ε 表示误差项。

第三节 PPP 视阈下地方政府隐性债务风险空间分布测度实证结果分析

一、分组分析结果

为更加精准分析被解释变量的主要影响因素，使用 Stata14.0 软件通过空间滞后模型和空间误差回归模型来分别分析政府端、社会资本端和项目端解释变量作用，同时加入反映地区特征的控制变量，观察各相关系数的显著情况。空间回归模型的各项地方政府隐性债务风险的数据结果见表5.7（政府端）、表5.8（社会资本端）、表5.9（项目端）。受数据来源限制，除 PPP 项目总金额、PPP 财政支出责任等解释变量指标金额单位与被解释变量地方政府隐性债务一致，其他具有代表性的解释变量主要是比值或项目个数，为此在数据整理阶段无法对解释变量做统一量纲处理，因而后续观察模型解释变量时主要是考量显著性情况。在显著性情况一致时，对于同类指标再比较模型结果系数的绝对值，其中"＊＊＊"表示在 1% 水平上显著，"＊＊"表示在 5% 水平上显著，"＊"表示在 10% 水平上显著。

从政府端自变量看，PPP 财政支出责任因素在三个模型结果中均表现得最为显著，加入反映地区特征的控制变量后，并未影响该因素显著性，因此可认定其为政府端自变量中的核心解释变量；从社会资本端自变量看，PPP 项目执行数占总项目数比重因素在三个模型结果中均表现得最为显著，加入反映地区特征的控制变量后，并未影响该因素显著性，因此可认定其为社会资本端自变量中的核心解释变量；从项目端自变量看，项目自身收益占回报机制比例因素在三个模型结果中均表现得最为显著，加入反映地区特征的控制变量后，该因素显著性加强，而其他因素显著性并未变化，因此可认定其为项目端自变量中的核心解释变量。

表 5. 7 最小二乘（OLS）和空间模型回归结果（政府端）

	(1) ols	(2) lag	(3) error	(4) ols控	(5) lag控	(6) error控
main						
x1	17764.3	16170.7	26985.4	18941.7	17838.6	19208.6
	(68259.2)	(60653.1)	(51950.4)	(55248.6)	(45973.3)	(46259.2)
x2	16785888.0	15750455.3	-1360061.3	2497436.5	1722748.9	19180350.8
	(19996753.4)	(17822783.8)	(15216480.1)	(16892780.9)	(14102905.5)	(14421683.1)
x3	0.815 ***	0.844 ***	0.828 ***	0.901 ***	0.917 ***	0.903
	(0.0996)	(0.0990)	(0.0974)	(0.136)	(0.116)	(0.113)
x4	-94854191.7 *	-105414396.1 **	-120540224.4 ***	-117761478.7 *	-117589790.3 **	-116938412.9 ***
	(47508903.0)	(45071870.5)	(45795946.9)	(53975788.9)	(45879570.1)	(45026243.5)
x5	-25594933.0	-28012189.1	40894131.5	-25853929.0	-27902164.3	-24075283.0
	(39519822.8)	(35276479.9)	(36472104.2)	(35704261.6)	(29875423.8)	(29211574.2)
a1				-57768120.0 **	-58204810.0 **	-58527570.0 **
				(338710.3)	(281719.9)	(281359.7)
a2				-0.525 **	-0.516 ***	-0.507
				(0.194)	(0.162)	(0.163)
a3				1743.1 ***	1730.9 ***	1720.3 ***
				(431.3)	(359.2)	(359.3)
cons	-1603667.7	2500258.5	-1255274.0	48781867.3	51912218.1 **	51107246.6 **
	(18568682.4)	(17603763.3)	(6187132.5)	-30707954	(26040575.1)	(25758783.3)
rho		-0.0173			-0.0120	
		(0.0260)			(0.0196)	
sigma		12537581.9 ***	12150563.3 ***		9405965.1 ***	9395009.0 ***
		(1618595.4)	(1569126.8)		(1214305.0)	(1212890.6)
lambda			0.166 **			-0.0154
			(0.0802)			(0.0244)
r2	0.825			0.902		
N	30	30	30	30	30	30

Standard errors in parentheses   * p<0.10, **p<0.05, *** p<0.01

119

表5.8 最小二乘（OLS）和空间模型回归结果（社会资本端）

	(1) ols	(2) lag	(3) error	(4) ols控	(5) lag控	(6) error控
main						
x6	0.636***	0.610***	0.773***	0.439***	0.454***	0.654***
	(0.0988)	(0.860)	(0.0690)	(0.128)	(0.105)	(0.0909)
x7	-39662706.9	-26362059.9	-14460484.9	-23675418.3	-19581610.4	-5762280.0
	(32763855.6)	(29181031.7)	(20720766.1)	(34328264.5)	(28055967.3)	(22159068.3)
x8	639640.9	425580.0	46516.1	76383.4	-202766.3	191068.8
	(1712866.2)	(1472080.7)	(146619.9)	(1630120.0)	(1340591.8)	(357615.7)
x9	-39881299.8	-64576475.8	-40087399.7	-67635217.5	-83293124.5	-74748176.9
	(107244136.4)	(93019235.0)	(77244709.1)	(105262560.8)	(86311093.8)	(89968841.8)
x10	-20404710.7	-1735973.3	5595609.8	943040.5	11915791.5	11615115.3
	(28898743.0)	(27197742.9)	(19350439.7)	(27309105.1)	(23642909.0)	(18512796.7)
a1				-25260030.0	-14658260.0	-23064770.0
				(559478.5)	(461347.7)	(420906.9)
a2				0.217	0.148	0.0332
				(0.208)	(0.177)	(0.189)
a3				696.0	752.2	569.7
				(664.9)	(541.8)	(614.6)
cons	-22507193.3	-23913820.4	-950569.1	20121162.7	25629315.7	-749462.6
	(141324780.9)	(120989850.8)	(3273250.1)	(130220120.5)	(105876706.0)	(342176.8)
rho		0.0494*			0.0374	
		(0.0299)			(0.0278)	
sigma		1535904.1***	11166000.2***		13058613.3***	10371598.3***
		(1977282.0)	(1441962.9)		(1685855.8)	(1339557.1)
lambda			0.264***			0.269***
			(0.0468)			(0.0551)
r2	0.719			0.802		
N	30	30	30	30	30	30

Standard errors in parentheses　* p<0.10, ** p<0.05, *** p<0.01

表 5.9　最小二乘（OLS）和空间模型回归结果（项目端）

	(1) ols	(2) lag	(3) error	(4) ols控	(5) lag控	(6) error控
main						
x11	26030996.8	52063479.0	-13643637.1	41833616.5	46471945.4 *	23601078.4
	(47867522.3)	(37986090.3)	(29029350.3)	(29236761.2)	(23984424.9)	(24407074.9)
x12	5869083.3	-29829502.3	-33504671.1	-13130766.0	-23573599.5	-32083461.8
	(44489502.0)	(36278859.3)	(39994446.0)	(27158508.2)	(23357202.8)	(21781888.2)
x13	-87451833.5	-42228277.7	-13194083.2	-61942567.1	-52726634.1	-17032721.1
	(73525290.2)	(58732764.8)	(67204351.4)	(46149974.6)	(38083418.9)	(45078013.2)
x14	56489040.5	58960435.4	55021452.4	16614919.3	25677290.4	32586868.1
	(50125806.9)	(38829877.7)	(43268076.5)	(42968519.5)	(35523133.6)	(24036986.9)
x15	35071761.9	50877427.1 *	45824361.4	44056001.9 *	48747441.4 ***	68684286.6 ***
	(37300164.7)	(29322654.0)	(30428382.2)	(22098983.3)	(18274030.8)	(19123765.3)
a1				-68829920.0	-57842260.0 **	-49877700.0 **
				(621884.7)	(511408.5)	(227248.5)
a2				0.571	0.489 ***	0.415
				(0.215)	(0.184)	(0.170)
a3				842.9	888.2 **	1241.1 **
				(706.7)	(574.8)	(496.0)
cons	-24831088.7	-57179469.5 *	4883756.4	9080730.6	-7952830.2	-2148036.0
	(42449678.0)	(34448849.0)	(11722769.8)	(61843200.2)	(51761294.1)	(5988343.9)
rho		0.134 ***			0.0418	
		(0.0427)			(0.0308)	
sigma		23640103.5 ***	24825405.6 ***		14550571.2 ***	13813534.5 ***
		(3052097.8)	(3205364.4)		(1878466.6)	(1785529.0)
lambda			0.158 ***			0.224 **
			(0.0542)			(0.114)
r2	0.183			0.754		
N	30	30	30	30	30	30

Standard errors in parentheses　* p<0.10, ** p<0.05, *** p<0.01

二、空间模型结果分析

上述空间计量模型的研究结论显示，引入空间因素可以更加准确地估计制度结构的影响作用和影响程度。实证研究的结果显示，各自变量空间滞后回归结果的系数估计值的绝对值均大于 OLS 回归结果的系数估计值绝对值，说明空间计量模型比传统 OLS 模型更能准确解释制度性自变量对因变量的影响程度和影响作用。同时，分别观察反映空间滞后模型稳健性的 rho 指数和反映空间误差回归模型稳健性的 lambda 指数在加入区域控制变量后的显著性变化情况：从社会资本端的结果看，空间误差回归模型在加入控制变量前后均显著，而空间滞后模型在加入控制变量后不再显著；从项目端结果看，空间误差回归模型在加入控制变量前后均显著，而空间滞后模型在加入控制变量后不再显著；从政府端结果看，空间误差回归模型在加入控制变量后不再显著，而空间滞后模型在加入控制变量前后均不显著。综上所述，在加入区域控制变量前后空间误差回归模型 lambda 总体上要比空间滞后模型 rho 更为显著，且空间误差回归模型受区域控制变量影响较小，说明该模型更为稳健，反映出地方政府隐性债务风险地区属性呈现局部性更为明显。此外，分组空间回归模型结果中在加入控制变量前后，sigma 指标均表现为显著特征，说明空间滞后模型和空间误差回归模型中被解释变量与解释变量间内生性可控。

在上述分析的基础上，使用 Stata14.0 软件整体分析 15 个解释变量对被解释变量的影响，同时加入反映区域特征的控制变量，观察各相关自变量显著性情况（自变量显著性由系数后面 "∗" 号反映，空为不显著），空间回归模型的各项地方政府隐性债务风险的数据结果如表 5.10。核心解释变量中依然显著的是 PPP 财政支出责任，项目自身收益占回报机制比例、PPP 项目执行数占总项目数比重因素不再显著。因此判断通过分类和整体分析均显著的 PPP 财政支出责任自变量对地方政府隐性债务风险具有较大影响，具体

表 5.10　最小二乘（OLS）和空间模型回归结果

main	(1) ols	(2) lag	(3) error	(4) ols控	(5) lag控	(6) error控
x1	-86096.9	-86212.9 *	-65138.6	-45140.6	-45449.2	-33792.5
	(65979.6)	(45188.2)	(45321.4)	(61813.8)	(37428.0)	(38000.2)
x2	4593364.7	4681411.2	-2813270.0	-2794221.8	-2462140.3	-6349211.6
	(17870356.3)	(12453404.8)	(12418005.1)	(16825071.0)	(10295178.2)	(10245464.4)
x3	0.728 ***	0.726 ***	0.778 ***	0.959 ***	0.950 ***	0.962 ***
	(0.147)	(0.110)	(0.101)	(0.203)	(0.130)	(0.120)
x4	-131256687.8 *	-131422974.4 ***	-130871307.0 ***	-162406470.9 ***	-162651685.5 ***	-160845637.6 ***
	(67104792.5)	(46075491.5)	(43927708.0)	(73458974.4)	(44461266.3)	(43970320.6)
x5	-1988775.8	-1630251.8	-1084489.0	11559273.9	13348257.3	10048236.3
	(46340054.6)	(33205393.2)	(30227512.1)	(41586381.9)	(26485937.1)	(24521249.9)
x11	68084284.6 ***	68174080.3 ***	65193869.0 ***	63586830.3 ***	63984239.2 ***	61768349.1 ***
	(20600669.4)	(14294959.2)	(13578226.5)	(18421849.9)	(11296596.0)	(11008294.4)
x12	150022136.1	14970606.1	232090119.9	-1021323.4	-1217797.7	3397773.0
	(22623055.1)	(15521162.2)	(15553092.2)	(24193570.5)	(14666666.5)	(14663319.8)
x13	-28143921.5	-27952039.7	-34460753.1	-20127250.8	-19284277.0	-25661028.4
	(35577394.8)	(24888940.6)	(23551833.4)	(32571859.1)	(20089271.8)	(19660680.8)
x14	-30013567.3	-30407222.4	-32600886.2	-25304352.8	-27468391.5	-22001823.5
	(36977361.6)	(27555249.1)	(24392515.5)	(51774508.5)	(32884591.5)	(30407032.4)
x15	9725144.3	9808793.7	1040110.3	8934352.7	9354710.9	4662988.9
	(15986256.8)	(11168251.8)	(11745404.9)	(15354783.6)	(9491497.8)	(9768900.0)
x6	0.243	0.244 **	0.223 **	0.0371	0.0422	0.0416
	(0.142)	(0.102)	(0.0938)	(0.157)	(0.0977)	(0.0930)
x7	-32009684.4	-31888871.0 *	-47879637.9 **	-31628416.9	-30992491.3 **	-40793497.7 **
	(27127795.3)	(18836928.6)	(20065021.7)	(24447697.0)	(15081434.1)	(16236555.6)
x8	2155720.6	2146829.1 **	2062875.5 **	1539985.0	1492595.3 *	1491934.6 **
	(1247250.7)	(887568.9)	(843173.3)	(1215782.0)	(767534.8)	(730640.7)
x9	103714038.3	103072928.0 *	155560914.8 ***	68397114.8	64714532.2	102471604.9 *
	(76216850.9)	(55066352.4)	(58920159.5)	(85975119.0)	(54733712.4)	(59188097.2)
x10	12651545.5	13051282.8	1911591.7	12672492.5	14722696.1	4233390.9
	(29275647.4)	(22911944.0)	(20210962.2)	(31307310.4)	(21180740.2)	(19744937.9)

续表

	(1) ols	(2) lag	(3) error	(4) ols控	(5) lag控	(6) error控
a1				-37506850.0	-38161560.0	-28982480.0
				(757481.1)	(459316.7)	(455728.3)
a2				-0.417 *	-0.417 ***	-0.384 ***
				(0.216)	(0.131)	(0.130)
a3				1290.5 *	1296.2 ***	1186.1 ***
				(641.7)	(389.2)	(393.2)
_cons	-2216432932.7 *	-2211164815.0 ***	-197134638.2 ***	-129019163.7	-125764200.2 *	-123013886.7 *
	(110086449.2)	(76381302.8)	(76107292.9)	(116045285.2)	(71807656.3)	(70392255.2)
rho		0.000761			0.00365	
		(0.0213)			(0.0169)	
sigma		7786755.9 ***	7448184.0 ***		6110246.9 ***	5963680.7
		(1005258.9)	(961556.4)		(788827.3)	(769907.9)
lambda			0.0108			0.0102
			(0.00804)			(0.00991)
r2	0.934			0.959		
N	30	30	30	30	30	30

Standard errors in parentheses * p<0.10, ** p<0.05, *** p<0.01

124

来说，PPP 财政支出责任的回归值的绝对值越大，则地方政府隐性债务风险越高。整体分析结果中，政府项目资本金投资占 PPP 项目总金额比例、PPP 项目总金额两个自变量对地方政府隐性债务影响显著，具体来说，PPP 项目总金额的回归值的绝对值越大，则地方政府隐性债务风险越高；而政府项目资本金投资占 PPP 项目总金额比例的回归值的绝对值越大，则地方政府隐性债务风险越低。

三、空间邻近性分析

从 PPP 诱发地方政府隐性债务风险的 LISA 散点图（图 5-3）来看，尽管邻近地方政府 PPP 项目建设和地方政府债务管理方面存在互动行为，但是，不同地区政府间的反应方式却不同。大多数省份与邻近省份之间呈现聚集效应，这表明 PPP 诱发地方政府隐性债务风险存在空间溢出效应，某省 PPP 诱发的地方政府隐性债务激增会导致邻近省份的地方政府隐性债务风险都增加，即高—高（如河北、山西、山东、河南、湖北、湖南、江西、福建、云南、四川）；某省 PPP 诱发的地方政府隐性债务较少，则邻近各地方政府隐性债务也较低，即低—低（如上海、广东、海南、青海、西藏）；也有少数省份与邻近省份之间存在空间竞争关系，某省 PPP 诱发的地方政府隐性债务较高，但邻近各地方政府隐性债务却较低，即高—低（如浙江、江苏、贵州、陕西）；或者某省 PPP 诱发的地方政府隐性债务较少，但邻近省份地方政府隐性债务却较高，即低—高（如北京、天津、重庆、黑龙江、辽宁）。从实际情况看，LISA 散点图反映的省份间邻近性从总体上看还是比较明显的，可能会存在一定的特殊性主要是一些边境省份未体现出整体邻近性，而是反映为局部邻近性。

四、地区特征变量分析

观察整体分析空间模型结果中反映地区特征控制变量系数，常住人口、社会融资规模增量对被解释变量显著，而城镇化率不显著，其中社会融资规模增量的回归值的绝对值越大，则地方政府隐性债务风险越高，社会融资规模增量反映地区整体融资水平，而社会资本承接 PPP 项目所需资金大多需要从金融机构取得，社会融资规模增量是 PPP 项目可融资性的前提条件，因此两者具有正相关性；常住人口的回归值的绝对值越大，则地方政府隐性债务风险越低，常住人口规模大往往是人口集聚地区，人口集聚说明该地区发展势头好，人口大量净流入带来服务业发展和地价上升，进而有效增加地区财力，在财力充足情况下，地方政府就没有举债动机，因此两者具有负相关性。

第六章

PPP 视阈下政府债务风险防控机制的
国际经验借鉴

在我国推广 PPP 模式之前，国际上已有一些国家进行尝试，并取得了成功。实施 PPP 模式一方面要适应我国国情，体制机制的建立要结合实际，而另一方面其他国家已成功实施的 PPP 模式也完全可以借鉴学习并指导实践。本章重点介绍法国、英国、加拿大、韩国 PPP 模式运行主要特点和部分发展中国家 PPP 成功案例，分析其政府债务风险防控机制的经验做法，总结国际实践的经验对我国的启示。

第一节　法　国

法国政府以特许经营方式引入社会资本具有悠久的历史，早在十六到十七世纪，运河和桥梁就开始采用特许经营合同方式来建设，法国被认为是运用 PPP 模式中 BOT 方式最早的国家。后来，随着 2004 年法国政府出台第一部 PPP 模式公私合作合同行政法规（Contrat de Partenariat，2004-599 号法令），标志着其正式引入了 PPP 投资模式来建设公共服务项目。法国 PPP 模式主要有特许协议和合伙合同两种类型。通过这样的安排，法国政府部门通过职能转变成功地将原来承担的医疗、监狱、政府大楼、通信网络、交通道路等公共服务和自来水、暖气供应、污水、垃圾处理等公共产品，正式移交给私人部门来提供。

一、法国 PPP 模式一般框架

法国主要采用两种类型的 PPP 模式：一是特许协议主要用于实施运河、高速公路、供水系统和收费桥梁等重大基础设施项目；二是合伙合同，与私人主动融资（Private Finance Initiative）合同类似。特许协议的定义是一种协议，根据该协议，授予人在一定期限内将工程的执行或服务的管理转让给一个或几个经济实体，其中规定与该工程或服务的操作有关的风险必须转移给该经济实体，以换取该工程或服务的操作权利，也规定可以在该经营权上增加有利于该实体的费用。特许协议中风险转移到经济实体必然意味着对市场波动的真实敞口。合伙合同是指出让人将与工程的设计、建造或改建、维护、运营或管理有关的综合项目，按投资摊销或议定融资条件规定的期限委托给私人的行政合同。公共服务所需的设备或无形资产以及公共服务的全部或部分资金、拆除和销毁工作以及公共服务的管理也可以根据合伙合同转让给私营方。两种 PPP 模式是根据不同的付款条件来加以区分：在特许协议下，特许人的补偿主要来自服务用户的付款；而根据合伙合同，授予人向私人合伙人支付租金，以换取履行任务。

PPP 模式的参与主体方面，除了公共当局（州、地方当局及其公共机构），允许私人实体（为满足非商业公共利益而专门创建的实体，或由几个公共实体组成，以网络式运营商的身份共同执行某些活动和公共事业的实体）被授予特许协议和合伙合同。

二、法国 PPP 模式运行主要特点

一是政府在 PPP 模式中发挥主导作用。法国政府在多数 PPP 项目公司（SPV 公司）中持有多数股份，只有极少数的公司由私人资本控制（如科菲

特集团 COFIROUTE）。法国通过制定全面、详尽的法律政策体系对 PPP 进行规范，在项目合作公司成立条件、各参与方的权利和责任、项目验收、运营年限等方面都有明确的规定。政府也制定了许多政策对项目融资方面予以支持，例如税收的优惠政策、财政补贴、银行信贷承诺等。同时，法国政府还建立了专门的公共机构来监督管理 PPP 项目，例如法国公路交通局就专门负责高速公路建设 PPP 项目相关事宜。此外，法国政府在特别时期还出台过专门的制度安排促进 PPP 模式发展。比如为应对 2008 年金融危机，法国政府出台了一系列促进经济发展的"保障计划"，其中就包括特别批准了 100 亿欧元的保障资金，用于支持运营良好的 PPP 项目，确保项目早开工、早竣工。截至 2020 年，法国实施了 183 个 PPP 项目，总投资金额达到 385 亿欧元①。政府财政对部分大型 PPP 项目进行补贴，否则这些大型项目将在金融危机后无法维持正常运转。再比如，法国政府力推的 PPP 项目资产证券化资助计划，旨在鼓励项目公司通过发行债券的方式为项目融资。总的来说，法国政府在 PPP 项目的建设阶段予以资金直接支持，同时限定了项目的资金总额，但在运营阶段对于项目资金缺口不再予以财政补贴。

　　二是政府严格控制 PPP 项目合同实施。法国运用 PPP 模式主要特点之一就是在项目实施前就制定了一揽子完整的合同体系，对于 PPP 合同制度管理经历了不同的发展阶段（见表 6.1）。法国政府设计一套完整的 PPP 合同主要目的就是有效控制成本，同样社会投资者在项目设计与运营阶段也是依靠合同来控制运营期间成本实现有效投资。社会投资者会充分考虑并平衡 PPP 项目不同阶段的协同效应，并以此作为依据做出他们的各项投资决策以及各个阶段运行组织安排，具体来说就是尽最大可能加速项目完工使其进入真正的运营阶段，因为按照 PPP 项目合同约定，只有项目按期执行合同完工运营，社会资本才能获得利润。总的来说，通过签订一揽子 PPP 项目合同实际上是制定了一套针对社会投资者实施项目的激励约束机制，这里主要涉及

---

　　① 数据来源于欧洲投资银行网站实时数据更新，https：//data. eib. org/epec.

项目成本收益额、提供的公共服务水平以及项目建设时间表等，同时法国政府通过合同将对社会投资者的未来付费也纳入机制当中，一旦社会投资者由于项目超工期、超成本、质量不合格等情况没有完成合同约定的目标，那么政府就会立即启动激励约束机制并有权延迟付费。具体来说，法国PPP行政合同包括特许协议和合伙合同两种类型，其中特许协议是授予人在有限时间内将工程的执行或服务的管理转让给一个或多个经济实体的协议，具体指明与此类工程或服务的运营相关的风险必须转移给经济实体，以换取运营所述工程或服务的权利；合伙合同是投标方委托社会资本按照投资摊销或约定的融资条件，在一定期限内进行设计、建设或改造、维护、经营或管理的综合性项目的行政合同。对于两种合同政府都明确了严格控制的相关要求：对于特许协议，特许权公司将被要求向授予人提供年度报告，并且授予人必须每年公布与特许权有关的基本数据。对于合伙合同则更加严格，首先，拟建项目必须与公共服务所需的工程、设备以及无形资产的建设或改造、保养、维护、运营与管理有关，同时必须进行初步评估，以评估项目的实施方法；然后，第二次必须评估项目的财务可持续性，根据这些评估，投标方必须证明使用合伙合同比任何其他类型协议具有更好的成本效益；最后，授予人还需将这些评估提交给项目实施机构征求意见。

表6.1　法国公私伙伴关系合同制度发展过程

时间（年）	重要阶段
1988	引入第一个支付的PPP合同
1994	引入另一种政府支付的PPP合同
2004	立法引入伙伴关系合同
2008	制定了促进公私伙伴关系合同适用的新法律
2018	《公共采购和特许协议法典》（PPP法典）
2019	《PPP准则》

资料来源：https：//thelawerviews. co. uk/title/the-public-private-partnership-law-review/ france

三是 PPP 项目注重短期目标与长期目标的统筹。针对 PPP 合同在执行过程中可能出现的不确定问题，法国政府一般会采取以下方式解决：一方面在各参与方商议签定 PPP 项目合同前，法国政府就要求各方对未来不确定性因素进行充分预测，并以严谨的条款将这些情况以及由此产生的各参与方权利义务等全部写入项目合同中；另一方面是，PPP 项目参与各方在合同具体条款执行过程中采取协商或谈判等灵活方式解决可能存在的不确定性问题。第一种方式属于事前行为，即在合同正式签定前就约束了各参与方对于出现不确定性问题的责任义务；而第二种方式则属于事中行为，即在 PPP 项目合同中就明确了在面对由于外部环境变化所造成的不确定性问题的具体解决方式。此外，法国 PPP 经济部门还专门设立了 FIN INFRA（财政和基础设施管理局）①，负责协助授予人执行伙伴关系合同，主要是在发起投标之前验证投标方准备的初步评估材料，并在合伙合同以及其他复杂的公共合同或暗示创新融资计划的公共合同的准备和谈判中为公共当局提供协助和建议。在合作合同中，FIN INFRA 仍是主要参与者，因为它也必须就每份合伙合同的财务可持续性发表意见，这项新要求是避免因在法国实施某些合伙合同而导致的财务困难的一种有效方式。

三、法国 PPP 模式下政府债务风险防控的经验借鉴

一是完善法律制度体系。从法国 PPP 模式实践经验来看，良好的法治环境是 PPP 模式实现可持续发展的重要保障，对于增强投资者信心、提高供给服务水平、降低项目运营风险都具有十分重要的意义。法国 PPP 模式在法律制度方面最大的特点就是制定了以合同为核心的法律规范，同时在法律层面将 PPP 项目从传统政府采购中独立出来。现阶段，我国还没有构建起专门的 PPP 法律体系，主要依靠政策制度体系实施，相关法律依据比较分散，因此

① Laurent Richer. Droit des contrats administratifs 9e edition [J] . LGDJ Lextensoedition，2014：137-145.

从本质上说缺乏权威性。近年来，我国高度重视 PPP 模式立法工作，PPP 条例也正在履行立法程序，未来 PPP 模式在我国健康发展，顶层设计至关重要，特别是要通过法律层面加强对 PPP 模式中各参与方的权利义务的约束和制衡，让 PPP 项目中每个环节操作都有法可依，也能够为防控 PPP 模式下政府债务风险提供制度保障。

二是合理分担 PPP 项目风险。法国的 PPP 项目十分重视合同中约定的各主体之间风险分担条款的实际执行，还专门设立了 FIN INFRA，用于协助授予人执行合伙合同，其主要目的就是通过整体的合同设计确保 PPP 项目在执行中控制成本内在化和使风险得到合理分担。我国在 PPP 项目的实施过程中，同样也要通过合同约定好政府与投资者之间各类风险责任，在风险责任划定时，要充分结合我国国情以及双方各自优势，对于法律、利率等风险，政府具有可控手段，应由地方政府承担；技术、运营等风险企业具有市场经验，应由社会资本承担，PPP 项目各类风险责任实现合理分担，将有利于提升项目实施的质量与效率。

三是严格 PPP 项目生命周期内合同执行。在法国 PPP 模式下，为防范合同中可能出现的不确定风险导致 PPP 项目目标无法实现，事前通过严谨的条款在合同中约束了各方行为，事中通过合同约定了各参与方解决不确定性问题的具体方式方法，通过长短期结合方式确保了 PPP 项目目标的实现。随着我国 PPP 项目逐步进入执行阶段，应该借鉴法国上述的做法，重视 PPP 项目的事前、事中和事后每个环节，以 PPP 合同为抓手，建立更加科学的监管体系，同时发挥会计师事务所、审计师事务所、律师事务所等中介机构的监管作用，通过准入监督、价格监管以及反垄断监管等方式确保 PPP 合同得以顺利执行、PPP 项目目标得以实现。

第二节 英 国

英国是第一个在市政基础设施建设领域应用PPP模式的国家,最早的项目是1986年英法海底隧道项目。PPP模式应用至今,英国从实践中总结出许多社会资本参与公共项目的运作模式,形成了覆盖PPP项目论证、审批、评估等操作环节的规范性制度文件体系,经过反复调整和完善,较为成熟的PPP模式制度体系逐渐建立起来。英国现有PPP运作模式中,最具代表性的是私人融资计划模式(PFI),政府部门和私人资本共同签订合同,明确由私人资本负责市政基础设施的前期设计、融资建设、运营维护等事项,政府则负责按照合同约定的服务质量向私人资本支付费用。2012年,在PFI模式的基础上,英国政府探索实施了新的私人融资方案(PF2,Private Finance 2),最早应用于教育领域,之后得到广泛推广。相较于PFI,PF2最显著的变化是政府在项目资本金中提高入股比例、项目招标程序更加规范、注重PPP项目信息公开等方面,同时还特别加强了融资运营管理。英国PPP决策机制创立时间最早、实施期限最长,是该国运用PPP模式的一个显著特征,积累的相关经验做法也相对丰富。通过上述优化调整措施,政府部门和私人资本的沟通合作更加充分,政府部门参股PPP项目运作有效抑制私人资本投机行为,整个PPP项目全生命周期运营更加透明,社会公众能够深入了解项目情况,各参与方建立起风险收益共担共享的长期稳定合作关系。从实际运行来看,英国的PPP模式卓有成效,截至2020年,英国共实施了1031个PPP项目,总投资金额达到1600亿欧元,涉及交通设施、教育医疗、住房保障、垃圾处理等方面[①]。

---

① 数据来源于欧洲投资银行网站实时数据更新,https://data.eib.org/epec.

一、英国 PPP 模式一般框架

在英国，PPP 的主要形式是 PFI/PF2 项目，有 700 多个项目在运营，总资本价值 570 亿英镑①。PFI/PF2 是一种项目融资结构，公共部门采购方通过竞争性投标授予合同，设计、建造、筹资和运营某些公共基础设施。承包商是由中标人（或更常见的投标人联合体）为项目目的而组成的特殊目的载体（SPV）。根据 PFI/PF2 合同的全部风险流向，SPV 将施工和后续服务提供分包给其分包商（这些分包商通常是投标人的相关实体）。

以下公共机构在英国的 PPP 市场中扮演主要角色：财政部，负责制定和监督财政及一般政策，并批准项目业务案例；内阁府，负责监督政府职能和采购的标准和效率，并批准个别采购路线和结构；基础设施和项目管理局，向英国财政部和内阁府报告，支持基础设施和重大项目的成功交付，公布国家基础设施交付计划及涵盖五年期的基础设施政策；国家基础设施委员会，对国家的长期基础设施需求和优先事项进行评估并向政府提供专家建议；采购机构（例如中央政府部门和地方当局），负责组织和采购项目，订立和管理合同，并支付服务费用；独立监管机构，包括监管某些活动领域（包括环境、健康与安全和数据保护）和特定部门（如天然气和电力、水、铁路和通信）的监管机构；英国政府投资公司（UK Government Investments）是英国财政部全资成立的一家公司，负责协调政府对上市公司的持股，为政府提供企业融资咨询，并监督英国的企业资产；规划当局，决定是否批出有关项目的发展同意书（当局将视项目的规模和地点而决定有关规划）；国家审计署和审计官负责审查政府开支。

---

① Tom Marshall, Helen Beatty, Sam Cundall. The Public-Private Partnership Law Review：United Kingdom ［J］. Herbert Smith Freehills LLP, 2021：4, 7.

二、英国 PPP 模式运行主要特点

一是运作程序标准化、规范化。英国 PPP 项目决策程序与评估论证阶段的每个节点都环环相扣、密切相关，无论哪个节点一旦出现审查未通过情况，项目申请都将立刻被叫停。英国政府公共部门所有涉及工程 PPP 项目的评估论证，都要依据《英国财政部公共项目投资手册（绿皮书）》严格执行，PPP 项目申请只有完全符合《绿皮书》要求，才能进入后续物有所值评价阶段。通过物有所值评价的项目视为初审通过，后续审批手续还包括两个环节：一个是由英国商务部对 PPP 项目合同和招投标进行监督审查，另一个就是还要得到英国财政部最终审核确认。此外，财政部对于英国 PPP 项目管理部门在审批流程中的具体职责以及每个环节需要其准备的相关资料，颁布了专门文件进行指导和说明，操作环节设计了具体流程图，其中包括财政部于 2011 年颁布的《大项目评估办法》以及配套文件《大项目审批与评估指南》，通过一系列制度顶层设计不仅规范了决策审批程序，而且明确了各自职责分工。在 PF2 中则更加体现了运作程序的标准化、规范化，关于简化采购流程方面，具体措施包括通过加强英国基础设施部的授权，并酌情支持部门集中采购单位，提高公共部门采购能力；根据政府的精简采购原则，采用标准化和高效的方法来运行 PF2 采购，并推出一套全面的标准文件，从而简化采购流程；确定对采购时间表的坚定承诺，要求各部门部长在向财政部提交商业案例供批准时，对采购时限作出承诺，除非布政司同意豁免，否则 PF2 项目的竞标阶段不得超过 18 个月，使得发布项目投标书到指定优先投标人之间的时间大大压缩。关于提高 PPP 项目透明度方面，具体措施包括政府要求私营部门出版年度报告，详细说明政府作为股东的所有项目的全部内容和财务信息；私营部门提供实际和预测的股本回报信息以供公布；在财政部网站上设立商业案例核准追踪系统，通过公共部门核准程序提供项目进展情况的最新情况；加强信息规定和确保及时提供信息的程序；为采购机构或

其他当地代表提供在项目公司董事会会议上的观察员地位。

二是决策部门分工明确、职责清晰。英国PPP项目从发起到合同签署整个事前决策阶段，上下级政府间、同级政府部门间分工都非常明确，彼此之间既相互合作又相互制约，通过全面与细致的评估论证以求保证前期决策的质量。英国政府出台了一系列PPP项目决策与操作指南，并结合不同项目特点指导各级政府部门按部就班有针对性地开展PPP项目管理工作。例如，英国财政部通过自身及下设的相关公私营机构合作署，为PPP项目的推进、监管提供全方位的管理和咨询（见表6.2）；地方政府或中央各部委作为PPP项目的发起者，提出PPP项目申请、组织项目实施，同时制定行业性PPP相关文件，规范项目遴选、决策和实施；内阁府负责监督政府职能和采购的标准和效率，并批准个别采购路线和结构；基础设施和项目管理局负责向英国财政部和内阁办公室报告，并支持基础设施和主要项目的成功交付；国家基础设施委员会负责评估国家长期基础设施需要和优先事项并向政府提供专家咨询意见；商务部负责对PPP项目采购程序进行监管；下议院公共账目委员会负责PPP项目事后绩效评估；审计署负责PPP项目全生命周期审计工作。职责明确同样体现在适当的风险分配方面，为了优化资金的价值，在PF2中，公共部门将原由私营部门承担的因不可预见的一般法律变更而产生的额外资本支出风险、公用事业消费风险以及现场被场外污染源污染的风险等转由其自身承担。

表6.2　英国财政部下设公私合营机构及主要业务

负责部门	主要业务
PPP Policy Team	负责主要政策、指南的制定和PPP/PFI的统计资料与出版
Infrastructure UK	分析国家对基础设施尤其是PPP项目的需求

续表

负责部门	主要业务
The Infrastructure Finance Unit（TIFU）	给具有健康财务指标的项目发放优先长期贷款
Project Review Group（PRG）	地方政府、公共部门的 PFI 项目需要政府的智力援助时，对项目进行评估和监管，同时负责 PFI 信贷资金支持额的调整
Partnerships UK（PUK）	财政部为所有的公共管理部门提供 PFI 专业管理知识，尤其是项目采购方面知识的协作部门

资料来源：HM Treasury，2008，Infrastructure Procurement：Delivering Long-term Value

三是政府融资支持。在英国政府大力支持下，相关金融机构可以为 PPP 项目提供成本低、期限长的贷款融资。与此同时，一旦 PPP 项目遇到资金困难难以继续运营时，政府部门还会以担保融资、过桥资金等方式帮助运营公司渡过资金难关，使项目获得稳定现金流。特别是在 PF2 中，政府直接与机构投资者、银行、信用评级机构和欧洲投资银行（EIB）接洽，评估可用于支持基础设施交付的替代融资方案的范围，以及满足投资者要求所需的信贷要求和项目特征。提供担保增信工具，强化政府对优先级债务的增信支持，分离项目建设期和运营期融资，拓展融资渠道，降低融资成本。同时在确定中标人之后，政府以竞争形式引入一定比例的资本金，从而吸引长期持有型机构投资人参与项目股权融资，政府将在未来的项目中充当少数股权共同投资者。这将确保采取新的合作方式，提高纳税人的性价比，更好地协调利益，促进公共部门和私营部门之间的理解，通过政府投资参股，公私部门间建立起长期而密切的伙伴关系，以有效提高 PPP 项目的运营质量和效益。

四是提供 PPP "一站式"服务。英国在开发 PPP 项目方面拥有独特的专业知识，并通过提供更大的服务灵活性来优化 PPP，用以提高投资者获得股权回报的透明度、加快采购流程，降低采购成本，以及在公共部门和私人合作伙伴之间分享投资回报。英国可以为 PPP 产品提供"一站式"服务，可以完成从战略建议和项目管理到获得融资所需的一切，包括战略建议、确保财务和项目管理、在合同期限内管理服务和设施。因此，英国是世界公认的医疗保健 PPP 领先者，利用公共和私营部门的最佳技能和创新来提供出色的医疗保健设施，成功地对急症、初级、社区和精神卫生机构实施了一系列 PPP 计划，其中就包括规模庞大的圣巴塞洛缪医院和伦敦皇家医院项目，该项目是英国最大的单一 PPP 医院项目，价值 11 亿英镑，另有耗资 280 万英镑的住宅护理院①。

此外，英国政府也通过 PPP 的"一站式"服务保障了 PPP 模式在应对英国新冠肺炎疫情中发挥重要作用：首先，有效扩大公共部门市场，应对疫情需要建立各种各样的公共部门合作伙伴来满足各种各样而且往往是具体的需求，从呼吸机和个人防护用品，到国民保健服务能力和南丁格尔医院，面对多重挑战，英国利用 PPP 模式借助工业界、民间社会和第三部门的合作伙伴来解决各种困难。根据英国工业联合会的公共采购支出数据，在中央政府授予指定供应商的 579 份合同中，有一半（292 份）给了新供应商②；其次，与供应商建立牢固的关系，确保中小企业不仅能够作为主要供应商，而且能够在供应链中与公共部门结成伙伴关系，提供最适当的货物和服务；再次，简化采购程序，应对新冠肺炎疫情的紧迫性使得速度成为公共采购最重要的因素之一，削减繁文缛节，对于确保货物和服务能够在需要时及时提供发挥了至关重要的作用。英国内阁办公室对新冠肺炎疫情下 PPP 模式的一个重要举措是在 2020 年年初发布四份采购政策说明（Public Procurement Notice，PPN，见表 6.3）。对于许多企业和公共机构来说，这些 PPN 很受欢迎，不仅有助于更清楚地说明根据采购条例可以做些什么，而且有助于说明它们在

---

① 数据来源于英国政府网站：https：//www. gov. uk/government/publications/public-private-partnerships.

② 数据来源于英国工业联合会网站：https：//www. cbi. org. uk/.

伙伴关系中应该重点关注什么。

表 6.3 英国疫情期间采购政策概览

发布时间	支持政策
2020 年 1 月 20 日	提醒公共机构危机时期可能会有一些采购豁免，包括直接授予。此外，本 PPN 还提供了关于修改或延长合同以及向"有风险"供应商提供财务救济的额外指导
2020 年 2 月 20 日	对许多公共部门供应商可能因新冠疫情暴发而面临的财务问题给予了更大的关注，并提出了一些订约当局可以用来帮助确保供应商能够继续履行合同义务的工具。其中包括： • 尽快向供应商付款，以维持现金流并保护工作岗位 • 继续向因新冠疫情而处于"风险"的供应商付款，即使货物和服务暂时减少或停止 • 必要时考虑预付款 • 与供应商合作，必要时根据合同条款（如关键绩效指标）提供救济，以保持业务和服务的连续性 • 为了提高透明度，供应商应同意在公开账簿的基础上工作，以获得持续付款
2020 年 3 月 20 日	更清楚地说明了如何使用采购卡来支持供应商的现金流。官方先前的指导商业服务处建议公共机构使用支付卡（而不是使用采购订单和发票的传统的、通常是纸质的采购手段）购买货物和服务，直至 10000 英镑 PPN03/20 还建议公共机构将单一交易限额提高，同时提高每月开支限额，并扩大采购卡的使用范围，以帮助克服公共机构日益增长的采购需求
2020 年 4 月 20 日	更新并建立在第 02/20 号 PPN 的基础上，重点关注新冠疫情响应的下一阶段，并着眼于公共部门供应商的中长期复苏和过渡。它规定，PPN 02/20 措施将在适当情况下继续或开始，过渡计划应准备好尽快实施，还进一步呼吁订约当局和供应商以开放、务实的伙伴关系开展工作

资料来源：英国内阁办公室，采购政策说明 01/20、02/20、03/20、04/20，新冠疫情导致供应商救济

三、英国 PPP 模式下政府债务风险防控的经验借鉴

从政府债务风险防控角度，英国 PPP 模式可供我们从以下几方面得到经验借鉴：一是明确推广 PPP 模式的初衷是有效提高公共产品和公共服务的质量和效率，而不是将其作为单纯的政府融资手段，更不是为了扩大政府投资，转变政府投融资职能、吸引更多社会资本参与政府基础设施建设项目才是推行 PPP 模式的真正出发点，这将从根本上有效抑制 PPP 诱发地方政府隐性债务的风险。二是建立起决策规范、职责明确的内控管理机制，英国通过健全 PPP 项目制度体系，形成了一整套针对 PPP 项目全生命周期管理的标准化、规范化决策程序，在此基础上以财政部作为核心决策部门，相关部门分工明确、权责统一、各司其职，为防控 PPP 项目债务风险奠定了制度和管理的基础。三是运用多种创新金融工具，由政府主导实施不同的融资扶持政策，如政府股权融资、政府投资基金、政策性银行贷款、政府增信工具等，为 PPP 项目落地提供期限长、成本低的资金保障，有效地避免通过不规范的渠道融资而滋生隐性债务风险。四是提高 PPP 项目透明度，在英国 PF2 中对 PPP 运营方的信息公开提出了更高的要求，需要公开的内容包括政府作为股东的所有项目的全部内容和财务信息，以及实际和预测的股本回报信息等，这样将有助于政府、公众提高对 PPP 项目的监督，对于可能出现的异化 PPP 行为将得到及时终止。五是发挥 PPP 经济调节作用，面对突如其来的疫情影响，英国政府充分利用 PPP 模式优势，一方面扩大政府投资，应对经济下行压力，防范可能出现的各类债务风险；另一方面补齐医疗卫生方面的短板，引入社会资本参与医院、防疫设施建设，为应对疫情提供医疗保障。

第三节　加拿大

2003 年起加拿大开始推行 PPP 模式，通过不断的发展取得了一定成效，特别是在面对金融危机时，加拿大 PPP 市场仍然发挥着积极作用。为支持 PPP 模式发展，2007 年加拿大政府专门成立了 PPP 局、设立了 PPP 基金，经过多轮项目征集评估，PPP 基金支持项目 20 个，投入资金 12.5 亿加元，并以此累计吸引私人资本 60 多亿加元这一投资刺激举措，使 PPP 模式在加拿大各地实现了快速发展。2013 年，为推进 PPP 模式，加拿大政府决定设立"加拿大建设基金"，计划利用 10 年时间撬动 140 亿加元私人资本投入到各级政府市政基础设施建设项目上，有效拉动经济增长和提高供给水平①。根据加拿大政府 CCPPP（Canada Council for Public-Private Partnership）数据库统计，截至 2020 年 6 月，加拿大各级政府累计在库项目 290 项，投资总规模达到 1393.53 亿加元，涉及十多个行业领域，应用最为广泛的是健康医疗、交通运输、司法、水处理等方面，上述行业占项目总数一半以上，同时还应用于教育、能源、环境保护、文化和娱乐、司法、监狱系统等方面②。

一、加拿大 PPP 模式一般框架

加拿大的 PPP 模式（通常简称为 P3）是政府和私营部门在建设道路、医院或学校等公共基础设施或提供服务方面的伙伴关系。与传统的采购不同，公共部门将 P3 项目的所有部分整合到一个合同中。P3 被用于修建和扩建道路、桥梁、医院、水处理厂、运输系统、学校和司法设施，可以使用

---

① 什么是公私合作伙伴模式，加拿大公私合作委员会，https://www.pppcouncil.ca/.
② 什么是公私合作伙伴模式，加拿大公私合作委员会，https://www.pppcouncil.ca/.

P3 交付基础设施项目或跨区域交付多个基础设施和服务。加拿大 PPP 模式主要包括建设融资（Build－Finance，BF）、设计—建设—融资（Design－Build－Finance，DBF）、设计—建设—融资—维护（Design－Build－Finance－Maintain，DBFM）、设 计—建 设—融 资—维 护—运 营（Design － Build －Finance－Maintain－Operate，DBFMO）等类型①。加拿大公共部门总是拥有基础设施，政府决定在何时何地建立项目、项目范围和项目预算，同时需要建筑师、建造者、贷款人和维护或运营提供商组成一个团队来选择具体的 P3模式。公共部门也采用竞争程序来选择私营部门公司的最佳团队来设计、建造、融资、维护和/或运营公共基础设施或服务。私营部门决定其财团中的团队成员，从而来交付 P3 基础设施项目。根据项目的范围和规模，该财团可能包括一个或多个建筑师、建造商、贷款机构和金融机构，以及维护和运营供应商。P3 模式将多个项目要素整合到一个基于绩效的合同中。设计—建造—融 资—维 护—运 营（Design － Build － Finance － Maintain － Operate，DBFMO）模型将五家或更多公司的工作集成到一个合同中，这些公司组成一个特殊目的载体，称为项目公司或财团来完成项目。加拿大的 DBFOM 模式是最全面的 P3 模式，它将最大的风险从公共部门转移到私营部门。

二、加拿大 PPP 模式运行主要特点

一是完善的 PPP 项目治理层。经过多年实践探索，加拿大政府逐渐搭建起由财政部门、项目实施部门、PPP 中心、行业监管部门以及第三方机构联合组成的治理体系，各部门间相互配合、职责明确，其中加拿大政府 PPP 中心的作用至关重要，其主要职责是负责 PPP 项目的前期宣传、协调 PPP 基金支持，以及参与 PPP 项目国有公司的引导开发等，为后续 PPP 项目能够落地奠定扎实的基础。此外，加拿大各级政府之间的积极配合也是成功实施

---

① 什么是公私合作伙伴模式，加拿大公私合作委员会，https：//www. pppcouncil. ca/.

PPP 项目的重要因素，加拿大联邦、省级、市级和土著地区政府均有实施 PPP 项目，其中省级政府在各级政府中处于绝对的主导地位，省级政府实施项目最多占比超过七成，特别是不列颠哥伦比亚省、安大略省、阿尔伯塔省和魁北克省，处于领先地位，市级政府实施项目占比在两成左右，相对较少的是联邦和土著地区两级政府①，处于主导地位的各省级政府还要负责法律制度、项目管理和机构设置等内容，由此可看出加拿大 PPP 项目的治理表现为"地方自主型"，各级政府根据自身发展规划积极制定 PPP 项目实施方案，健全政府采购流程制度，确保 PPP 模式得以顺利实施。同时，为了解决 PPP 项目实施过程中可能存在的各类问题，加拿大政府还聘请风险处置专家成立了项目运营指导团队，及时掌握和监督 PPP 项目运营中可能遇到的各类风险，提出风险应对措施，高效形成解决方案。PPP 加拿大公司是一家国有企业，在加拿大 PPP 公共治理中发挥着重要作用，主要任务包括通过 PPP 发展国家基础设施、传播 PPP 最佳做法、使 PPP 合同标准化，并作为投资者或顾问直接参与大量 PPP 项目的实施。

二是高效的 PPP 项目风险控制策略。一方面，建立 PPP 风险共担机制。在 PPP 合同签订前，加拿大政府与私人部门商议各自风险分担责任，各参与方达成一致意见后最终通过合同的形式确定应该承担的风险。另一方面，建立 PPP 风险补偿机制。加拿大 PPP 项目运营、市场等风险一般是由私人部门来承担，而为了吸引其参与 PPP 项目，就需要通过一定的收益来平衡和弥补这部分风险，因此在项目投标的过程中，政府部门会明确地将更高的收益划分给私人部门。加拿大为 PPP 项目确定了最佳的合同模式，在风险分担方面既适合公共合作伙伴，也适合私人合作伙伴。绝大多数 PPP 项目使用 DBF（设计—建造—融资）、DBFM（设计—建造—融资—维护）和 DBFMO（设计—建造—融资—维护—运营）模式，对于公共部门来说，这些模式的主要优势在于保留资产所有权，公共合作伙伴制定设施规范、确定价值和施工时

---

① 什么是公私合作伙伴模式，加拿大公私合作委员会，https：//www. pppcouncil. ca/.

间，将设计和施工风险转移给私人合作伙伴。对于私人合作伙伴来说，主要的好处是最终需求的风险由国家承担，私人合作伙伴投入的资金在委托对象后由国家定期支付。从项目实施主体看，项目公司具体负责 PPP 项目的初期设计、中期建设、后期运营等环节，上述这种做法最大的好处就是明确管理职责，同时避免因多方参与造成责任推诿问题，在此基础上，PPP 项目经验收合格并达到约定标准后，政府部门才会按照合同规定定期支付费用。加拿大还灵活运用"物有所值评估"这个工具，首先在采购阶段实施初始评估，重点评估该项目是否适合运用 PPP 模式；其次在合同签订阶段实施最终评估，重点评估选中合作伙伴提供的方案是否物有所值。此外，联邦政府根据风险转移程度和私营部门参与度，进一步界定了 PPP 运作方式，由于私营部门永久拥有和经营市政基础设施实属私有化，所以对于"购买—建造—经营"模式明确不属于 PPP；同时，也明确了应用 PPP 模式的主要运作方式，根据私营部门参与度和风险转移程度将"设计"（Design）、"建设"（Build）、"融资"（Finance）、"维护"（Maintain）、"运营"（Operate）进行不同组合，主要形成了 DBFMO、DBFM、DBF 和 BF 四种类型；由于 DB 和 DBB 只包含设计或建设任务，所以将其认定为传统政府采购模式①。

　　三是多元化的融资渠道。加拿大 PPP 项目能够得以顺利落地，与现有多元化的 PPP 融资市场密切相关，项目自身条件完备再加上长期、低息、稳定的融资资金保障是 PPP 模式得以成功推广的重要基础。加拿大政府对于 PPP 项目提供政策与资金支持，政府对 PPP 项目提供财政援助的主要工具是设立 PPP 基金，由 PPP 加拿大公司负责管理，该基金成立于 2007 年，是该国第一个实施 PPP 项目的专门金融工具。该基金提供的支持可达到项目总投资的 25%，并在交通、供水、能源、安全、废物管理、文化、体育、电信等领域

---

　　①　什么是公私合作伙伴模式，加拿大公私合作委员会，https：//www．pppcouncil．ca/．

开展并实施了一些重点项目①。加拿大政府创建的 PPP 基金，一方面可以作为政府方为 PPP 项目直接提供一定的资金支持，另一方面还可以撬动社会资金参与 PPP 项目投资。由于该基金是由政府发起的，具有政府信用，引入的贷款资金成本较低。截至 2020 年年末，该基金已宣布旨在投资 15 个重点基础设施领域 PPP 项目，共计出资达到 12 亿加元②。除此之外，社保基金也是 PPP 项目的重要投资者，加拿大将养老基金引入基础设施建设投资领域，由于养老基金具有期限长、成本低的优势，正好与 PPP 项目特点一致，就解决了 PPP 模式中收益与融资期限错配问题，从资金来源渠道分析，加拿大政府在基础建设投资 PPP 模式中养老基金的比例达到 5%，远远高于其他国家1% 的水平。2017 年，促进基础设施发展的新机构——加拿大基础设施银行开始运营，预计将在几年内对基础设施投资高达 350 亿美元，从而调动私人资本③。近年来，加拿大政府通过发行债券、产业投资基金、股票上市、资产证券化等多种方式，降低 PPP 项目融资成本，解决私人部门融资成本高问题，以有效促进 PPP 模式的快速发展。从发展趋势分析，加拿大 PPP 模式资金来源已有了较大转变，减少了过去对银行信贷资金的依赖度，而逐渐转向成熟的债券市场融资，在 2010 年 PPP 模式债券规模就超过了银行信贷规模，与此同时，为进一步发挥债券市场优势，加拿大政府还通过制定"建设安全一揽子计划"（Construction Security Packages）方式，建立了项目融资风险评级模型④。

四是激励各类主体参与 PPP 项目。加拿大各级政府 PPP 相关制度规定

---

① Infrastructure Canada (2014). The New Building Canada Plan：The largest and longest federal infrastructure plan in Canadian history.

② 参见加拿大公私合作（PPP）部门网站：https：//opentoexport. com/article/public-private-partnership-ppp-sector-in-canada-1/.

③ Canada Infrastructure Bank URL：http：//cib-cib. ca/ （Accessed on May 14 ，2020）.

④ Murphy T. J., Mc Millan. Infrastructure and PPP in Canada and Developing Countries. in Murphy T. J., eds., Public-Private Partnerships in Canada：Law, Policy and Value for Money, Toronto：Lexis Nexis Canada，2019, pp. 217-229.

并未对国有企业参与 PPP 模式提出限制或禁止，加拿大政府于 2016 年出台的《基础设施投资计划》（Investing in Canada Infrastructure）①，还明确了对于基础设施类国有企业应属于"半市场化实体"。在这样的法律框架下，加拿大国有企业在 PPP 实际运行中就扮演着不同角色，一方面，加拿大基础设施类国有企业代表政府部门作为项目发起方参与 PPP 项目，例如加拿大安大略省 Metrolinx 皇家地区运输公司与政府部门共同参与了多个交通运输类 PPP 项目；另一方面，在 PPP 模式中不含私营部门运营责任的运作方式的情况下，加拿大基础设施类国有企业还可以承担项目建成后的核心公共服务运营管理工作，例如加拿大教育、医疗与司法类 PPP 项目，私营部门的主要职责是融资、建设与物业管理，作为上述行业中核心公共服务的公共教育、医疗服务、培训部署等任务，则分别由教师课程、国有医院、监狱狱警等承担。从实施初期私营部门参与主体结构看，加拿大还是以大型私营企业为主参与 PPP 项目建设，例如安大略省 PPP 项目资格申请人中涉及工程类总承包公司 47 家、基础设施管理公司 14 家，但截至 2015 年有超过 80% 的 PPP 项目合同最终由 5 家大型总承包商中标②。为有效激励中小型企业参与 PPP 项目，自 2016 年起加拿大政府采取了一系列举措，包括捆绑组合财团方式以及将主承包商项目拆包面向当地企业再招标等。

三、加拿大 PPP 模式下政府债务风险防控的经验借鉴

一是在完善的 PPP 项目治理层的基础上，进一步明确 PPP 模式各参与方职责。从项目的前期论证、方案设计、过程管理到后期评估每个环节都有制度保障。例如，在 PPP 项目实施初期，加拿大政府就会开展两轮 PPP 项目物有所值评估，充分地论证项目的可行性为后续阶段奠定基础；加拿大政

---

① 参见加拿大联邦政府官方网站，https：//www. infrastructure. gc. ca/plan/about-invest-apropos-eng. html.

② Hanscomb. "Infrastructure Ontario Track Record 2018 Report" Hanscomb Limited, Canada, Ontario, 2019，pp. 6-17.

府PPP项目允许多个专业的私营部门联合投标，尽最大可能地发挥每个公司的专业优势，通过充分竞争为项目建设、运营、管理提供保障；加拿大政府在PPP项目运作过程中充分放权，私营部门可以充分发挥其运营管理优势，同时相应承担项目风险，有效保证项目平稳实施；PPP项目建设过程中，加拿大政府无须付费，待项目完工且符合验收条件后，政府才会支付费用，直到项目全生命周期结束后政府完成所有支付责任，控制政府付费的过程大大降低了政府财政风险。

二是建立合理的风险收益分担机制。PPP项目实施前在合同中就要约定好政府部门和私营部门各自需要承担的风险，例如，因为法律或政策调整造成风险一般由政府部门承担；因为成本波动或需求变化等市场因素造成项目收益损失风险一般由私营部门承担；因为自然条件改变等不可抗拒因素造成项目损失一般由政府部门和私营部门共担。与此同时，合同中还要提前约定好PPP模式各参与方的收益补偿机制，特别是对私营部门的收益补偿，在一定条件下双方决定将部分风险转由私营部门承担，相应地，政府部门就要让渡一定的收益补偿私营部门，以平衡和弥补风险可能带来的各种损失。

三是要畅通融资渠道，确保社会资本有足够的现金流，使得项目可以顺利实施，而不出现债务风险问题。为解决PPP项目资金融通问题，加拿大政府在PPP中心下设置了PPP基金，给予PPP项目充足的资金支持；与此同时，通过增强政府信用为私营部门提供低息融资资金，并要求项目贷款额不能超过总投资的25%，有效降低PPP项目债务风险。我国未来拓宽PPP融资渠道也要向加拿大一样向项目融资模式转变，逐渐构建起以PPP项目自身运营安全性为基础的信用评级体系，一方面可以拓宽融资路径，另一方面又可以降低融资成本。按照评价体系对不同PPP项目运营阶段进行动态评级，不同风险偏好的投资者从项目全生命周期角度全面识别风险，就可以根据评级结果选择适合自己的投资目标。

第四节 韩 国

1994 年 8 月，韩国政府颁布了《促进私人资本进入公共间接资本投资法》，标志着其正式引入 PPP 模式。韩国政府在推行初期只是将 PPP 模式应用于公路、铁路等领域，运作方式为建造—运营—移交（BOT），其中政府部门负责 PPP 项目论证、评估、审批，民间部门负责建设、融资、运营，通过政府部门与民间部门共同合作有效地提高公共基础设施和服务的质量和水平。为了更好地推广 PPP 模式，韩国政府于 1998 年专门设立了民间投资项目管理机构，即韩国民间基础设施投资中心（Private Infrastructure Investment Center of Korea，PICOK），负责归口管理民间投资基础设施 PPP 工作，包括 PPP 项目可行性研究、实施方案论证评估、民间部门资格评审及招投标、配套支持政策等。此后，在经过一段时间的发展并借鉴其他国家先进做法的基础上，韩国政府又分别对推行 PPP 模式的相关制度和机构进行了改进完善，于 2005 年 1 月修订出台《基础设施公私合作法》，并引入 BTL 运作方式，从而使民间投资的领域和范围得到进一步扩大；同年，又将之前 PPP 韩国民间基础设施投资中心（PICKO）更名为韩国公私基础设施投资管理中心（Public and Private Infrastructure Investment Management Center of Korea，PIMAC），目前已成为韩国政府在公共基础设施领域应用 PPP 模式的唯一管理机构。根据《基础设施公私合作法》，韩国 PPP 模式主要涉及由私人实体以租赁方式运营的项目（建设—转让—租赁）和以非租赁方式运营的项目两种类型。韩国与我国同为亚洲国家，且是亚洲地区实施 PPP 模式较早的国家之一，其在 PPP 制度体系、项目监管、风险防控方面积累了许多宝贵经验，值得我国学习借鉴。

一、韩国 PPP 模式一般框架

根据 PPP 相关法案，韩国 PPP 项目主要分为私营实体以租赁方式经营的项目（建设—转让—租赁类型，BTL）和以非租赁方式经营的项目。非租赁项目依次分为建设—转移—运营（BTO）、建设—运营—转移（BOT）和建设-自有-运营（BOO）运作方式。其中，BTO 类型又分为项目运营方完全承担项目风险的类型和项目运营方与政府共同承担项目风险的类型。根据 2020 年韩国公布的 PPP 基本计划，政府目前正在进行的 75 个 PPP 项目中，有 46 个是非租赁项目，29 个是租赁项目①。PPP 项目必须根据 PPP 法案进行，战略和财政部依据 PPP 法案，每年宣布 PPP 基本计划。只有在 PPP 基本计划中提出基础设施项目的纲要后，主管部门才能制定基础设施项目的详细规划。私营单位可根据该详细计划，投标承揽该基础设施项目，在与优先投标人谈判成功后，项目主管部门可与优先投标人订立特许协议。PPP 项目的所有方面都按照特许协议的条款进行。原则上，项目总成本 500 亿韩元以上和政府支出 300 亿韩元以上的项目需列入 PPP 基本计划，这些项目除其他特殊情况以外，都必须依照国家财政法的规定，经初步可行性研究认定为可行项目。项目的初步可行性研究由 PIMAC 在韩国开发研究院（Korea Development Institute）的监督下进行。如果初步可行性研究出现问题，则由审计和检查委员会进行审计，如果审计结果是需要识别和纠正不足，则可能对项目进行额外的可行性研究。只有某些类型的基础设施建设项目可以得到私人投资。采用 PPP 模式进行的项目，其目标必须是根据 PPP 法案可以进行私人投资的公共基础设施，依法禁止 PPP 项目进行的国防设施等项目，不得接受民间投资。PPP 法案中没有规定项目的最短或最长期限，因此没有规定项目的最短或最长期限，只有在公布具体项目的详细计划时才规定项目期限。

---

① Soongki Yi, Young Woo Park and Pilwoon Oh. The Public-Private Partnership Law Review: South Korea ［R］. Yoon & Yang LLC, 2021. 4. 7.

二、韩国 PPP 模式运行主要特点

一是健全的 PPP 项目立法。自 1994 年第一部 PPP 法案制定以来，韩国政府已经建立了自上而下完整的 PPP 法律体系，分为四个层次，依次是《基础设施公私合作法》（PPP 法案）、《基础设施公私合作法案实施令》、《公私合作项目基本规划》、《PPP 项目实施指南》。韩国政府于 2005 年修订的《基础设施公私合作法》，是韩国 PPP 模式的法律基石，该法案明确了推行 PPP 模式宗旨、各参与方权利与义务、PPP 项目规划编制、建设开发与运营管理等内容。《基础设施公私合作法案实施令》由韩国政府于 2009 年 1 月颁布，该法案实施令主要是进一步规范了各参与方在 PPP 模式中的权利与义务，明确了 PPP 模式操作程序。《公私合作项目基本规划》是对韩国全国 PPP 项目进行总体规划和整体布局，由韩国战略财政部牵头并经过多轮听证后确定。《PPP 项目实施指南》由韩国公私基础设施投资管理中心（PIMAC）负责制定，用于指导 PPP 模式各参与方开展工作。

二是明晰的 PPP 项目监管框架。在韩国负责对 PPP 模式发展实施监管机构主要包括国会、战略财政部（MOSF）、PPP 项目委员会、行业主管部门与地方政府和公私基础设施投资管理中心（PIMAC）。其中，国会作为国家立法机构，主要负责制定和修订 PPP 相关法律、监管 PPP 制度执行情况、批复 PPP 项目政府支出预算等。战略财政部（MOSF）主要负责监督 PPP 法案执行情况，制定出台 PPP 相关政策规定，编制 PPP 中长期发展规划，对行业主管部门和地方政府实施 PPP 项目提供资金支持，开展 PPP 项目绩效评价，控制 PPP 项目财政风险等。PPP 项目委员会作为 PPP 主要负责部门，任务是审查 PPP 政策规定、审定 PPP 项目、选择社会资本方等。行业主管部门与地方政府作为 PPP 具体实施部门，负责 PPP 项目全生命周期管理，包括发起 PPP 项目、编制实施方案、协调可行性评估、监管 PPP 项目建设和运营，同时按照要求定期向战略财政部提交 PPP 项目运行和绩效报告等。

三是引入 BTL 的 PPP 项目运作方式。1994 年韩国政府颁布 PPP 法案时，明确主要采用 BTO、BOT、BOO 三种基本运作方式。实施领域为公共交通方面，如公路、地铁、机场等 10 类具有公益属性的项目，要采取 BTO 方式运作；公共设施如发电场、汽车站、体育场等 18 类具有准公益属性的项目可采取 BOT 或 BOO 方式运作。后续韩国政府为了在更多领域推广 PPP 模式同时有效吸引民间资本积极性，于 2005 年重新修订 PPP 法案，并允许采取 BTL（Build-Transfer-Lease）运作方式，即采取建设—转让—租赁模式，主要适用于学校、住房、污水管道等非经营性项目，在一定程度上促进了韩国 PPP 项目的进一步增加。

四是完善的 PPP 项目风险管理。引入 VFM（Value For Money）作为 PPP 项目评估、防范财务风险的一个重要评估工具，通过比较提供相同水准服务的政府实行方案和民间投资方案，从中判断成本与收益的最优组合，也就是说，提供的产品或服务哪个更物有所值，具体是通过定量和定性两种方法来评价最终 PPP 资格。与此同时，为有效控制 PPP 模式可能造成的政府债务风险，韩国政府要求将政府用于 PPP 项目的支出由财政部统一列入政府预算并报国会批准，同时对 PPP 项目未来政府支出责任设置规模上限，要求每年 PPP 项目政府支出必须控制在当年政府总预算的一定比例以内。

三、韩国 PPP 模式下政府债务风险防控的经验借鉴

在亚洲国家当中，韩国可以说是运用 PPP 模式较为成功的典范，特别是在 PPP 财政风险管控方面可以从以下几点借鉴经验：一是 PPP 项目实施有法可依。韩国在推行 PPP 模式一开始就在法律层面进行了规范，在此基础上又先后在实施、规划、操作等不同层面制定出台了规范文件，为防范出现债务风险提供了法律保障。可以说建立一整套自上而下完善的 PPP 项目法律体系需要经历一个漫长的过程，尽管目前我国 PPP 模式出台了一系列政策规定，但立法环节还是相对较弱，健全我国 PPP 立法体系要加快出台 PPP 条

例，同时可学习其他经验制定标准的 PPP 协议样本。二是 PPP 模式监管职责明确。为加强 PPP 项目监督，韩国分别明确了国会、财政部、行业部门、地方政府等不同角色的职责，这为韩国 PPP 债务风险管控奠定了管理基础。从我国情况看，财政部和国家发展改革委同为实施PPP 模式的主管部门，虽然各有分工，但两者都不对 PPP 项目全生命周期实施全面监督管理，这也为后续可能会出现 PPP 项目债务风险留下了监管漏洞。三是重视"物有所值"理念。韩国之所以能够发挥 PPP 模式"物有所值"积极作用，PPP 市场充分竞争以及 PPP 项目高效运营是基础，"物有所值"理念运用得好，可以真正意义上实现PPP 风险合理地向民间资本转移。从我国目前情况看，有些地方政府还是不太重视"物有所值"理念，特别是对 PPP 项目采购充分竞争以及如何实现运营理解不深，因此中央还要进一步引导地方强化"物有所值"理念，优化项目评价体系，提高PPP 项目采购市场化和绩效管理水平。

第五节 发展中国家 PPP 模式下防控政府债务风险的成功案例

近二十年来，全球各国对公私合作伙伴关系（PPP）的支持和探讨热情日益高涨。由于许多发展中国家的政府预算和资源有限，公私合作伙伴关系以其可以吸引私人投资进而增加地方财政可用资金的优势得到发展中国家的青睐。但是发展中国家 PPP 发展历史短，法律、政策、制度相对不完善，公私合作伙伴关系的良性发展中针对 PPP 项目实施更系统的风险评估和风险防范则尤为重要。因而除了前文所提到的法国、英国、加拿大、韩国等 PPP 模式发展较为成熟的发达国家以外，我国作为 PPP 模式发展最为迅速和规模最大的发展中国家，极有必要借鉴其他发展中国家 PPP 项目的成功案例，从中汲取PPP模式下防控政府债务风险的经验。本部分对四个发展中国家成功完成基础设施公私合作项目的案例进行研究，描述每个项目的背景和发展，分析其可以在其他PPP项目中复制的防范PPP视阈下政府债务风险的成功经验。

一、塔吉克斯坦的帕米尔能源项目

塔吉克斯坦在1991年苏联解体和1992年至1997年长达五年的内战之后，成为一个满目疮痍的国家，社会和经济基础设施受到严重破坏。不可靠的电力供应导致学校、医院和企业经常被迫关闭，尤其是在冬天。这显然已构成塔吉克斯坦发展和重建的巨大阻碍。

为了解决这一问题，2002年塔吉克斯坦政府、世界银行、国际金融公司和阿加汗经济发展基金会成立塔吉克斯坦帕米尔能源PPP项目。作为一项25年的特许权协议，该项目的目的是为水电生产、传输和分配系统的运营和管理提供资金。2007年2月，该项目的核电站发生爆炸和意外洪水迫使该项目中断，但合作伙伴为确保项目取得成功，及时调整了他们对项目的承诺，帕米尔能源公司通过恢复小型水电生产商并将其连接到电网来扩大发电能力，并将项目的受益者范围扩大到接壤国家的边境地区。2008年，帕米尔能源公司开始在夏季向阿富汗边境的村庄出口剩余电力，这使得该公司收获稳定的项目经营收益，同时雇用了630多名居民，创造了约200个季节性就业机会。预计到2027年，帕米尔能源公司将在电力基础设施上投资5000万美元，产生保守估计的1.2亿美元的经济效益。在边境两侧，帕米尔能源公司生产的可再生能源减少了焚烧树木和使用高污染柴油发电机的需求。该公司的长期计划包括接触更多的阿富汗客户，并在2025年前将业务扩展到巴基斯坦北部，并连接该地区的电网①。

---

① Patricia O. Sulser, Infrastructure PPPs in the Most Challenging Developing Countries: Closing the Gap [J]. Published in Great Britain by Euromoney Trading Limited, 2018.

塞吉克斯坦帕米尔能源项目的成功和对政府债务风险的防控经验体现在：一是政府对持续的部门改革和改善投资环境作出了强有力的承诺；二是扩大使用者付费模式的范围；三是调整了 PPP 项目在跨国实施中的关税负担；四是所有各方都承诺尽量减少商业和技术损失，例如减少通过线路的物理传输造成的能源自然损失等；五是利益相关者有一个灵活和长期的视角；六是有一个强大且有能力的控股股东即阿加汗经济发展基金，其致力于在国家、行业和使用者间实现权、责、利的平衡，建立保护私人投资者的合同框架，但同时也保护政府利益，对私人资本提出现实但苛刻的业绩要求。

二、塞内加尔的达喀尔—迪亚尼迪奥收费公路项目

塞内加尔严重的交通拥堵，尤其是首都达喀尔的交通拥堵问题，多年来一直给通勤者带来麻烦，也阻碍了货物在塞内加尔各地的运输。由于达喀尔市贡献了该国约 80% 的国内生产总值，经济学家估计，塞内加尔糟糕的道路基础设施造成的损失约占其年度国内生产总值的 4.6%①。塞内加尔政府的重点是改善其交通基础设施，促进本国经济发展并加强达喀尔作为西非中部枢纽的作用。为此，在 2000 年，塞内加尔政府使用了来自世界银行的 PPP 咨询基金（World Bank's PPP Advisory Facility，PPIAF），旨在为塞内加尔的运输部门建立制度和监管框架，同时国家促进投资处（National Agency for the Promotion of Investments，APIX）得到了技术援助支助，为达喀尔—迪亚尼迪奥收费公路项目巩固体制框架和制定合同安排。塞内加尔政府随后从国内外的发展金融机构聘请了经验丰富的顾问，并向私营部门合作伙伴发起投标，建造跨非洲公路的第一部分（收费公路部分）。这条跨非洲公路是非洲基础设施发展方案许多优先项目的关键组成部分，预计可促进该区域的长途贸易。

---

① Patricia O. Sulser, Infrastructure PPPs in the Most Challenging Developing Countries：Closing the Gap ［J］. Published in Great Britain by Euromoney Trading Limited, 2018.

这条收费公路的标书将收费上限订在社会可接受的水平。除其他事项外，投标者被要求对政府将提供的投资补贴数额进行投标。一家经验丰富的法国公路建筑公司 Eiffage 赢得了投标，其是在该地区有着丰富经验的收费公路运营商。该项目的财务计划不仅包括 Eiffage 提供的一笔健康的股权部分，还包括与当地货币收入相匹配的次级和高级贷款安排。另外，在发展金融机构的支持下，塞内加尔的政府也提供了投资补贴。国际金融公司、非洲开发银行、西非开发银行和西非银行公司也参与了融资并提供了其他形式的支持。在这条公路融资时，私营部门非常关心对特许条件的界定和可能的改变，塞内加尔政府就这些关心以及交通问题、风险分担问题与私营部门进行坦率的讨论。此外，发展金融机构也承诺支持私人资本积极参与，并促使该项目达到世界级的环境和社会标准。2015 年，达喀尔—迪亚尼迪奥收费公路实现财务平衡，按时按期完成。基于公路第一部分的成功，政府已经授权了进一步的开发区域，包括连接达喀尔新的布莱斯迪亚涅国际机场的公路项目。达喀尔—迪亚尼迪奥收费公路项目对塞内加尔发展的影响是巨大的。就效率而言，达喀尔—迪亚尼迪奥收费公路将往返达喀尔的平均通勤时间从 2 小时缩短到不到 30 分钟，改善了达喀尔郊区居民的经济机会，并使他们更容易联系迪亚尼迪奥和其他城市中心。收费公路项目还创造了 2000 多个就业机会，其中大部分是达喀尔郊区的当地人。人员流动性的改善显著提高当地企业和民众进入市场的机会，并有助于提升塞内加尔的整体竞争力。更大容量的道路也促使闲置车辆造成的污染变少、环境更清洁，达喀尔和周围社区的人们更健康。

塞内加尔的达喀尔—迪亚尼迪奥收费公路项目的成功和对政府债务风险的防控经验体现在：一是塞内加尔的政府聘请和信任经验丰富的法律和财务顾问；二是政府以灵活和建设性的心态和方法来解决投资者和贷款人的担忧，并在整个过程中保持积极的承诺和善意；三是 Eiffage 是一家经验丰富的建筑和项目合作伙伴，有着良好的业绩记录和对国家和行业的承诺。该公司与政府发展保持了一种强有力的信任关系；四是项目财务计划比较保守，以适应潜在的建设和运营成本超支；五是世界银行、非洲开发银行等国际金融机构为该项目提供公共资金支持和一些投资补贴，充分调动了私人资本参与的积极性；六是制定了可承受的收费标准，有一个明确的收费机制，仅以当地货币计价，并将收费标准基于当地通胀水平进行指数化调整。这被认为是项目成功的重要组成部分；七是有保护性和平衡性的合同，有强有力的终止条款；八是政府与私人资本公平地分享项目收益，有非常明确的政府与私人资本风险分担方案。

三、约旦的塔菲拉风电场项目

约旦政府是中东和北非地区可再生能源的早期倡导者，其一直希望摆脱对昂贵的进口化石燃料的依赖，改变地区天然气供应突然减少以及电力需求增加可能带来的负面情况。然而在 21 世纪初，约旦政府尝试了三次将其国际竞争性招标的独立电力项目方案扩展到可再生能源方面，但均没有获得成功。2010 年，约旦政府根据新的赋权法例直接建议对 117 兆瓦塔菲拉风电场项目实施直接招投标。塔菲拉风电场项目由国际金融公司（International Finance Incorporate，IFC）资助，是可再生能源框架下的第一个新能源项目。2013 年，约旦政府决定以 PPP 模式实施这一项目，并为项目制定共同的参与规则。约旦政府启动了一个征求建议的程序，以鼓励战略投资者参与项目。约旦政府首先选择塔菲拉风电场项目中一组 12 个太阳能光伏项目，并设立快速通道获得了太阳能采购协议，但由于 12 个光伏项目的规模太小，起初政府无法单独吸引私人部门的长期融资，私人部门也无法承担传统项目融资通常所涉及的不可避免的高交易成本和长处理周期。2014 年年初，为了支持约旦政府的倡议、吸引私人资本并满足快速通道程序规定的严格期限，国际金融公司为多个开发商开发并提供了一个共同的融资平台，以实现规模效益。国际金融公司并行处理小的项目，在标准化项目文件的基础上创建简化的标准化融资文件。这些文件可以适用于每个项目，而无需进行漫长而昂贵的定制谈判。一揽子融资方案设计完成后，国际金融公司再联系其他贷款机构，让它们在方案基础上全面承诺项目，提供一种平台融资方式，从而为每个私人开发商提供最具竞争力的利润空间。

约旦塔菲拉风电场项目的成功和对政府债务风险的防控经验体现在：一是约旦政府强有力的领导和承诺，政府勇敢地决定采用直接投标方案，而不是标准的竞争性投标；二是多个项目的投标和合同文件都是标准化的。标准化项目文件允许对多个中小型可再生能源项目采取协调措施；三是实现了交易建议和成本的规模经济。贷款机构被鼓励使用共同的顾问，同时为多个项目融资，并使用标准化的融资条款，有效减少了交易成本和时间。这对新兴或具有挑战性的司法辖区的小型项目尤其重要，因为在这些地区，国际贷款机构的风险敞口非常小。

四、科特迪瓦的阿兹托独立发电项目

大约二十年前，科特迪瓦政府为阿兹托国内燃气发电项目实施国际招标。该项目是国内第二个独立发电项目，也是撒哈拉以南非洲发展中国家的第一个独立招标项目。1994年，科特迪瓦政府授予该项目财团在二十四年项目协议期内以建设—拥有—运行—移交的BOOT模式建设运营该项目。这项耗资2.2亿美元的工程包括一个288兆瓦的燃气发电厂，分两期以开放式循环模式运作，分别于1999年和2000年投入使用。该项目的前两期成功运行后，第三阶段的初步计划是在现有的燃气轮机上增加一个139MW的蒸汽循环，将电厂转换为联合循环运行。扩建项目的目的是在不增加天然气使用量的情况下，以具有竞争力的价格增加约50%的发电量。然而，第三阶段却因为科特迪瓦1999年的政变和此后在2002年至2007年和2010年到2011年发生的两次内战而被推迟。第三阶段最终于2011年开始建设，世界银行和国际货币基金组织参与支持第三阶段扩建项目的开发，多边投资担保机构为控

股股东提供了违约保护。第三阶段项目于 2015 年完成运营，实现该工厂以较低的电价生产约 50%的能源，其总产能增加了近一倍。三个阶段建设和扩建的电厂加在一起提供了科特迪瓦 50%以上的发电能力①。

科特迪瓦的阿兹托独立发电项目的成功和对政府债务风险的防控经验体现在：一是政府方面有极好的承诺和灵活性。尽管项目也有一些起伏，但政府将其在电力部门的资产转移到一个独立的实体，并创建了一个独立的监管机构，所以即便在科特迪瓦政治危机之时，该项目也表现出较好的弹性和执行性；二是阿兹托公司在充满挑战的政治时期，员工表现出的高素质、才干、能力和奉献精神。在政治危机最严重的时候，工作人员一直坚守在发电厂，以确保向居民提供不间断的电力。因而即便在整个政治危机期间，项目收取的电费都得到了支付；三是有一个强健的应急财务结构，对施工延迟、成本和运营效率进行科学管理。融资结构是建立在一个保守的债务权益比率基础。控股股东和运营商经验丰富，尽职尽责。该项目表现出良好的运营和财务记录，债务已全部偿还；四是在政治困难的背景下，由于很少有商业银行能够介入投资，该项目动员了多边国际金融机构和投资担保机构为项目提供融资，为控股股东提供了高达 1.089 亿美元的担保②，用于在项目的所有阶段，包括扩建阶段，防范战争和内乱、转让限制、征用和违约风险。

---

① Patricia O. Sulser, Infrastructure PPPs in the most challenging developing countries: Closing the gap [M]. Published in Great Britain by Euromoney Trading Limited, 2018.

② Patricia O. Sulser, Infrastructure PPPs in the most challenging developing countries: Closing the gap [M]. Published in Great Britain by Euromoney Trading Limited, 2018.

第六节　国外实践经验对防控我国 **PPP** 引发的
地方政府隐性债务风险的启示

一、兼顾 **PPP** 项目中政府承诺的稳定性和灵活性

政府邀请私营部门通过 PPP 与政府合作来提供特定的公共资产或服务，需要有一系列广泛的理想条件，即潜在 PPP 项目中的所有涉众都需要确定并一致认可；从项目开始到项目的整个运行周期，各项内外部条件和环境都要有利于项目的成功；国家和政治环境必须足够稳定并提供支持；项目基础必须对所有利益相关者有吸引力；项目必须是政府许多战略目标和要求中的优先事项。一旦确定采用 PPP 模式，那么政府就要积极承担好自身职能，既保证对项目承诺的稳定性又能依据外部条件灵活应对，积极调整运营要素和风险分配，又要在稳定性和灵活性二者之间求得平衡，做到既能防范风险又能促进 PPP 项目运营和管理的创新。具体来说：一是政府需要积极促成各方之间进行协作，包括吸引国际和国内金融机构投资、减免税收、降低某些政府收费标准、聘请共同顾问等，政府要在项目的整个运行生命周期中保持始终如一的坚定支持并持续促成各方进行交互协作。上述分析的发展中国家成功的 PPP 案例无一不是得到了政府的稳定支持，甚至是在外部环境动荡恶劣之时，政府也没有放弃对项目的承诺，从而保障了 PPP 项目最终的成功，也避免了政府早期的投资和运营补贴"石沉大海"，最终演变成隐性债务。二是 PPP 项目运行周期长，项目开发和运营阶段很可能面临特别棘手和具有挑战性的问题，政府要保持在与私人资本谈判和合作中保持一定的灵活性，适时进行财务调整，改变收益分配模式，例如可以学习上述发展中国家 PPP 案例中合并处理小项目融资，制定一揽子融资计划，调整使用者付费范围等成功

经验。

二、健全 PPP 项目治理主体框架及职责分工

各国运用 PPP 模式主要的成功经验就是有一套完整的自上而下的治理框架，且每个层次、每个角色各自分工，确保了项目全生命周期管理和风险防控无死角。比较突出的如韩国通过立法将国会、战略财政部（MOSF）、PPP项目委员会、行业主管部门与地方政府和公私基础设施投资管理中心（PIMAC）的各自职责进行了规范和明晰界定，确保了 PPP 项目顺利实施；再如加拿大 PPP 项目的成功，要归功于其治理层，特别是加拿大 PPP 中心，在政府的支持下，对每个 PPP 项目实施全生命周期管理。可以说，建立一整套自上而下完善的 PPP 项目治理体系需要经历一个漫长的过程。在我国目前PPP 项目立法环节还相对较弱的现状下，我国 PPP 项目治理仍存在归口不一、分头管理的情况。当前我国 PPP 发展已逐渐进入改革深水期，除了继续完善相关运营机制外，还要抓紧制定 PPP 法律法规，尽快完成制度顶层设计，在此基础上进一步统一治理体系，通过优化营商环境、保障各参与方权益来有效稳定未来发展预期。我国地方政府实施的 PPP 项目实施经验以及上述国家在 PPP 项目治理方面的成功做法，也为我国 PPP 立法积累了丰富的实践经验和多样化借鉴样本。

三、实现 PPP 项目建设与运营并重

PPP 模式全生命周期中建设阶段与运营阶段同等重要，而现阶段我国PPP 项目各参与方往往存在"重建设、轻运营"问题，如果 PPP 模式中没有了运营环节，那就变成了政府回购或融资平台，推行 PPP 模式的优势所在就是努力实现建设与运营管理一体化，建立合理的收益与风险分配机制。建设运营、统筹管理才是 PPP 模式能够取得成功的关键因素。为解决好上述问题，我国需要调整优化社会资本参与结构，即合理控制中央企业、地方国有

企业的大规模参与，通过一系列政策鼓励、调动民营企业的参与积极性。从上述国家实践经验看，PPP 模式中的特许经营权要通过充分公开的招投标程度实现转让，即市场竞争方式吸引社会资本参与基础设施建设，再通过有效机制对其管控，在加拿大 PPP 模式整个运作的过程中，私人资本是 PPP 项目从始至终的投资建设运营主体，政府部门与私人资本之间责任界定清晰。但是现阶段我国一些地方政府只重视 PPP 项目带来的基建投资增长，并不考虑和重视项目竣工后的运营管理，使得 PPP 项目演变成实质意义上的 BT 项目，一旦 PPP 项目中标的施工类中央企业确实不具备后期运营能力，那么即便项目建成了，由于运营绩效不达标社会资本也将很难收回前期投入成本，PPP 模式的初衷——改善社会福利的意愿也将难以实现，如果项目无法继续建设运营下去，最终会给地方政府带来更大的债务风险。

四、拓宽融资渠道充分发挥金融市场作用

现阶段我国 PPP 项目还没有真正利用资本市场，债权人对 PPP 项目的投资往往持有比较审慎的态度，实践中 PPP 项目融资主要还是以银行贷款为主，很少使用股权投资等权益型融资；而英国 PPP 项目的融资方式则不同，由于其拥有发达的资本市场，可以为 PPP 项目提供期限长、成本低的融资资金，良好的融资环境有利于吸引私人资本参与 PPP 模式；加拿大立足项目融资风险评级体系搭建起来的 PPP 债券市场，同样为我们提供了成功借鉴，如何让 PPP 项目真正实现市场化，实现项目收益风险内部化是加拿大拓宽 PPP 项目融资渠道的重要抓手。在上述国家实践中，金融机构与政府部门、社会资本一样都是 PPP 模式的重要参与者，而我国的金融机构对于 PPP 模式则相对保守，看重的往往是政府信用和大型中央企业与国企信用，想通过这种信用背书来规避债务风险同时取得稳定收益。正是基于此，我国前期民营资本参与 PPP 项目难以取得金融机构融资支持，当前随着我国金融监管政策的不断完善，要求金融机构要支持实体民营企业发展，这将会进一步调动民营

资本参与 PPP 项目的积极性。同时，我国还应该继续发挥好 PPP 基金作用，有倾向性地为民营社会资本提供更加优惠的股权融资支持，不仅可以解决社会资本参与 PPP 项目融资难的问题，还可以有效低地方政府债务风险。

五、完善合理的风险与利润分配机制

总结上述国家成功经验，不难看出政府与社会资本之间合理的风险和收益分担机制，是确保 PPP 项目能够成功的重要基础。双方参与 PPP 模式的出发点不一样，政府更多地考虑如何实现经济社会稳定发展，而社会资本更多地考虑如何实现利润最大化，虽然双方追求的目标不尽相同，但通过协商平衡各自的收益与风险就能最终实现双赢。资本逐利是社会资本先天特征，现阶段我国 PPP 法律法规不健全，无论是国有企业还是民营企业，在收益率未达到预期的情况下，是不愿参与到 PPP 项目中的，而政府为了引入社会资本，在双方谈判环节就会存在较大的让利行为，甚至在合同中就明确了收益担保、项目承诺等内容，这在 PPP 发展初期十分普遍，而我国实施 PPP 项目清理整顿后，这种收益的承诺担保可能会转变成合同外、执行中的兑现行为，这就为 PPP 项目未来发展埋下了财政和债务风险隐患。为此，必须在签定合同时建立政府部门与社会资本合理的收益与风险分担机制，只有在这样的公平机制的运行下 PPP 模式才能得到长远发展。与此同时，还要严格管理 PPP 合同的执行，确保合同中约定的风险和收益分配得以落实，如法国就专门设立了 FIN INFRA 机构，用于协助授予人监督执行合伙合同。

六、加强 PPP 项目运行风险防控体系建设

为严控 PPP 项目政府债务风险，各国研究制定了许多控制措施，值得我国学习借鉴。如韩国严格控制 PPP 政府支出预算上限，建立政府投入 PPP 支出台账，并全部纳入政府综合财务报告；英国建立的"物有所值"评价体系，可以准确评估备选 PPP 项目价值，真正选择出适合使用 PPP 模式的项

目，为防控未来可能发生的财政债务风险提供了"防火墙"；法国在政府授权下，建立起严格的 PPP 模式监管制度，包括发展战略、投资政策、融资和收费政策、安全政策、服务质量控制政策、劳工政策以及环保政策等，同时还充分发挥会计师事务所、审计师事务所、律师事务所等中介机构具有的微观层面识别和评价项目风险的监管作用；加拿大政府专门成立由风险顾问组成的 PPP 项目运营团队，重点对执行阶段 PPP 项目出现的各类风险进行评估监督，并及时有针对性地制定应对措施解决方案。可以说，未来我国 PPP 模式债务风险可能会随着项目的实施逐渐暴露，借鉴上述国家经验做法，牢固树立债务风险意识，抓紧建立健全 PPP 债务风险应急管理处置机制，是我们亟待解决的问题。

第七章

我国防范地方政府隐性债务风险的优秀 PPP 项目案例

本章在前面梳理国外 PPP 模式和项目实践经验对防控我国地方政府隐性债务风险启示的基础上，进一步从我国 PPP 实践出发，分析典型成功案例，总结我国当前成功 PPP 项目中防范地方政府隐性债务风险的经验，为后面提出 PPP 视阈下治理地方政府隐性债务风险的对策夯实实践基础。本章精选了三个国家级示范 PPP 项目案例，涉及特许经营 BOT 模式、使用者付费+可行性缺口补贴、政府付费三种回报模式，这三种回报模式涵盖我国当前所有 PPP 项目的回报模式。因而，这三个案例的成功运作和防范地方政府隐性债务的经验具有重要的借鉴意义。

第一节　北京市新机场北线高速公路
（北京段）PPP 项目

北京市交通委员会（以下简称"市交通委"）作为本项目实施机关，按照市政府相关批复文件，开展社会投资人招标工作，并代表市政府签订《PPP 项目合同》等协议文件。北京市首都公路发展集团有限公司（以下简称"首发集团"）作为政府出资人代表，与社会投资人合资成立项目公司。

项目公司作为该项目法人在特许经营期内对项目的投资建设和运营管理负总
责；社会投资人采用施工总承包方式，负责项目施工。

一、项目运作模式

本项目采用BOT模式建设，由市交通委授权项目公司投资、建设、运营
及管理机场北线高速公路（北京段），特许期届满项目无偿移交政府。本项
目合作期限27年（准确期限为26年5个月），特许经营期内的特许经营权
包括高速公路收费权及广告牌收费权。

本项目通过公开招标的采购模式确定社会投资人，由首发集团利用政府
资本金出资，并作为政府出资人代表与社会投资人共同组成项目公司（首发
集团不参加项目公司利润分配及风险或债务承担），由社会投资人控股，其
余资金由项目公司融资解决。合作要点包括：①约定通行费标准通过公开招
标确定（其中约定通行费标准=使用者付费标准+政府补贴标准）。②社会投
资人通过通行费收入及市财政支付协议通行费与实际通行费差额补贴获得合
理投资回报。③特许期满后，项目公司将项目无偿移交给政府。④项目建设
和运营的全过程，由市交通委负责项目监督管理；市政府相关部门在各自职
责范围内依法履行监督管理职责。本项目运作结构图如图7.1所示。

二、项目交易结构

本项目总投资115.4亿元，其中政府资本金占25%（政府资本金共计
28.85亿元），按49：51股比引入社会投资人，社会投资人出资30.03亿元，
其余部分由社会投资人自筹并负责本项目的投资、建设及运营。项目总投资
115.4亿元中建安费59亿元，建设期利息3.7亿元，征地拆迁费38.94亿
元。按照北京重大项目征地拆迁经验，征地拆迁费存在较大的不确定性。因
此，初步解决方案为实际征地拆迁费浮动在5%以内由项目公司承担（本项
费用支出实际由社会投资人承担），超出5%以外的部分由市财政承担。本项

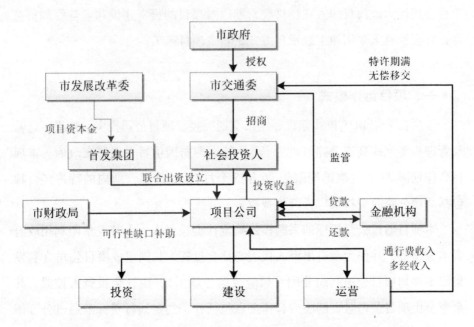

图7.1 北京市新机场北线高速公路（北京段）PPP项目运作结构

目交易的主要指标如下：

政府性资金方面，根据市发展改革委和市交通委联合上报市政府的《关于完善首发集团资金筹措机制的意见》（京发改文〔2014〕425号）要求，市政府需完成8个高速公路建设项目，建设期按项目总投资25%的资本金安排资金，本项目将获市政府资本金支持约28.85亿元。

收益率方面，本项目仅考虑社会投资人自有资金回报要求，自有资金内部收益率按不高于8%控制。项目公司债务融资成本按照2015年10月24日中国人民银行五年以上基准贷款利率4.9%测算。

股权结构方面，综合考虑本项目社会投资人的回报要求，以及市政府已明确的高速公路资本金筹措机制。为最大限度减轻市政府运营补贴负担，首发集团与社会投资人组成项目公司的股权结构为49∶51。

特许期限方面，本项目特许期为26年5个月（2017年7月到2043年12

月），其中建设期约 17 个月（2017 年 7 月到 2018 年 12 月），运营期 25 年整（2019 年 1 月 1 日到 2043 年 12 月 31 日）。东、西段和中段的竣工时间可能存在不一致，本实施方案特许期限统一设定为 26 年 5 个月，按照 2018 年年底建成通车，2019 年进入收费运营期，2043 年特许期满。

项目收益方面，由于保底车流和超额收益分成以交通量为预测值，存在较大的不确定性，为控制社会资本和政府双方的风险，分别设置保底车流和超额收益分成机制。保底车流设置原则为保证社会投资人获得基本收益，超额收益分成设置原则为保证作为公共服务设施的高速公路项目收益控制在合理范围内。

多种经营收入方面，本项目由于没有服务区及加油站，多种经营收益只考虑广告经营费用。按 12 块广告牌考虑，本项目广告经营收益为：运营期第 1-10 年 25 万元/年，运营期第 11-20 年 85 万元/年，运营期第 20-25 年 110 万元/年。

政府补贴方面，政府补贴=（约定通行费标准-现行通行费标准）×交通量，北京市现行通行费标准为 0.5 元/公里。补贴以实际开通日起开始计算，政府补贴是直接补贴给项目公司。约定通行费和政府补贴的敏感性因素主要包括车流量、征地拆迁费、社会投资等。政府补贴的测算结果按照运营基准年约定通行费标准，约为 1.5 元/公里（标准车），运营初始年政府补贴 2.3 亿元，运营期政府补贴 182 亿元，折合现值为 87 亿元。

三、项目各方承诺与义务

（一）政府方承诺

为项目公司投资、建设和运营新机场北线高速公路（北京段）项目设施提供支持条件，并兑现其承诺的保障措施；对项目公司投资、建设和运营新机场北线高速公路（北京段）实施监管，包括服务质量和公众反映、项目运营状况和安全防范措施，以及协助相关部门核算和监控企业成本等；因政府要求或法律变更导致项目公司运营成本增加并达到一定程度时，给予项目公司合理补偿；按照协议约定，市政府应及时向项目公司支付运营补贴。

（二）社会投资人义务

筹集新机场北线高速公路（北京段）建设所要求的资金投入，保证建设资金按时足额到位；参与项目公司的组建，参与完成项目公司章程的制定等，依照国家相关法律法规以及正常的商业运行模式对项目公司行使股东权利；未经政府方同意，不转让其持有的股权，不对其持有的股权设置任何形式的质押或其他权利负担；按照政府方要求，按时足额缴纳建设保证金、运营保证金、质量保证金。

（三）项目公司义务

按照规定的工期和建设标准，完成新机场北线高速公路（北京段）建设任务。执行因市政府要求或法律变更导致的新机场北线高速公路（北京段）建设标准的变更；在运营期内，按照规定的运营标准，保持充分的服务能力，不间断地提供服务；执行因法律变更导致的运营标准的变更；按照国家和北京市关于高速公路运营安全的相关管理办法，建立安全管理系统，制定应急处理预案等措施，保证新机场北线高速公路（北京段）的安全运营；负责新机场北线高速公路（北京段）全部项目设施的维护和更新及追加投资；接受市政府有关部门对项目建设、运营的监督，提供有关资料；在发生紧急情况时，为政府统一调度、临时接管或征用项目设施提供协助；如项目公司的股东转让其持有的项目公司股权，应取得市政府的同意；未经实施机关同意，项目公司不得擅自转让、出租、质押、抵押或者以其他方式处置特许经营权和特许经营项目资产；在特许期结束后，按规定将项目资产无偿移交给市政府指定机构。

四、项目绩效考核与移交

本项目的建设管理绩效考核是指政府方根据约定的考核标准对项目公司

在建设期的表现进行打分，确定建设期的绩效考核结果，对建设期未达到绩效标准的情形，通过从建设期履约保函扣除罚金的形式进行处罚，从而达到项目按时保质完成的目的。建设期绩效考核指标主要包括：建设进度、质量、安全、环保等。运营期绩效考核主要由政府方组织考核组定期对项目公司的运营管理、养护管理、安全及服务水平进行考评，绩效考核的内容包括公路养护管理、公路运营管理、安全生产管理和服务水平管理四个方面，考评结果作为年度支付政府补贴的核算调整依据，不足部分从运营期履约保函中予以扣除。运营期绩效考核指标主要包括：养护、环保、服务质量等。

项目公司成立后，首发集团按要求将前期工作成果移交给项目公司，由项目公司完成后续工作。首发集团主要将与项目的立项、建设、运营、管理和维护有关的文件及批复、图纸、文件、手册、记录及有关档案，与项目有关的所有未到期的担保、保证和保险的受益、与项目运营和养护有关的所有技术和知识产权等全部移交给项目公司。本项目特许期届满时，由项目公司将项目设施完好地移交给政府方指定机构。在合作期结束后，项目公司要将项目经营权（含收费权益）和资产使用权无偿交给政府或政府指定的部门或项目实施机构。保证资产处于良好可使用状态，且全部资产未设有任何抵押、质押等担保权益或产权约束，亦不得存在任何种类和性质的索赔权。

五、项目退出机制

由于社会投资人原因导致项目公司未按照合同约定履行出资义务；由于社会投资人原因使项目公司严重违约，导致合同目的无法实现；由于社会投资人原因导致项目公司对项目设施及有关财产，以及其特许获得的权利设定任何抵押、质押或其他担保物权及第三方权益，从而诱发社会投资人或项目公司发生严重违约事件，政府方有权立即发出终止意向通知，提前终止 PPP 合作，违约方则承担相应责任。在政府或社会投资人任何一方由于出现不可抗力事件使该方不能全部或部分履行本合同约定的义务时，该方应有权中止履行本合同项下的义务，但社会投资人无权将因其自身或任一承包商或分包商（包括建设承包商和运营维护的辅助业务的承包商或任何其直接或间接分包商）自身的原因导致不能履行本合同，以及项目设施等的材料、机器或零件的故障或正常磨损视作不可抗力事件而中止履行本合同。

六、防范项目诱发政府隐性债务风险的措施

一是本项目成功运用 PPP 模式的关键体现在其综合考虑项目全生命周期的核心风险，在政府方和社会投资人之间进行合理风险分配。由社会投资人主要承担项目的融资、建设、经营和维护的风险，例如，利率或融资成本上升、建设成本超支、建设延期、运营成本超支等风险。对于车流量需求不足风险，由社会投资人承担，但政府方通过设置最低车流量保障机制，减少社会投资人的风险；同时，当实际车流量需求水平高于预期时，设置收益分享机制。对于不可抗力风险，由双方共同承担。对于政策和法律风险，分为两类：一是政府方可控的法律变更引起的损失和成本增加，由政府方承担；二是超出政府方可控范围的法律变更及政策变化风险（如由国家或上级政府统一颁行的法律以及营改增等法律、法规和政策风险），由双方共同承担。

二是重视项目的可行性研究报告结果预测。社会投资人需要依据国家相关政策，深入调研并理解切实需求，尤其要对建设方案和车流量预测的结果有客观的判断，并与北京市未来的发展规划充分结合。

三是制订合理的项目运营计划并有效执行。对不可预估、不可控费用进行充分的事先评估并制定解决措施。因国家基准利率变动导致运营成本上升或下降，社会投资人应在投标前作出合理的预测及应对方案。由政府方承担一部分运营期可行性缺口补贴的责任，社会资本风险应由社会投资人在前期充分考虑并作出相应的应急方案。对于存在较大不确定性的项目——征地拆迁费，按照北京重大项目征地拆迁经验，通过制定初步解决方案，减轻社会投资人的压力，实际征地拆迁费浮动在 5% 以内由社会投资人承担，5% 以外

由市财政承担。社会投资人针对本项目车流量不足等风险制定应对方案，降低对于车流量不足的风险，而政府方通过设置最低车流量保障机制，减少社会投资人的风险。

第二节 上海市闵行文化公园美术馆 PPP 项目

本项目中，闵行区绿化和市容管理局（以下简称"区绿容局"）作为项目的实施机构，负责项目立项、实施方案编制等前期工作，并依法进行社会投资人的招标工作，与社会投资人成立的项目公司签署 PPP 项目协议，授予其项目经营权；在项目运行期间，负责履行约定权利义务、实施项目监管；项目运营期结束，负责组织项目移交等工作。闵行区财政局（以下简称"区财政局"）、闵行区文化广播影视管理局（以下简称"区文广局"）、"一园一区"办公室（以下简称"园区办公室"）等单位配合相关工作。

一、项目运作模式

项目实施模式为 PPP 模式，区绿容局为实施机构，授予项目公司特许经营权。区绿容局通过政府招标流程进行招标，选择社会投资人。社会投资人拥有项目公司 100% 的股权，区绿容局不拥有项目公司股权，由社会投资人单独组建 PPP 项目公司，负责项目投资、建设和运营维护。区绿容局授予项目公司特许经营权，在经营期满后，建筑体及建筑设施等不可移动资产移交至政府指定部门或机构。区财政局拨付可行性缺口补贴给文广局，由文广局根据考核闵行文化公园美术馆 PPP 项目实施方案的情况再行拨付资金给项目公司。区文广局同时负责业务指导、监管工作。本项目运作结构图如图 7.2 所示。

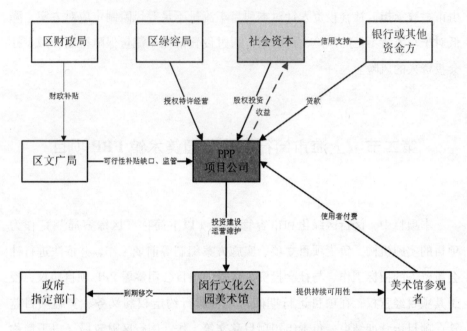

图7.2　上海市闵行文化公园美术馆 PPP 项目运作结构

二、项目交易结构

本项目主要是公益性文化场所，建设投资约 1.8 亿元，项目收入主要以
"使用者付费+可行性缺口补贴"为主。区绿容局授予项目公司特许经营权，
项目公司依据特许经营合同，取得投资、建设和经营本项目，获得适当财政
补贴的权利，并于特许经营期结束后将项目无偿交给区绿容局或其他政府指
定部门。本项目交易的主要指标如下：

政府性资金方面，本项目中区绿容局为实施机构，授予项目公司特许经
营权。区绿容局通过政府招标流程进行招标，选择社会投资人。社会投资人
拥有项目公司 100% 的股权，区绿容局不拥有项目公司股权，也不出资，由
社会投资人单独组建 PPP 项目公司，负责项目投资、建设和运营维护。中标
社会投资人应根据项目建设投资情况缴足项目资本金。本项目资本金比例原

则上不低于建设投资额的 20%。资本金以外的部分资金筹措由项目公司负责，当项目公司不能及时完成融资时，由中标社会投资人负责完成，以保证项目的及时建设、完工和运营。

股权结构方面，社会投资人拥有项目公司 100% 的股权，区绿容局不拥有项目公司股权，由社会投资人单独组建 PPP 项目公司，负责项目投资、建设和运营维护。

特许期限方面，项目特许经营期限为 20 年（不含建设期），从项目公司竣工验收之日到项目运营期满之日止。在特许经营期限届满后，双方可协商延长特许经营期限或采取其他解决方式，项目公司在同等条件下具有优先签约权。

项目收益方面，本项目投资回报模式为"使用者付费+可行性缺口补贴"。项目每年获得的使用者付费收入包括：门票收入、市场价格消费馆内饮食商品和艺术商品（衍生品）消费、艺术品鉴培训费用、拍卖活动及临时性租赁借展收入等。可行性缺口补贴，即使用者付费不足以维持项目公司正常运营，而由政府以财政补贴的形式，给予项目公司的经济补助。可行性缺口补贴初始计算等于项目公司运营维护成本减去第三方收入，具体金额以项目初步测算补贴金额为基数（根据中标人投标文件进行最终调整确定）。可行性缺口补贴金额根据服务期内的通货膨胀情况（上海市统计局公布的当期 CPI 数值）调整，以三年为周期，进行定期调价。

三、项目各方承诺与义务

（一）政府方承诺

实施机构获得闵行区人民政府授予的特许经营权，有权签署后续的相关文件（中标通知函、特许经营协议等）。只要实施机构对后续相关文件的签署和履行不违反其授权文件，则政府承认实施机构签署的任何法律、法规和协议性文件在法律上的约束力。

（二）社会投资人义务

按照合作协议的约定组建并注册设立项目公司；负责本项目建设所需债务资金的融入，并承担融资成本的责任；负责组织、指导、监督、协调项目公司的各项经营活动，如出现项目公司或社会投资人原因引起的项目公司无法履行合同规定的权利和义务的情况，社会投资人有义务重整项目公司继续履行 PPP 合同规定的权利和义务。

（三）项目公司义务

按照 PPP 合同约定，承担本项目投资、融资、建设、移交等责任和风险；以政府名义统一办理项目建设的报批手续，保证本项目的建设应履行全部必要的法律程序，获得各种建设所需的许可和核准等证照；项目公司负责主体建筑建设，包括设计、施工及管理等，并承担所有费用，包括设计、建设和管线接入申请等相关事宜；项目公司依据初设文件编制投资概算，并通过区财政局委托评估机构评审（评审费用由项目公司负责），如果项目公司未按要求完成概算或通过评审，视为项目公司不履行合同，政府方有权提取履约保函内的保证金；项目公司建设中应严格按照投资概算进行施工，不得以任何原因减少项目投资，如果发现项目公司存在减少投资的情况，政府方有权终止特许经营协议或不再拨付可行性缺口补贴；保证限定时间内完成美术馆项目建成使用；按照国家有关规定建立健全服务保证制度，在特许经营期内，承担一切法律责任；在运营期内有序开展经营活动，严格遵守《上海市公园管理条例》等国家法律法规，服从文化公园统一管理；在运营期内，项目公司每季度应向政府方提交其运营财务报告，包括营业额、营业成本、营业外收入等；承诺美术馆项目作为公园组成部分，属非营利性机构，从事公益性事业，项目建筑设施的公益性公共空间，向公众开放；接受区绿容局和其他政府有关部门的监督管理，在建议调整可行性缺口金额时，配合区绿容局及有关部门（含政府委托的单位）审核项目公司经营成本；未经区绿容局批准或未遇不可抗力，项目公司不能因自身原因长时间停止对外开放；按照国家建筑施工安全法规和建筑安全规程，加强安全管理，建立健全各项安全管理制度，落实建筑安全施工责任制，确保项目安全建设；遵循谨慎运行惯例，加强项目设施的运行维护和更新，确保项目设施完好并正常运行，特许经营期满时，将项目设施无偿移交给区绿容局或其指定机构；按照国家规定缴纳各项税费；项目公司及其雇员、供货商和承包商对于政府方提供的关于本项目的文件和资料，无论是书面的还是口头的，无论是技术性的还是商业性的，均予以严格保密；未经区绿容局事先书面同意，项目公司不得将任何此类文件或资料全部或部分披露给任何第三方，或以其他方式传播，上市公司须按有关规定公开披露的信息不受本条款约束；不应因项目的建设、运行和维护而污染美术馆地块（包括土壤、地下水、地表水、空气）及周围的环境，并采取一切合理措施避免或尽量减少对美术馆周边的干扰；接受政府部门行业监管，服从社会公众利益，履行对社会公益性事业应尽的义务和服务。

四、项目绩效考核与移交

上海市闵行区文广局对本项目公司进行考核，考核内容为闵行区文化公园美术馆的运营合规性、社会影响力及客户满意度。考核方法根据美术馆行业运营工作特点，主要考核项目公司是否按照合同规定的标准、要求和质量完成工作任务。经检查督办未进行整改的，对照考核细则加倍扣分，同时将 12345 热线、新闻媒体曝光及社会公众满意度纳入考核工作范畴。考核采取基础工作考核、定期联合考核、社会监督考核等形式进行，实行百分制考核。基础工作考核是日常抽查和年终检查相结合的考核，对问题项进行扣分，对社会有益项进行加分。定期联合考核是园区办公室和区文广局进行日常监管，如有问题按标准扣分。社会监督考核是将 12345 热线、新闻媒体曝光及社会公众满意度纳入日常考核工作，按标准扣分。经核实造成影响的，5 倍扣分；对重大问题、造成不良后果的，10 倍扣分。基础工作考核 60 分、联合考核 20 分、公众满意度考核 20 分，总分最高分不高于 100 分（含 100 分），最低分不低于 60 分（含 60 分）。根据考核评分，由闵行区文广局根据绩效考核评分核定相应年度的可行性缺口补贴。

特许经营期满，项目公司应按照合同约定将除藏品以外的所有项目设施（美术馆建筑构筑物、设备、办公家具、相应保险权利、维护手册等）无偿移交给区政府或其指定机构。项目公司应确保移交的项目设施不存在任何抵押、质押等担保权益，亦不得存在任何种类和性质的索赔权。区政府成立由国资、财政、建设、行业管理部门及项目公司等组成的移交委员会，办理资产移交工作。项目公司应确保移交设施正常运作，如发现存在缺陷的、未能达到移交标准的，则项目公司应及时修复。如任何一方对是否达到移交标准有异议的，则由移交委员会聘请第三方机构进行评定。

五、防范项目诱发政府隐性债务风险的措施

一是引入履约担保制度。履约担保由建设履约保函和维护保函组成。根据上海市的《政府和社会投资人合作项目政府采购管理办法》，履约保函的数额不超过估算价的 10%。合作期内，如果项目公司未能履行 PPP 合同中规定的义务，区绿容局有权兑取履约保函和维护保函。

二是合作期内，项目公司必须自费购买和维持适用法律所要求的保险，并将区绿容局和项目公司均列为保险单上的被保险人。具体包括：在整个合作期限内，项目公司应按照本行业的惯例办理和维持合理的建设和运营维护保险。保险金额应达到项目设施的全部重置价值，督促保险人或保险人的代理人在投保或续保后尽快向区绿容局提供保险凭证，以证明项目公司已按合同规定取得保单并支付保费；如果项目公司没有购买或维持约定保险，则区绿容局可以投保该项保险，并从履约保函中扣抵其所支付的保费或要求项目公司偿还该项保费；向保险人或保险代理人提供完整、真实的项目可披露信息；在任何时候不得作出或允许任何其他人作出任何可能导致保险全部或部

分失效、可撤销、中止或受损害的行为；当发生任何可能影响保险或其权利主张的情况或事件时，项目公司应立即书面通知区绿容局。

第三节 深圳市光明新区海绵城市建设 PPP 项目

深圳市光明新区海绵城市建设项目采取 PPP 模式实施，由光明新区管委会授权光明新区环境保护和水务局作为本项目的实施机构，采用公开招标或竞争性磋商方式选择同时具备相应的投资能力、施工能力及运营能力的社会资本。新区环境保护与水务局与项目公司签署《PPP 项目协议》《特许经营协议》，约定由项目公司以 EPCO（EPC 总承包+委托运营）方式负责四个子项目：光明新区公明办事处长圳片区雨污分流管网工程，光明新区公明办事处玉律片区雨污分流改造工程，光明新区公明办事处将石西片区雨污分流改造工程，华星光电 G11 项目污水管道工程的投资、建设及运营维护。

一、项目运作模式

本项目采取 PPP 模式实施，由光明新区管委会授权光明新区环境保护和水务局（以下简称"新区环水局"）作为本项目的实施机构，采用公开招标或竞争性磋商方式选择同时具备相应的投资能力、施工能力及运营能力的社会资本。政府指定深圳市光明新区城市建设投资有限公司（以下简称"新区城投公司"）与成交社会资本在光明新区合资成立项目公司。新区环境保护和水务局与项目公司签署《PPP 项目协议》《特许经营协议》，约定由项目公司以 O&M（委托运营）方式负责光明水质净化厂存量管网及在建管网的运营维护；以 EPCO（EPC 总承包+委托运营）方式负责光明新区公明办事处长圳片区雨污分流管网工程，光明新区公明办事处玉律片区雨污分流改

造工程，光明新区公明办事处将石西片区雨污分流改造工程及华星光电 G11
项目污水管道工程的投资、建设及运营维护；以 DBTO（设计—建设—移
交—运营）方式负责光明水质净化厂已建污水管网接驳完善工程的设计、建
设及运营维护工作；以 ROT（改建—运营—移交）方式负责深圳市光明水质
净 56 化厂一期工程的升级改造及后续运营维护；以 DBOT（设计—建设—运
营—移交）方式负责深圳市光明水质净化厂二期工程的投资、设计、建设及
运营维护。项目合作期限暂定 30 年（含建设期），期满后项目所有设施无偿
移交给政府或其指定机构。本项目运作结构图如图 7.3 所示。

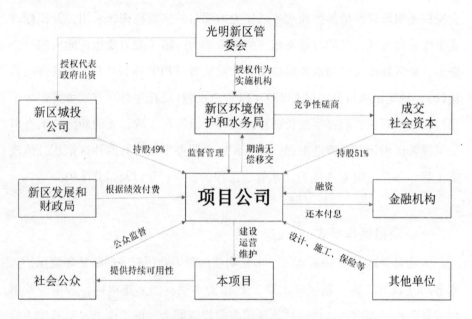

图 7.3　深圳市光明新区海绵城市建设 PPP 项目运作结构

二、项目交易结构

本项目属纯公益性项目，项目回报机制为政府付费。本项目资产权属始
终归属政府方，能避免土地划转和资产权属转移等操作，且项目公司和社会
资本的项目收益权不受影响。因此，在项目合作期间，本项目设施所有权始

终归政府所有。本项目交易的主要指标如下：

政府性资金和股权结构方面，本项目总投资约17.11亿元，其中新建管网工程估算总投资约9.46亿元，深圳市光明水质净化厂改扩建工程估算总投资约7.65亿元（其中一期升级改造约1.8亿元，二期新建投资约5.85亿元）。为加快项目进度，提高融资可获得性，要求项目资本金为5亿元，即项目公司实缴注册资金5亿元，约占项目总投资的29.23%。其中，成交社会资本出资2.55亿元，持股51%；政府方出资2.45亿元，持股49%。为平抑污水处理服务费单价，财政对光明新区水质净化厂改扩建工程提供2亿元的补贴资金，剩余约10.11亿元由项目公司通过银行贷款等途径筹集。

特许期限方面，本项目合作期限为30年（含建设期），从《PPP项目协议》及《特许经营协议》生效之日计起，30年届满后统一无偿移交。由于各项目进入运营期的条件不同，因此各项目运营时间也不相同。管网工程项目从验收合格或移交给项目公司之日起，进入运营期；深圳市光明水质净化厂一期工程由PPP项目公司于2018年前完成提标改造，不晚于2020年1月31日移交给项目公司运营，进入运营期；深圳市光明水质净化厂二期工程预计2018年9月完成竣工验收后，进入正式商业运营期。

项目收益方面，本项目采用"政府付费"的回报机制，即项目公司向政府收取可用性服务费收回管网工程投资；向政府收取管网运营维护费收回管网运营维护成本；向政府收取污水处理服务费收回光明水质净化厂改扩建工程的投资及运营维护成本。可用性服务费指项目公司为本项目中光明新区公明办事处长圳片区雨污分流管网工程、光明新区公明办事处玉律片区雨污分流改造工程、光明新区公明办事处将石西片区雨污分流改造工程、华星光电G11项目污水管道工程及光明水质净化厂已建污水管网接驳完善工程五个子项目建设符合适用法律及协议规定的竣工验收标准的公共资产投入的资本性总支出而需要获得的服务收入。管网运营维护费是指购买项目公司为维持项目所涉及的管网的可用性所需的运营维护费（符合绩效要求的公共服务）。

污水处理服务费是指项目公司运营光明水质净化厂一期工程，以及投资建设运营光明水质净化厂二期工程，为政府提供水质净化服务，政府按处理量向项目公司支付的服务费。付费原则根据"按月计量、按月结算、按年清算"的原则，由政府方按相应结算公式按月进行计算并支付给项目公司。

三、项目各方承诺与义务

（一）政府方承诺

将本项目协议约定的每年应支付的可用性服务费、运维费及污水处理服务费纳入当年财政预算；负责确定项目建设内容、规模、目标；负责项目可能涉及的征地拆迁工作；协调项目公司与相关政府部门的关系，协助项目公司进行取得融资及建设所必需的证明文件等工作；为本项目建设施工提供必要条件与其他支持，包括水、电、气和道路等配套设施等；审核项目公司提出的项目政府付费申请，履行《PPP·项目协议》约定的相关费用支付义务；负责本项目财政预算、财政投资评审等全部相关工作。

（二）社会资本人义务

对本项目实施过程进行组织、指导、协调；按照合作协议的约定组建并注册设立项目公司；对项目公司在本项目下的义务承担连带责任；负责本项目建设所需的债务融资；在项目前期和建设期确保资金的到位和专业的技术建造人员、管理人员的参与，为项目的顺利进行提供必要支持；承担施工质量等原因造成的维修维护支出；负责组织、指导、监督、协调项目公司的各项经营活动，如出现由于项目公司或社会投资人引起项目公司无法履行《PPP 项目协议》规定的权利和义务的情况，社会投资人有义务重整项目公司以继续履行《PPP 项目协议》约定的权利和义务。

（三）项目公司义务

按照相关法律、法规和《PPP 项目协议》约定，开展涉及本项目投资、融资、建设和运营维护等方面的各项运营活动；按照本项目《PPP 项目协议》的约定，承担本项目投资、融资、建设、运营维护、移交等的责任和风险；根据项目需要完善公司的机构设置，配备具备投融资、工程建设、管网运营等领域管理能力和经验的管理、技术、财务等类别人员；按照《PPP 项目协议》约定的进度、质量标准完成所有工程的建设，自行承担建设相关的一切费用、责任和风险；接受国家和政府方按国家有关法律及法规规定对本项目进行的审计，及时实施竣工验收、决算等工作；承担工程质量等原因造成的维修维护支出，并向施工方进行索赔；负责投资计划执行、项目建设方案及进度计划、工程决算报告、统计报表、项目汇报材料及政府方要求的其他材料的编制编写，按规定负责上报政府方及相关部门；按照国家有关规定建立健全的质量和安全保证体系，落实质量和安全生产责任制，建设期应加强对承包人的监督和管理，确保项目的工程质量和财产、人员安全；将项目公司高级管理人员的确定或变更情况，以及对本项目有重大影响的事项及时报告政府主管部门；接受和配合市政府相关部门对本项目的监管，接受市政府对本项目实施的临时接管或征用；PPP 项目期限届满后，向政府指定部门无偿移交项目设施；此外，项目公司应行使法律、法规、当地政府的政策和文件及《PPP 项目协议》赋予的其他权利并履行规定的其他义务。

四、项目绩效考核与移交

本项目的绩效考核包含管网运营维护绩效考核、水质净化厂运营管理绩效考核、污水处理出水水质达标情况、海绵城市绩效考核机制以及移交绩效考核（移交前由移交委员会制定）。在本项目中五个新建管网项目竣工结算价的 10% 在竣工验收后分 10 年等额本息支付。竣工验收后 10 年内，每年的可用性服务费及运营维护费与运营维护绩效考核结果挂钩。综合考虑建设、运营、污水收集和处理情况制定综合的考核体系，激励项目公司保障按时、保质、保量地完成任务，同时实现海绵城市和治水提质考核目标。运营维护绩效考核细则参照国家级深圳市相关规范及标准制定。水质净化厂运行管理绩效考核每季度随机抽查一次，项目公司在此项考核中的总得分低于80分的，政府方可按标准相应扣款。污水处理出水情况绩效考核是实施机构按相关标准和频率对进水出水水质进行监测。对污水处理、污泥处置不能达标的情况，将设置严格的惩罚机制，具体在《PPP项目协议》中详细约定。海绵城市建设绩效考核体系基于住房城乡建设部出台的《海绵城市建设绩效评价与考核办法（试行）》，按照住房城乡建设部《海绵城市建设技术指南》要求开展。海绵城市建设绩效评价与考核指标分为水生态、水环境、水资源、水安全、制度建设及执行情况、显示度六个方面。深圳市光明新区海绵城市建设PPP试点项目运行效果必须达到满足国家关于海绵城市绩效评估的标准。

特许经营期满，项目公司应将本项目的所有权益、运营和维护项目设施所必需的技术文件、与第三方的合同，以及移交所需的文件等完好、无偿移交给新区管委会或其指定机构。项目移交时，项目设施外观质量应基本满足相应法规规范中确定的质量评定标准，与竣工验收文件确定的验收意见基本一致，不存在明显工程质量缺陷、损坏；在移交工作完成前，项目公司应继续履行运营职责，维持水质净化厂及管网的正常运营。在移交前，项目公司与实施机构应成立移交工作小组，就移交范围清单、移交小组工作程序、合同转移、技术转让、缺陷责任期等事项达成一致。

五、防范项目诱发政府隐性债务风险的措施

一是加强在PPP项目全生命周期中的政府监管。本项目属性较为特殊，属于回报机制为政府付费的PPP运作模式，因而整个PPP项目的全生命周期都应体现政府的主导性和参与性，必须强化政府对PPP项目的监管。本项目监管主体根据项目进行阶段的不同，主要包括光明新区管委会、新区环境保护与水务局、新区发展和财政局等相关部门，监管对象主要指组建的项目

公司以及项目公司在项目建设、运营、管理和维护全过程中的行为。在监管方式中，法律法规、PPP 合同是监管的最重要的依据和基础，而政策引导、绩效考核机制和约束机制是对法律法规、合同体系的有效补充。本项目建立的监管总体框架图如图 7-4 所示。

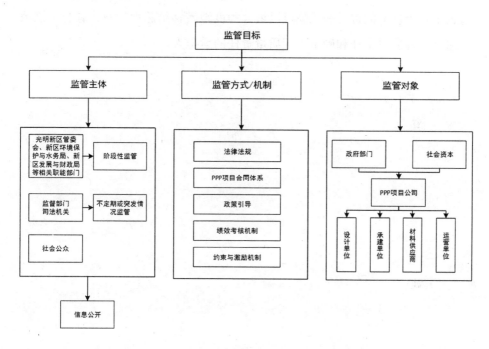

图 7.4　深圳市光明新区海绵城市建设 PPP 项目监管体系

二是采取 EPC 总承包模式进行项目建设。本项目建设周期长，涉及子项目较多，采用总承包的模式有效地保证了各项目的持续进展，避免了个别项目停滞不前，甚至变成僵尸项目，进而拖垮整个项目。总承包的模式可以强调和充分发挥设计在整个工程建设过程中的主导作用，该模式对光明新区雨污分流及污水管道工程的设计在整个工程建设过程中的主导作用进行了强调和发挥，有利于工程项目建设整体方案的不断优化。总承包模式使得该项目在设计、采购、施工各阶段的工作实现了合理衔接，有效地实现建设项目的进度、成本和质量控制符合建设工程承包合同约定，确保获得较好的投资效益。由于总承包制合同总价和工期固定，项目投资和工程建设期相对明确，费用和进度控制得到有力保障。新区环境保护与水务局作为项目的实施机构，也得以从具体事务中解放出来，将重心放到影响项目的重大因素上，确保项目管理的大方向。总承包制的工作范围和责任界限也较为清晰，项目全过程中各个环节的责任和风险可以最大程度地转移给总承包商，有利于该项目追究工程质量责任和确定工程质量责任的承担人。

第八章

中央及各地治理地方政府隐性债务的政策及其发展

无论是地方债券的发行和资金使用，还是政府与社会资本合作模式都已经成为促进经济高效均衡增长的重要财政工具。与此同时，中央各部委、监管机构和地方政府都对地方政府债务风险，特别是隐性债务风险高度关注。本章试图梳理中央及各地治理地方政府隐性债务的政策及其发展，从中研判政策发展，研判中央及各地 PPP 视阈下治理地方政府隐性债务的政策方向，进而得出 PPP 视阈下治理地方政府隐性债务的对策和本书研究的未来发展方向，以供学界和实务界参考。

第一节　中央治理地方政府隐性债务的政策及其发展

地方政府违法违规举债形成的隐性债务，早已引起中央高度关注。自 2014 年国务院 43 号文出台以来，中央密集出台治理地方政府债务的政策。在这些政策的导向下，地方政府发行一般债券和专项债券的举债行为日益规范。与此同时，中央各部委及监管机构也开始关注地方政府隐性债务问题。梳理中央各部委及监管机构出台的各项政策，有助于我们厘清 PPP 视阈下治理地方政府隐性债务的切入点，从而做到及时监控和防范地方政府隐性债务风险。

一、中央各部委及监管机构出台的各项地方政府债务治理政策

自 2014 年国务院 43 号文出台以来，中央各部委及监管机构密集出台的地方政府债务治理政策如表 8.1 所示。

表 8.1 中央各部委及监管机构出台的各项地方政府债务治理政策梳理

时间	文件名	发文单位	主要内容
2014/9/21	国发〔2014〕43号文：关于加强地方政府性债务管理的意见	国务院	提出地方债券限额管理、预算管理并提出一般债券和专项债券 给出"三不"原则：中央不救济、政府不担保、平台不增政府债 要求甄别存量债，给出分类偿还方向
2014/10/23	财预〔2014〕351号：关于印发《地方政府存量债务纳入预算管理清理甄别办法》的通知	财政部	该通知中的存量债务指截至 2014 年 12 月 31 日未清偿完毕的债务 通过 PPP 模式转化为企业债务的，不纳入政府债务 项目无收益、计划偿债来源依靠一般公共预算收入的，甄别为一般债务，例如义务教育债务 项目有一定收益、计划偿债来源依靠项目收益对应的政府性基金收入或专项收入、能够实现风险内部化的，甄别为专项债务，例如土地储备债务 项目有一定收益但收益无法覆盖的部分列入一般债务，其他列入专项债务

续表

时间	文件名	发文单位	主要内容
2014/12/8	中华人民共和国预算法（2014 年修订版）	财政部	重点关注地方政府债务余额限额管理，举债用途不能用于经常性支出 地方政府及其所属部门不得为任何单位个人担保 地方政府可以发地方政府债券
2015/12/21	财预〔2015〕225号文：关于对地方政府债务实行限额管理的实施意见	财政部	政府债券实行限额管理 规定 3 年置换期限 督促建立债务风险化解和应急处置机制
2016/10/27	国办函〔2016〕88号文：国务院办公厅关于印发地方政府性债务风险应急处置预案的通知	国务院办公厅	地方政府债务风险处置预案与债务置换的偿债责任划分 规定政府存量担保债务最高赔偿限额
2016/12/3	财预〔2016〕152号文：关于印发《地方政府性债务风险分类处置指南》	财政部	明确地方政府偿债责任，实现债权人、债务人依法分担债务风险的通知 属于政府出具无效担保合同的，政府依法承担民事赔偿责任，但最多不应超过债务人不能清偿部分的1/2
2016/12/20	财预〔2016〕175号文：财政部驻各地财政监察专员办事处实施地方政府债务监督暂行办法	财政部	省、自治区、直辖市政府财政部门负责统一管理本地区政府债务 专员办事处负责日常监督，内容包括地方政府债务限额管理、预算管理、风险预警、应急处置，以及地方政府和融资平台公司的融资行为

续表

时间	文件名	发文单位	主要内容
2017/4/26	财预〔2017〕50号文：关于进一步规范地方政府举债融资行为的通知	六部委	要求2017年7月31日前摸底排查并清理整改违规担保行为，逾期追究责任人责任 提出政府可出资、参股设立担保公司，在出资范围内承担有限责任 建立政府跨平台大数据监测平台
2017/5/26	财预〔2017〕87号文：关于坚决制止地方以政府购买服务名义违法违规融资的通知	财政部	明令禁止地方以政府购买服务名义违法违规融资 明确不能将公益领域基建等项目作为政府购买服务范围
2017/7/14-15	全国金融工作会议		强调主动防范系统性金融风险 各级地方党委及政府要树立正确的政绩观，严控地方政府债务增量，终身问责，倒查责任
2017/11/10	财办金〔2017〕92号文：关于规范政府和社会资本合作（PPP）综合信息平台项目库管理的通知	财政部办公厅	给出新项目入库标准并要求已入库项目在2018年3月31日前完成清理工作 标志PPP由鼓励到规范，防止PPP异化为新的融资平台
2018/3/30	财金〔2018〕23号文：关于规范金融企业对地方政府和国有企业投融资行为有关问题的通知	财政部	从国有金融机构角度规范了融资平台明股实债等违规行为

续表

时间	文件名	发文单位	主要内容
2018/8/17	银保监办发〔2018〕76号文：中国银保监会办公厅关于进一步做好信贷工作 提升服务实体经济质效的通知	银保监	提出支持基础设施领域补短板、推动有效投资稳定增长 在不增大地方政府隐性债务的前提下，加大对资本金到位、运作规范的基础设施补短板项目的信贷投放
2018/10/31	国办发〔2018〕101号文：国务院办公厅关于保持基础设施领域补短板力度的指导意见	国务院办公厅	严禁违法违规融资担保行为 严禁以政府投资基金、政府与社会资本合作（PPP）、政府购买服务等名义变相举债 防范存量隐性债务资金断裂风险
2019/5/5	财金办〔2019〕40号文：财政部办公厅关于梳理PPP项目增加地方政府隐性债务情况的通知	财政部	继续深化坚决遏制假借PPP名义增加地方政府债务风险 夯实PPP高质量发展
2019/6/10	厅字〔2019〕33号文：关于做好地方政府专项债券发行及项目配套融资工作的通知	中共中央办公厅、国务院	允许融资平台在严格依法接触违法违规担保关系的基础上，对存量隐性债务中的必要在建项目，允许融资平台公司在不扩大建设规模及防范风险的前提下与金融机构协商融资 满足一定条件下，专项债券可用于项目资本金

续表

时间	文件名	发文单位	主要内容
2019/6/20	国办〔2019〕40号文：关于防范化解融资平台公司到期存量地方政府隐性债务风险的意见	国务院办公厅	在不新增隐性债务的前提下，允许金融机构对隐性债务进行借新还旧或展期
2019/11/27	国发〔2019〕26号文：国务院关于加强固定资产投资项目资本金管理的通知	国务院	项目借贷资金不符合国家规定的股东借款、"明股实债"等资金，不得作为投资项目资本金筹措投资项目资本金不得违规增加地方政府隐性债务
2020/7/10	国办发〔2020〕23号文：国务院办公厅关于全面推进城镇老旧小区改造工作的指导意见	国务院	支持城镇老旧小区改造规模化实施运营主体采取市场化方式、运用公司信用类债券、项目收益票据等进行债券融资，但不得承担政府融资职能，杜绝新增地方政府隐性债务
2021/2/28	国资发财评规〔2021〕18号文：《关于加强地方国有企业债务风险管控工作的指导意见》的通知	国资委	对企业债务风险进行精准识别，结合债务水平、负债结构、盈利能力、现金保障、资产质量和隐性债务等方面开展分类管控资产负债率、保持合理债务水平，加强对企业隐性的管控，严控资产出表、表外融资行为

续表

时间	文件名	发文单位	主要内容
2021/3/7	国发〔2021〕5 号文：国务院关于进一步深化预算管理制度改革的意见	国务院	增强财政可持续性，防范化解地方政府隐性债务风险 把防范化解地方政府隐性债务风险作为重要的政治纪律和政治规矩，坚决遏制隐性债务增量，妥善处置和化解隐性债务存量，决不允许新增隐性债务上新项目、铺新摊子 严禁地方政府以企业债务形式增加隐性债务
2021/6/22	中央审计委员会办公室、审计署关于印发《"十四五"国家审计工作发展规划》的通知	中央审计委员会办公室、审计署	加强对预算执行、重点专项资金和重大公共工程投资等的审计 政府债务审计方面，遏制地方政府隐性债务增量，稳妥化解存量，提高政府债券资金使用绩效
2021/9/8	财预〔2021〕110 号文：关于印发《地方政府专项债券用途调整操作指引》的通知	财政部	明确地方政府专项债券用途调整项目的条件、原则、程序和信息公开制度 对专项债券用途调整实施监督，确保发挥债券资金使用效益 各地不得违规调整专项债券用途，严禁假借专项债券用途名义挪用、套取专项债券资金
2021/12/8-10	中央经济工作会议		坚决遏制新增地方政府隐性债务，稳妥化解地方政府隐性债务风险隐患，确保财政可持续

资料来源：根据国务院、财政部、国资委网站以及各大财经门户网站整理而得

二、中央各部委及监管机构地方政府隐性债务治理政策发展

通过以上梳理的相关政策可见，我国中央各部委及监管机构围绕政府隐性债务政策的整体思路是"控增化存"，具体指遏制新增隐性债务、化解存量隐性债务，主要是通过加大对政府相关责任人的问责力度，规范地方政府举债增量，严控 PPP 的出资方式变相担保等，同时，要防范隐性债务资金断裂风险。上述政策的变迁，一方面反映出中央对隐性债务的界定日益明朗，目前地方政府隐性债务主要来源于融资平台和国有企业的违规举债、政府购买服务变相举债、不规范的 PPP 项目带来的隐性债务；另一方面反映出中央将在债务管理中更注重数据的统计、使用和共享，将依托政府跨平台大数据监测平台来进行债务治理。由此，可以研判出 PPP 视阈下的地方政府隐性债务已经得到中央及各部委高度关注，今后政策调整和研究的方向势必是 PPP 高质量发展、区域协同发展、PPP 项目隐性债务化解、PPP 项目信息和隐性债务统计的对接和数据共享等领域。

第二节　地方政府治理其隐性债务的
政策及其发展

为了适应和执行中央各部委及监管机构出台的治理地方政府隐性债务的各项政策，各地方政府也积极出台相应政策，积极开展本地政府隐性债务化解工作。

一、地方政府存量隐性债务化解政策和方案

2018 年 10 月，中共中央国务院下发重磅文件《国务院办公厅关于保持

基础设施领域补短板力度的指导意见》，要求地方防范化解隐性债务风险，不少地方政府随即推出当地存量隐性债务化解方案，用五年到十年来化解存量隐性债务。当前各地方政府纷纷通过将隐性债务化解办法纳入年度预算报告的方式，来凸显对隐性债务治理的决心和政策力度，同时也从预算的高度将政策执行做实。通过梳理28个省份2020年预算执行情况和2021年预算报告（下文简称"预算报告"）发现，绝大多数省份在部署2021年财政工作时都强调了坚决遏制隐性债务增量，积极稳妥地化解存量隐性债务，以牢牢守住不发生系统性风险的底线。部分省份2020年完成甚至超额完成了当地年度隐性债务化解计划，风险总体可控。例如，2020年浙江、四川、甘肃、陕西等地完成了全省年度化解隐性债务任务，江苏、广西、河北、河南、江西、内蒙古、宁夏超额完成了隐性债务2020年度化解任务。其中，宁夏隐性债务总量较2018年上报中央的规模下降30%以上，连续3年超额完成化债任务；云南省地方政府隐性债务规模大幅减少。此外，一些市县化解隐性债务成效明显。比如，截至2020年年末，广州全市隐性债务累计化解率达95%，已有9个区实现隐性债务"清零"，提前超额完成化解任务①。

当前，地方政府化解隐性债务主要有六种方式：直接安排财政资金偿还；出让政府股权以及经营性国有资产权益偿还；利用项目结转资金、经营收入偿还；合规转化为企业经营性债务；通过借新还旧、展期等方式偿还；采取破产重整或清算方式化解。各地的具体化解方案包括：2018年以来，北京市针对安置房项目，根据实际需求，整合资源、盘活资金，尽最大努力实现债务化解；2020年，甘肃省通过压减一般性支出、处置政府资产等措施筹措资金，完成全省年度化解隐性债务任务；贵州省依法依规通过盘活存量资产资源、压缩开支等方式，多渠道筹集资金化解政府隐性债务。除了直接化解隐性债务之外，一些地方政府通过再融资债券来借新还旧，缓解当期偿债

---

① 地方隐性债务化解进展大披露！多地明令不搞虚假化债［J/OL］. 第一财经.2021-02-28.

压力。对于一些地方政府隐性债务规模较大、融资成本较高的地方，为了缓解隐性债务风险，财政部启动建制县隐性债务化解试点，允许少数有成熟隐性债务化解方案的地方政府发行政府债券融资来置换部分隐性债务，拉长偿债期限，降低融资成本。2020年，宁夏成功争取成为永宁县建制县隐性债务风险化解全国试点，获得风险化解再融资债券55亿元，及时消除重大债务风险隐患。2020年，四川、青海的预算报告也提及当地争取建制县隐性债务风险化解试点，缓解偿债压力。2021年，江西预算报告提出推进建制县区隐性债务风险化解试点。针对一些地方政府的隐性债务风险意识比较淡薄，不少省份将隐性债务化解纳入党政领导干部目标责任考核，夯实各级偿债责任。为了遏制隐性债务增长，一些地方政府给出硬举措，加强监管问责，例如安徽省积极稳妥化解隐性债务存量，坚决遏制隐性债务增量，进一步加强日常监督管理，对违法违规举债融资行为，发现一起、问责一起、通报一起，终身问责、倒查责任；河南省对违法违规举债融资行为，按照省委省政府要求加大责任追究力度，落实党政同责、终身问责、责任倒查，坚决遏制违法违规举债行为；青海、广西、甘肃、云南公开问责对下辖个别市县违法违规举债融资，并对相关责任人进行处罚，一些为地方政府违法违规举债提供融资的金融机构也遭到罚款。

二、地方政府隐性债务化解政策的发展

各地依托预算报告来保证的隐性债务化解政策和实际化债方案，彰显了各地化解隐性债务存量的决心和力度。各地的预算报告均涉及完善隐性债务化解机制、督促指导本地平台公司加快市场化转型、坚决杜绝数字游戏、虚假化债等化解隐性债务的政策。值得强调的是，化解债务并不是简单地借新还旧，各地未来的政策方向仍需要通过经济发展、融资平台改革、国有资产盘活等多措并举来解决隐性债务问题。一方面，一些地方积极申报建制县隐性债务风险化解试点方案的做法，虽然获批后可由所在省份代发政府债券，

来置换部分存量隐性债务，可以减少地方政府偿还隐性债务利息、平滑隐性债务的偿还压力，但由于地方政府债券周期长、成本低，易存在道德风险，故而这项工作还应谨慎推进；另一方面，现有各地隐性债务化解中鲜少提及PPP诱发的隐性债务的化解问题。目前，各地对PPP项目中政府财政支出责任和或有支出责任是否构成地方政府隐性债务，在统计口径上存在处理差异是导致这一现象的主要原因。可以说在对PPP视阈下地方政府隐性债务的把握和理解方面，地方政府层面滞后于中央政府层面。未来各地在推进政府和社会资本合作的进程中，要深刻理解中央各部委对防控PPP诱发隐性债务的政策精神，更加要注重PPP项目质量以及区域协调发展，避免PPP演变成异化的地方融资平台，诱发新的隐性债务增量。

第三节　部分地方政府试点隐性债务"清零"

2021年11月，经国务院批准，分别在广东、上海开展全域无地方政府隐性债务试点工作，这是规范地方政府债务管理的重要举措，也是落实党中央、国务院防范化解隐性债务风险的长效机制。

一、部分地方政府试点隐性债务"清零"的可行性

（一）广东省

广东省经济体量位居全国第一，截至2020年年底其隐性债务的处理和"清零"有着较好的经济基础和财政环境，因而成为2021年国务院试点隐性债务"清零"的省份。2018—2020年广东省主要经济数据见表8.2。2020年年末广东省地方政府债务余额执行数为15316.2亿元，控制在债务限额以内。其中，一般债务5789.2亿元，专项债务9527.0亿元。对比来看，政府

债务余额排在全国第三位，江苏、山东两省的政府债务规模高于广东①。广东省虽未对外宣布隐性债务数据，但根据广东省财政厅网站资料显示，2018年8月，广东省已完成了对隐性债务的统计。对于隐性债务的处理，从坚决遏制增量和积极稳妥化解存量两方面入手，处理的隐性债务主要包括以下两类：一是地方国有企事业单位等替政府举借，由政府提供担保或财政资金支持偿还的债务；二是地方政府在设立政府投资基金、PPP、政府购买服务等过程中，通过约定回购投资本金、承诺保底收益等形成的政府中长期支出事项债务。截至目前，广东一些地区已提前实现隐性债务"清零"。2020年，广州市政府债务风险得到有效管控，全市政府债务总体安全、风险可控、底数清晰、管理规范，市本级和各区没有被列入政府债务风险预警或提示地区，是全国债务风险最安全的绿色地区之一。广州统筹采用"压、转、还、换"等措施，分类精准施策，落实属地管理主体责任，指导相关区依法依规多措并举化解隐性债务，守住不新增隐性债务的底线，并鼓励有条件的单位、区提前化解。截至2020年年末，广州市隐性债务累计化解率达95%，已有9个区实现隐性债务"清零"，提前超额完成化解任务②。2021年5月25日深圳市政府工作报告全文发布2021年工作安排时指出，要强化风险意识，积极防范重大风险挑战，率先实现政府隐性债务全部"清零"③。

---

① 数据来自广东省广州市财政局：积极推动地方政府债务管理四个方面出新出彩，http://www. mof. gov. cn/zhengwuxinxi/xinwenlianbo/guangdongcaizhengxinxilianbo/2021 02/t20210209_ 3656985. htm, 2021 年 2 月 9 日.

② 数据来自广东省广州市财政局：积极推动地方政府债务管理四个方面出新出彩，http://www. mof. gov. cn/zhengwuxinxi/xinwenlianbo/guangdongcaizhengxinxilianbo/2021 02/t20210209_ 3656985. htm, 2021 年 2 月 9 日.

③ 资料来自 2021 年深圳市人民政府工作报告，http://www. sz. gov. cn/gkmlpt/content/ 9/9112/mpost_ 9112756. html#733, 2021 年 5 月 25 日.

表 8.2 广东省主要经济数据

项目	2018 年	2019 年	2020 年
地区生产总值（百亿元）	999.5	1076.7	1107.6
地区生产总值增速（%）	6.8	6.2	2.3
人均地区生产总值（万元）	8.9	9.4	8.8
一般公共预算收入（亿元）	12105.3	12654.5	12922.0
其中：省本级一般公共预算收入（亿元）	3130.8	3291.1	3306.9
税收比率（%）	80.4	79.5	76.4
一般公共预算自给率（%）	77.0	73.2	73.9
上级补助收入（一般公共预算）（亿元）	1763.2	2003.1	2213.7
政府性基金预算收入（亿元）	5944.5	6115.0	8642.4
其中：省本级政府性基金预算收入（亿元）	63.3	77.0	76.0
政府债务余额（亿元）	10007.8	11949.0	15316.2
其中：省本级政府债务余额（亿元）	1046.0	1237.3	1973.5

数据来源：根据广东省历年预决算报告整理而得

（二）上海市

上海市作为国际经济、金融和贸易中心，以及长江经济带发展的"龙头"，其隐性债务化解有着坚实的经济基础和财政基础。2020 年，上海市全年实现生产总值（GDP）38700.58 亿元，比上年增长 1.7%（见图 8.1）。2020 年经国务院批准，财政部核定上海市政府债务限额为 9723.1 亿元。截至 2020 年年底上海市政府债务余额为 6891.5 亿元，债务余额与债务限额之间的空间为 2831.6 亿元。上海市的预算报告还披露，按审计口径计算的2020 年年底上海市地方政府债务率为 49.7%[1]，债务规模适度，风险总体可控。横向比较，这一债务率处于全国较低水平。目前，上海虽未披露隐性债

---

[1] 数据来源于上海市财政局网站.

务数据，但其最新政府债券评级报告指出，上海市政府债务率适中，债务余额显著低于债务限额，已经通过置换存量债务、健全债务管理制度、进一步创新债务监管方式等多方面有效防控政府债务风险；同时，新一轮国企国资改革将有效增强上海市国有资本对财政的贡献度，提升政府的资产质量和流动性，为债务偿付提供坚实的基础①。截至 2020 年鉴于上海在经济发展和地方政府债务管理方面的优秀表现，其被列为首批试点隐性债务"清零"的省市。

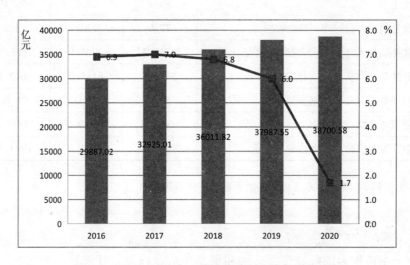

图 8.1　2016—2020 年上海市生产总值及其增长速度

数据来自：2020 年上海市国民经济和社会发展统计公报

二、部分地方政府试点隐性债务"清零"的政策启示

部分地方政府隐性债务"清零"的试点工作客观上要求地方政府既要充分用好财政资金支持，又要防止财政资金兜底和刚性支付；既要大力发展市

---

① 上海市政府债券 2020 年度跟踪评级报告［R］. 大公国际资信评估有限公司，2020. 12. 28

场化融资机制，又要明晰地方政府在基础设施建设政企合作中合法合规的投融资模式。推进地方政府隐性债务"清零"试点工作需要抓住以下几个方面的关键内容，去研究和发展现有隐性债务治理政策，特别是关注 PPP 视阈下地方政府隐性债务的治理对策。

（一）规范政府对融资平台公司注资行为

大多数情况，政府以独资股东的身份担任融资平台公司的股东，因而政府的注资是股东加大投入、增强融资平台公司资金实力的有效途径。但政府的注资行为必须要规范，必须依法严格确保公司资产的真实有效，必须具备真实足额的资本金注入。除了财政资金和经营性国有资源资产外，政府不能将公益性资产注入融资平台公司，公益性资产对完成市场化转型的融资平台公司和企业来说属于无效资产。公益性资产包括市政道路、防洪设施、公立学校、市政大楼、公立医院、公园、事业单位资产等。如遇融资平台公司申请发债，则首先要关注是否有公益性资产注入资本金，在计算发债规模时，融资平台公司必须从净资产规模中扣除公益性资产。纯公益性资产不能作为出资注入融资平台的原因在于，一方面，公益性资产的注入会造成企业资产数额虚高不实；另一方面，企业利用资产抵押融资时，如果资产是公益性质的，则资产本身缺乏现金流，会形成融资风险。但是，政府可以将非公益性资产、收费权、国有股权注入融资平台，政府有效资产注入可以加大对融资平台公司的投资，有助于形成较好的资产结构。

（二）政府合理投资补贴和贷款贴息

按照《政府投资条例》规定，政府投资包括直接投资、资本金注入、投资补贴和贷款贴息四种方式。直接投资和资本金注入属于政府投资项目，而投资补贴和贷款贴息虽然使用政府投资资金，且是政府鼓励和调动社会资本投资的有效方式，但通常用于企业投资项目，不用于政府投资项目。对于承担公益性项目建设和投资运营的融资平台公司，政府能给予一定的纳入预算的财政补贴或贷款贴息，这属于合规的财政补贴或贷款贴息。财建〔2017〕

743 号文指出：鼓励地方国有企业对城市管理基础设施等公益性行业加大投入；综合采取安排财政资金、划拨政府资产、国有资本投资运营公司资本配置、政府投资基金、政府和社会资本合作等方式，加大对公益性行业的投入。财金〔2018〕23 号文也强调：国有金融企业参与地方建设融资，应审慎评估融资主体的还款能力和还款来源，确保其自有经营性现金流能够覆盖应还债务本息。项目现金流涉及可行性缺口补贴、政府付费、财政补贴等财政资金安排的，国有金融企业应严格核实地方政府履行相关程序的合规性和完备性。

因此，合法合规的项目可行性缺口补贴是城市基础设施建设不可或缺的资金来源，合法合规的财政补贴主要体现在以下方面：一是财政补贴支持项目范围合规。财政资金支持企业立项的项目性质一定有公益属性，具体可以涉及纯公益性、准公益性和经营性项目，但不能支持商业性项目。如城市停车场虽然属于经营性项目，但其前提是公益性项目，政府可以专项债券资金支持。二是财政部门每年编制年度预算，并会同有关部门对补助资金支持项目的合规性、有效性进行评估评价，要先预算后支出。三是要建立财政支出考核机制，财政不得有保本、保收益等兜底安排，不得承诺回购投资本金，也不得为项目提供担保增信等。

（三）必须以政府采购模式授予 PPP 项目特许经营权

当前，仍有部分地区在某些基础设施建设项目中，通过政府行政决议方式，将政府出资的建设项目直接授权属地融资平台或国有企业作为实施主体，比较典型的是在片区综合开发项目中。《政府采购法》《政府采购条例》及国家发改委出台的《必须招标的工程项目规定》都要求不能直接指定实施主体，否则存在程序违规或无法通过审计的风险。《基础设施和公用事业特许经营管理办法》（第 25 号令）第十五条规定："实施机构根据经审定的特许经营项目实施方案，应当通过招标、竞争性谈判等竞争方式选择特许经营者。"《公平竞争审查制度实施细则》（国市监反垄规〔2021〕2 号）规定，在市场准入和退出标准中明确，未经公平竞争不得授予经营者特许经营权，包括未采取招标投标、竞争性谈判等竞争方式，直接将特许经营权授予特定经营者。除了国家相关部委的政策，也有部分地方政府颁布了相关政策，如《江苏省关于规范融资平台公司投融资行为的指导意见》（苏政传发〔2021〕94 号）就明确要求：不得以行政决议方式违规将政府出资建设的项目交由融资平台公司筹资承建。《贵州省政府投资项目管理办法》（2021 年 10 月 8 日起施行）强调：政府不得授意或者以行政决议方式违规将应当由政府出资建设的项目交由国有及国有控股企业筹资承建。《上海市城市更新条例》规定：市、区人民政府应当按照公开、公平、公正的原则组织遴选，确定将与区域范围内城市更新活动相适应的市场主体作为更新统筹主体。

因此，国家及地方政策要求通过竞争方式确定基础设施和公用事业特许经营者，采购授予特许经营权是大势所趋，只有这样才能在实践中避免基础设施和公用事业招标违规而产生的地方政府隐性债务。

（四）根据基础设施建设项目性质，确定合规的投融资模式

基础设施建设项目分为纯公益性项目、准公益性项目和经营性项目，三种项目收益性不同，其合规的投融资模式也肯定不同。

1. 纯公益性项目

对于无收益的纯公益性项目，应该明确政府和融资平台合作边界。由于项目没有收益而无法实现融资自求平衡，因此，项目建设资金需要由财政统筹纳入预算，由财政资金投入，在预算资金不足时可以由政府发行一般债券筹集资金。融资平台不得为纯公益性项目进行市场化融资，否则易形成地方政府隐性债务。例如，2020 年年初西部某融资平台公司通过贷款采购疫情防控物资，贷款偿还资金被纳入财政预算，形成以财政资金偿还政府隐性债务的问题，对形成新增政府隐性债务的问题负有直接责任。对于单一纯公益性项目，政府相关部门只能是发包人，通过政府采购工程、设备或服务，融资平台公司可以代建制方式参与项目当中。若企业是具备工程资质的城投公司，也可以通过 EPC 模式（如前分析的深圳市光明新区海绵城市建设 PPP

项目中采用的模式）承担工程建设，以 PPP 模式提供相应的纯公益性项目。

2. 准公益性项目

准公益性项目是有一定收益的公益性项目，分为两类情形：一类是对有一定收益且收益全部属于政府性基金收入的重大项目，可由地方政府发行专项债券融资，如土地一级开发等项目（2019 年下半年土地专项债券停发）。二类是对有一定收益且收益兼有政府性基金收入和其他经营性专项收入的公益性项目，可以通过部分财政资金投资，也可以通过发行地方专项债券筹集资金。此外，可由企业法人项目单位或项目公司根据剩余专项收入向金融机构市场化融资。如高速公路项目，其收入包括项目对应并纳入政府性基金预算管理的车辆通行费收入和专项收入（收费公路项目对应的广告收入、服务设施收入、收费公路权益转让收入），这类项目除了发行债券外，融资平台公司也可利用专项收入进行市场化融资。

在规范资金来源之后，就是项目采用什么样的投融资模式，这直接关系政府与融资平台的债务边界。从合规性来讲，首选是 PPP 模式，PPP 模式是在政府财政预算不足时首先可选择的模式，也是国家鼓励优先使用的。除了 PPP 模式，准经营性项目也可使用 ABO 模式，但 ABO 模式缺乏国家政策监管，一些地方的应用有随意性，因而 ABO 模式在使用时范围一定要规范，应该用于已有的运营项目中，如轨道交通、养老、健康、医疗、水电气热等。如果项目中有城投公司参与 ABO，那么该城投公司必须是以完成市场化转型后的企业身份参与。

3. 经营性项目

对于纯经营性的项目，政府可以充分吸引社会资本介入，采取特许经营 BOT、BOOT 等 PPP 形式，在防范 PPP 诱发地方政府隐性财政支出时，可以严格的招投标机制、规范的特许经营合同、严格的绩效考核、建立再谈判机制以及合理的风险分配机制，从 PPP 的全生命周期去严防 PPP 项目违法违规而诱发地方政府隐性债务。

第九章

PPP 视阈下治理地方政府隐性债务风险的对策

PPP 作为一种创新投融资模式，不仅有助于转变政府职能，实现公共产品和公共服务供给管理方式市场化、社会化，而且有助于全面贯彻"放管服"改革精神，激发市场创新创造动力，为经济社会高质量发展注入新活力，但与此同时，更要关注并治理 PPP 视阈下地方政府隐性债务风险，基于前述国际经验、我国防范地方政府隐性债务的优秀 PPP 项目案例、我国当前治理地方政府隐性债务的政策及其发展，结合 PPP 不规范管理潜在的地方政府隐性债务风险触发点和各地 PPP 视阈下地方隐性债务风险的空间分布，本章将提出各地有节有序推进 PPP 规范发展的建议和针对各地不同风险状态的中长期控制隐性债务增长的治理路径。

第一节 理性运用 PPP 模式，充分发挥 PPP 正面作用

PPP 模式在我国实施初期，由于地方政府盲目投资的错误观念以及缺乏应有的监管能力，有的地区出现了 PPP 发展过热现象，规模与质量不匹配、速度与风险防控不平衡等问题逐步暴露出来。经过实践摸索和清理整顿，PPP 模式开始进入高质量发展阶段，地方政府进一步稳妥推进全生命周期内

PPP 项目规范有序发展，全国统一、规范有序、透明高效的大市场格局初步
形成。未来，各地在做好在库项目实施的基础上，还应理性运用 PPP 模式，
发挥好其在地方政府投融资方面的积极作用。

一、规范 PPP 项目筛选和入库工作

要深化 PPP 项目库管理，严格把关 PPP 项目入库管理，将违规运用
PPP 模式、缺乏实质运营、可以完全由市场运营的项目剔除在外，调整优化
存量项目结构，防止再次出现"重建设、轻运营"情况，对 PPP 项目收益
与风险分担机制、内部交易结构以及绩效考核办法等内容进行深入客观的论
证，有效提高项目建设运营管理水平；筛选、入库优质 PPP 项目，在识别论
证环节重点选取投资规模较大、市场需求稳定、价格调整相对灵活的公共产
品和公共服务作为入库首选项目，尽量减少纯公益性项目，要向收费机制透
明、现金流稳定的高速公路、桥梁、水利枢纽、污水处理、自来水供应、供
暖等领域的经营性或准经营性项目倾斜；同时，还要综合考虑我国 PPP 模式
实施阶段、建设项目成熟度以及社会公众实际需求等情况，优中选优审慎选
取 PPP 项目，坚决避免"一哄而上"造成"假 PPP"或收益难以得到保障
的 PPP 项目入选；逐步建立起 PPP 项目优胜劣汰的动态调整机制，通过充
分竞争提高项目水平，优先推进有一定收益的使用者付费型 PPP 项目。此
外，筛选、入库 PPP 项目在通过物有所值、财政承受能力测试的基础上，还
要对项目的经济社会效益进行综合评价，重点选择符合新时代高质量发展要
求的项目，努力实现经济效益与社会效益双重目标，坚决遏制地方政府变相
担保、明股实债、过度承诺、阴阳合同等行为，严格规范 PPP 项目入库管
理，防止 PPP 异化产生债务风险。

二、切实做好 PPP 两个评价

各地在使用 PPP 模式时要根据自身实力进行规划，在论证财政承受能力

时，要根据本地区现阶段经济发展实距以及未来预测情况，除考虑 PPP 项目未来支出责任外，还要将地方政府债券、融资平台隐性债务以及其他政府支出责任一并考虑在内，统一测算未来财政承债空间，在此前提下再按照项目投资规模、社会公众需求、预期实现效果等情况安排新上 PPP 项目数量和进度，在此基础上，还可针对地方政府级别确定细化的比例，确保能按时履行财政支出责任。此外，为真正实现有序、规范、持续地推行 PPP 模式，突破地方政府一般公共预算财政承受能力带来的制约，需要充分借鉴国际实践经验，尽快开展地方政府资本预算编制工作。一方面，参照中长期财政规划做法，抓紧编制地方政府中长期资本投融资规划，并建立健全政府资本预算制度；另一方面，将财政收支管理与投融资管理职能相结合，统筹财政预算资金与财政融资资金，作为年度资本项目资金来源，再按照项目属性匹配到具体支出项目，全部收支统一编入年度资本预算，做到各项资本项目收支一一对应，有效降低财政风险。

随着我国 PPP 进入高质量规范发展阶段，各地应深化物有所值理念，充分借鉴英国、韩国在这方面的先进经验，积极落实绩效财政建设，推动 PPP 项目全生命周期内的物有所值管理，聚焦实现公共服务提质增效，充分发挥物有所值评价方法，判断和验证 PPP 模式优势的科学作用。一是将物有所值贯穿 PPP 项目管理全过程。全面建立事中、事后定量评价及项目数据监测机制，在签定 PPP 合同、运营中期评估、项目移交等节点开展物有所值实现程度评价。通过绩效考核结果、政府付费等的信息数据联动，多渠道验证物有所值定量评价结果，做好物有所值事前估算和事中、事后验证；二是坚持定量为主、定性为辅。优化定量评价参数，明确折现率和合理利润率的取值方法，充分考虑地方政府债券收益率、付费方式和风险因素等要素。根据项目建设与运营阶段特征、风险分配结构，分类采用科学适宜的项目风险测算方法；三是完善定性评价细则，优化权重设置和评分标准，分行业设定重点评价指标，进一步规范专家组的主观评估，同时，探索事中和事后定性评价，并增加体现服务效果的用户满意度、体现 PPP 支持本地发展的行业均衡性等指标，推进定性评价方法逐步优化。

三、健全项目投资回报机制，提高项目收益率

因地制宜有效提升 PPP 项目全生命周期内自身收益水平，是实现 PPP 善治、化解债务风险的根本举措。以加拿大为例，立足项目融资风险评级体系而搭建起来的 PPP 债券市场，让 PPP 项目真正实现了市场化，实现了项目收益和风险内部化。目前我国地方政府 PPP 项目虽然多为纯公益性或准经营性项目，收益水平相对较低，但仍可以采取有效措施提高管理水平，实现提质增效降本作用，进而防范化解 PPP 模式诱发的地方政府隐性债务风险。一是拓宽 PPP 项目收益来源渠道，充分发掘自身收益外附属价值，将与项目相关资源利用开发广告、停车、租赁等方式实现商业收益，对文化旅游、商业体育、健康卫生、养老医疗、职业教育等有一定收益的基本公共服务 PPP 项目实施创新经营策略，实现与非经营性项目综合开发，提升整体盈利能力，减少对地方政府付费依赖，充分利用和开发好与 PPP 项目相关的土地资源、旅游资源、文化资源，赋予 SPV 合作公司一定的运营管理权限，允许其将实现的土地收益、商业增值收益用于弥补项目可行性缺口，切实提高自身收益水平，减少地方政府财政压力。二是建立投资收益率动态调整机制，各地要充分发挥 PPP 项目综合信息平台作用，根据项目行业特点、地区经济发展、实施进度、市场需求变化等情况以及国家物价相关政策，统一设定具有一定弹性的投资回报幅度区间，以增强社会资本参与 PPP 项目的积极性。三是完善政府付费动态调整机制，根据 PPP 项目全生命周期内收益成本数额、运营收入、现金流量等指标确定服务定价标准和政府补贴规模，同时参照服务提供量、绩效考评结果建立年度政府付费动态调整机制，稳定现金流和收益率；四是健全 PPP 项目价格调整机制，进一步规范 PPP 项目收费主体、标准以及调价方法，提高使用者付费比例，做到应收尽收，优化项目收益来

源结构，减少对政府付费依赖，有效降低地方政府隐性债务风险的发生机率。一方面，根据 PPP 项目自身公益属性和收费来源确定价格形成机制，对于经营性项目适合通过市场竞争机制发挥价格杠杆作用，由 SPV 合作公司与公共产品或公共服务用户共同商议服务价格，双方实现共赢并形成合理预期；对于公益性或准经营性项目，需要建立包括合理回报、充分竞争最高限价等激励约束机制在内的定价制度，增强政府管制价格的能力。另一方面，健全 PPP 项目价格调整机制，强化 PPP 项目合同管理，事前对价格调整办法予以明确，具体包括调价原因、方式、流程、条件、时间等内容，价格调整机制要兼顾政府部门、社会资本、社会公众的多方利益，同时还要发挥自身市场调节作用，通过调价合理预测并分担风险，切实保障社会资本获得合理回报。为提高社会公众对 PPP 项目调价的接受度，要加快建立价格听证制度，不断增强调价公开透明性，并通过公开 SPV 合作公司日常生产经营情况，引导各参与方加强对 PPP 项目价格形成与调整过程的管理，真正实现收益风险共享共担。

四、着力推广 PPP 项目资产证券化

借鉴英国、加拿大利用资本市场发展 PPP 模式的做法，资产证券化可以解决我国 PPP 模式中存在的资产流动性差、融资难等问题，可以为 PPP 模式可持续发展提供积极作用。PPP 项目资产证券化按照底层资产类型来划分，可分为收费收益权、债权、股权三种类型①。目前，我国具备资产证券化条件的 PPP 项目大多以收费收益权为底层资产，从国外成熟经验看，大多就是以其作为标的物实施资产证券化。着力推广 PPP 项目资产证券化要满足以下条件：一是建立相关法律法规顶层设计，明确行为规则，规范各参与方权利与义务，还要制定一整套合理高效的标准化操作规程，并将项目收益率

---

① 朱金戈. PPP 项目资产证券化方案研究［D］. 蚌埠：安徽财经大学，2017.

作为选取项目的重要指标，同等条件下选取底层资产现金流更加充裕、收益报酬更高的 PPP 项目实施资产证券化，这样对于保险资金、社保基金、住房公积金等中长期投资者将更具吸引力。二是提高 PPP 项目底层资产质量，可将 PPP 项目收费收益权转给第三方管理机构托管，由其负责监管和归集项目运营收益，PPP 项目公司也可将底层资产出售给 SPV 公司，并约定底层资产不再属于项目公司，后续将由 SPV 公司负责实施 PPP 项目资产证券化。三是完善 PPP 资产证券化产品交易机制，在产品审批环节，要通过增加专用审核窗口等方式，提高项目备案、审核、通过的速度；在产品流通环节，要完善 PPP 项目资产证券化流通平台，允许符合条件的产品能够更快地在竞价系统中流通转让；在产品发行环节，要健全产品定价机制，鼓励利用公募发行方式扩大投资者市场规模。四是完善 PPP 资产证券化项目信用评级机制，引入大型的、声誉良好的第三方机构对项目进行评级，可采取多家信用评级机构分别独立地对证券化产品进行评级的方式，确保信用评级结果更加科学和准确①。

第二节　加强地方政府隐性债务高风险地区监控，
严防风险外溢

本书通过空间计量模型对 PPP 视阈下地方政府隐性债务风险的空间分布进行测度，各省份在 PPP 可能诱发的地方政府隐性债务风险方面存在空间相关性和空间邻近性，不同省份存在不同的空间聚集效应，其中山东、河南、河北、四川等十个省份由于 PPP 制度因素风险的存在，其地方政府隐性债务

① 余丽霞，张艳敏. 我国 PPP 项目资产证券化现状与对策研究 [J]. 财务管理研究，2020 (12)：123-128.

风险较高，需要特别关注。

一、重点监控地方政府隐性债务高风险地区

鉴于空间回归模型结果反映的PPP财政支出责任、政府项目资本金投资占PPP项目总金额比例、PPP项目总金额对地方政府隐性债务风险的影响最为显著，今后应适度控制各地新增PPP项目的数量，加大对PPP项目财政支出责任、隐性债务风险较大省份的重点监控，严防风险向邻近省份溢出。一是对于需要特别关注的省份，如山东、河南、四川、云南、贵州等，要严格项目识别准备中的论证，加强专家评审管理，同时，要引入保险、信用评级、招投标公司、咨询公司、会计师事务所、律师事务所等中介机构加强对PPP项目的绩效评价，实时评估项目执行中可能存在的各类风险；二是控制PPP项目中政府投资杠杆比例，回归结果中反映政府项目资本金投资占PPP项目总金额比例与隐性债务风险负相关，因此对于政府付费和缺口补助PPP项目，政府投入资本金比例不应过低，同时社会资本也要更多通过自有资金投入项目，过多依靠融资将扩大隐性债务引发的风险；三是严控新增PPP项目实施，对于隐性债务风险较高的地区，应该锁定现有已执行PPP项目的隐性债务规模，只有在总债务规模下降的前提下，才允许储备库项目转为执行阶段，实现PPP项目整体隐性债务"只减不增"。

二、妥善处理已清退PPP项目

处于执行阶段的PPP项目退库可能会面临以下三方面问题。一是资金来源问题。由于执行阶段的PPP项目大多已签定融资合同或银行贷款已经到位，所以当项目退库后金融机构就会认为项目合法性出现了问题，不再能够满足银行贷款审批要求，后续将会中止放贷，项目就会面临资金链断裂，出现"半拉子"工程的风险。为解决项目资金来源问题，需要采取担保增信等措施通过其他融资方式继续实施在建项目。二是实施主体问题。有的PPP项

目是采取两标并一标方式采购社会资本进行运作的，一旦 PPP 项目退库，那么涉及工程招标就会自然作废，项目也就失去了工程承包、生产或提供服务的合法实施主体，为此只能重新通过工程招标确定合法实施主体。三是隐性债务问题。执行阶段的 PPP 项目退库往往会涉及责任承担问题，有的甚至会造成项目提前终止，不仅前期投资无法收回，而且可能会支付违约金，如果这里还涉及地方财政支出责任，那么就有可能形成地方政府隐性债务。因而，对已经清退的 PPP 项目，要追踪和审计政府已投入的资金去向。政府要与社会资本方进行充分沟通和协商，可以通过市场化方式运作的项目，可继续交由社会资本方实施；确是政府公益性项目的，要根据项目性质和开工进度分类施策。属于需要继续实施的 PPP 项目，政府要及时调整政府投融资模式，通过政府投资、安排政府专项债券等方式，筹措项目后续建设资金，保证项目顺利实施；属于暂时可以缓建的 PPP 项目，政府可先行收回前期投入的项目资本金，并将建设项目纳入未来年度政府投资计划和中期财政规划；属于不再实施的 PPP 项目，要全面评估和足额收回投入资金，并妥善处理合作公司、人员安置等事宜。同时，要重点关注高风险省份 PPP 项目储备库中的项目是否已进入项目管理库，各地要组织专家对 PPP 项目储备库中的项目重新进行评估论证，及时清退不符合条件或不必要实施的项目，避免项目储备库中的项目长期无进展、无更新，成为"僵尸"项目。

三、促进地区高质量发展化解 PPP 诱发隐性债务风险

地方政府要树立高质量发展理念，利用好 PPP 模式为当地经济社会发展提供系统化投融资解决方案，同时也要密切关注并有效控制 PPP 诱发隐性债务风险。一方面，各地要落实各自区域内经济一体化协同发展功能定位，发挥特色产业优势，有效吸引外来人口，合理扩大当地常住人口规模，真正做大做强区域经济体量，为防控化解隐性债务风险奠定坚实经济基础；另一方面，各地还要有效控制社会融资规模，有效降低各部门杠杆率，特别是政府

部门杠杆率以及政府各类融资规模，同时还要加强政府性资源统筹管理，盘活各类存量资源，加大预算统筹力度，为防控化解隐性债务风险提供财力保障。具体来说，东部京津冀、粤港澳、长三角地区可利用 PPP 模式优化区域经济结构和空间结构，实现"交通一体化"互联互通，推进生产要素流动和人员往来便利化，构建全国高质量发展的新动力源；中西部长江经济带、黄河流域地区要坚持共抓"大保护"、不搞"大开发"，利用 PPP 模式协同推进生态保护，促进经济高质量发展。

对于跨地区政府共同承担 PPP 项目问题，即从纵向看省市县三级政府承担一个 PPP 项目，或从横向看跨不同行政区域的 PPP 项目（包括不同省市县之间共同承担一个 PPP 项目），建议从以下几个方面做好准备工作，有效防范可能出现的地方政府隐性债务风险。一是高位推动确定 PPP 项目牵头人，可以从项目管理便利角度，选择项目开展涉及的各级政府中的最高级或上一级，也可以从最终支出责任占比角度，根据"财权事权相匹配"原则，选择最终支出责任最大的地区；二是合理约定各方支出责任，由牵头部门合理划分各级政府的支出责任，对于纵向支出责任的，要明确分担比例，并按照比例分别计入相关地区 PPP 项目支出责任，对于横向支出责任的，要明确相关主体责任，即股权占比、支付进度、退出机制、违约责任等各方职责；三是严格把好财政承受能力论证关，应根据 PPP 项目实施方案初步确定的各级政府财政支出责任，由各级财政分别开展财政承受能力论证工作，如有任何一级政府的 PPP 项目支出责任已达警戒线或超过上限的，应及时调整实施方案中各级政府的支出比例，并重新开展财政承受能力论证工作；四是做好 PPP 项目绩效评价，各级财政部门要根据有关政策规定适时开展 PPP 项目中期和实施后期财政绩效评价，以全面反映项目决策、资金管理、项目产出和效益等各方面情况；五是建立争议调处机制，此类 PPP 项目因涉及多个地区，在项目准备阶段就应设计好争议处理机制，以便在实施运营过程中出现矛盾和问题时，能够及时妥善解决，保障项目健康平稳实施。

四、建立违规操作 PPP 项目的责任追究机制

强化对高风险地方政府违规操作 PPP 项目的责任追究机制，实行终身问责、倒查责任，坚决遏制 PPP 项目诱发的隐性债务增量风险，考虑将 PPP 项目实施进度、风险防控、违规退库等情况纳入地方政府及其职能部门相关负责人日常考核范围内，进一步压实主体责任，有效避免 PPP 项目大规模违约、虚假包装、违规审批等情况的出现，同时在 PPP 项目实施部门的相关领导干部调离岗位时，再次对项目实施进度和质量、可能出现的债务风险进行评估，并将其作为离任审计内容，有效加强责任追究和倒查机制。加强第三方信用机构管理，使之具有专业水准且独立于政府和企业各方，客观评价 PPP 项目执行情况，同时双方约束和降低社会和政府双方的违约风险。另外，要从根本上转变地方政府视 PPP 模式为单纯融资手段的，盲目将其作为扩大投资的资金来源渠道观念，要放低姿态合理定位自身职责，以平等市场主体身份参与 PPP 项目论证、建设和运营过程中，同时还原 PPP 模式本质，将其作为社会治理和债务治理手段，与社会资本共同承担 PPP 风险，合理配置各种社会资源，有效提升公共产品和公共服务的质量和效益，这才是防止出现违规操作 PPP 的根本手段。

第三节 有序有别甄别 PPP 项目，完善 PPP 隐性债务风险管理机制

近年来，PPP 模式在我国得到了快速发展，虽然经过项目库清理规范整顿，但由于前期无序发展所产生的隐性债务风险仍需要地方政府给予高度关注。为此需要通过健全债务风险监控防范机制，做好 PPP 模式债务风险管理

工作，同时合理分配 PPP 债务风险，建立风险外溢防火墙，防止 PPP 风险转化为财政风险和金融风险，通过实施强有力的风险监控措施，有效防范地方政府 PPP 隐性债务风险的发生。

一、识别 PPP 项目风险因素

一般来说，PPP 项目微观风险产生于政府部门与社会资本之间的根本利益出发点不同。政府部门追求的是以最少成本为社会公众提供公共产品和公共服务，而社会资本参与 PPP 项目的最终目的是获得收益。由于出发点不同双方难免会出现意见不一致的情况，如果彼此之间没有建立畅通的协调机制，这种信息不对称、沟通不畅、管理不到位等情况就会造成项目建设运营管理低效甚至失败，因此 PPP 项目微观风险必须引起地方政府的高度重视，通过不断完善双方之间的信息交互、沟通协商和问题化解机制来有效避免可能出现的问题和风险。结合前文所述风险管理理论，SPV 合作公司要建立信息互通、运行高效的组织管理体系，将各参与方之间的信息收集、传递处理到位，为识别、评价和应对各类风险奠定基础。此外，还要强化对 PPP 项目建设、融资、运营管理的全过程监管，避免出现中观风险。要选取具有优质资格、经验丰富、信誉良好的咨询服务公司，帮助 SPV 合作公司获得稳健融资和运营经验，同时还要注重提高第三方机构的专业能力以及各参与方负责人的综合管理能力。建立 PPP 项目运营管理预警提示机制，运用区块链和云技术升级 PPP 大数据信息平台，对服务需求、收费标准、运营成本、产品数量等运营核心指标设定预警区间，当运营状况不理想或触及预警值时及时提示各参与方采取有力措施应对，有效发挥监控运营风险的作用。不断完善 PPP 项目运作回报机制，根据需求、物价、风险等因素合理设定项目回报基准和区间，同时运用好定价与调价机制，地方政府根据项目实际情况和绩效考评结果给予政策支持与资金补助①。

二、因地制宜制定 PPP 风险监控措施

目前，各地方政府甄别 PPP 是否会诱发地方政府隐性债务的标准是财政部发布的《关于梳理 PPP 项目增加地方政府隐性债务情况的通知》（财办金〔2019〕40 号文）。按照该文件规定，只有 PPP 项目符合财政部合规标准的，才可以继续实施，否则，该项目就要被采取中止、清退等措施。由于我国各地发展水平不一，因此 PPP 项目的甄别不宜由中央"一刀切"、各地"一哄而上"。结合本书前述空间实证分析结果，要因地制宜制定风险监控措施。一是东部沿海省份宜根据 PPP 项目的制度风险和空间位置，结合政府职能转变的要求和简政放权的改革思路，重新认识社会资本和相关机构的作用，加快社会资本的利用，审慎推行 PPP 项目融资的金融创新；二是中部和西部省份应严把 PPP 项目财政支出责任"红线"，加大对 PPP 项目中政府和社会资本动态调整风险配置的研究，加强 PPP 项目奖补审核；三是应尽快在地方现有 PPP 项目库的基础上，建立地方政府隐性债务风险监控数据库，将 PPP 项目库内容及 PPP 项目甄别情况导入隐性债务管理平台，实现数据共享、联动管理。

与此同时，地方政府还要回归 PPP 模式本源，借鉴法国、加拿大等国家的经验做法，通过严格执行合同等方式实现 PPP 项目风险共担。一是坚持风险共担原则，地方政府不对项目整体提供风险担保，应充分发挥各参与方自身优势共担风险，以合理控制项目整体风险，有效提高运作效率，特别是不要将社会资本擅长管理的风险划分给地方政府来承担，如建设成本风险、运营管理风险、技术应用风险等；二是健全风险共担机制，综合考虑项目实施阶段、行业特征情况、风险等级类型、各参与方承担风险能力、项目收益机

---

① 张恒，朱雨红，唐根丽. 政府与社会资本合作项目风险因素识别及防范研究 [J]. 大连大学学报，2021，42（02）：98-105.

制等因素，科学建立风险分担机制，针对不同行业、不同区位特征、不同经济发展水平，有区别地制定风险分担机制，并相应配套风险分配的具体规定；三是完善风险共担方式，对于使用者付费型 PPP 项目，需要平衡处理好满足社会公众利益与社会资本能够取得合理收益的关系，在保障社会公众获得合理的公共产品和公共服务的基础上，地方政府可以通过股权合作方式承担一定的需求不足风险；对于政府付费型 PPP 项目，需要平衡处理好绩效监管与调动社会资本提高产品效率的关系，在 PPP 项目合同中要严格绩效付费条款，明确扩大特许经营权范围、支付违约金、减少运营成本费用等风险分担方式。

三、健全 PPP 项目中期风险评估制度

对于进入中期项目评估阶段的 PPP 项目，要基于不完全契约理论，设置政府与社会资本重新谈判的机制，根据外部经济运行环境和项目自身运营情况重新分配政府与社会资本的权利与责任、风险与收益。PPP 模式再谈判要以内容和程序合法合规为前提，结合具体项目的实际情况开展，整个过程需要提前约定再谈判基本原则、实施流程、发起情形状况、争议解决路径、项目优化方案等内容。首先，应该夯实前期准备工作，从源头避免因立项不规范、论证不充足等造成的再谈判，为此在签定合同时就要严格把关，确保满足技术合规性和可融资性；其次，可以在 PPP 合同中设置调整机制等弹性条款来规避再谈判的发生，一旦触发再谈判，参与各方可以按照 PPP 合同提前约定的条款和程序开展再谈判工作；最后，要优化 PPP 再谈判管理流程，运用"制度+技术"方式加强 PPP 再谈判动态监管。一方面进一步细化再谈判实施规程，可以采取分类案例清单方式，保证具有一定的可操作性；另一方面利用 PPP 综合信息平台，全过程监控 PPP 项目再谈判的每个环节，以保证 PPP 再谈判的独立性、公正性和专业性，同时，要做到 PPP 政府支出与财政中长期预算管理相结合。一是将地方政府 PPP 项目支出责任全面纳入财

政中长期预算规划，与当年财政预算相衔接，保证 PPP 项目全生命周期内政府支出及时足额到位，避免出现政府违约，维护政府良好信用；二是发挥预算管理和预警作用，结合未来财政经济发展规划，合理预测政府收支规模，处理好 PPP 项目中政府支出责任与其他重点支出关系，对于 PPP 政府支出规模较大的年度，要合理调整优化预算支出结构；三是建立 PPP 长期发展规划联动机制，由地方各级财政部门会同相关职能部门定期研判本地区 PPP 项目发展形势，动态监测中长期和年度 PPP 财政支付压力，确保不出现政府财政风险。

四、建立 PPP 项目风险应急预案机制

随着我国 PPP 项目陆续进入实施阶段，各地要结合自身实际建立 PPP 风险应急处置预案，预防和应对因难以预计事件发生或风险分担不当造成的风险外溢，同时地方政府和社会资本也可以共同商议利用金融避险工具，如期货、保险、基金等手段，规避风险或转移风险。为更好监控和应对 PPP 各类债务风险，需要根据债务性质和还款来源进行分类管理。针对 PPP 项目显性债务，由于使用者付费类项目自身实现的收益能够覆盖各类成本，政府也就不需要承担未来支出责任，一般不存在债务问题，地方政府负责监管确保项目顺利实施；对于可行性缺口补贴类项目，自身实现的收益不能完全覆盖成本，需要政府提供补助弥补缺口，资金来源为一般公共预算收入、政府性基金收入或专项收入，属于政府未来刚性支出即显性债务，应纳入一般公共预算或政府性基金预算实行监控；对于政府付费类项目，完全依靠政府未来税收等一般公共预算收入支付，应纳入一般公共预算实行监管。针对 PPP 项目隐性债务，需要更多关注隐性债务发生概率和社会资本实际债务状况，进一步加大 PPP 项目信息公开力度，对债务规模和风险进行评估和应对。与此同时，还要统筹考虑地方政府融资平台隐性债务、地方政府债券和 PPP 隐性债务等情况，全面掌握总体债务规模，将地方政府部门杠杆率（政府债务与

隐性债务之和/GDP）控制在 60%以内，综合债务率（政府债务与隐性债务之和/地方政府综合财力）控制在合理范围内，确保地方政府财政的可持续性。

第四节　实现 PPP 项目信息共享，加大省际地方政府
隐性债务风险治理合作

随着我国深入推进京津冀协同发展、粤港澳大湾区建设、长三角一体化发展、成渝地区双城经济圈等区域发展战略，需要跨省份实施的基础设施建设项目不断增多，PPP 诱发的地方政府隐性债务风险在不同省份之间呈现不同的空间聚集效应，因而对 PPP 项目的清理和规范管理，并不适合"一刀切"地对各省出台政策。

一、加强各省间 PPP 全生命周期信息共享

要加强各省份之间在 PPP 项目识别、准备、采购阶段的信息共享，避免为吸引社会资本出现地方政府无序竞争、重复建设，甚至是出现以地方政府隐性财政支出换项目的情况。由于 PPP 项目投资规模往往较大、建设和运营周期比较长，整个全生命周期过程中不确定因素增多，与此同时，建设成本和未来收益又容易受政策调整、需求变化、利率浮动等因素影响，以致事前无法准确估算收益成本数额，因此 PPP 项目信息更应该公开透明，接受各参与方和社会公众监督，需要进一步健全中长期财政规划、加强全生命周期债务风险管理。要发挥好财政部 PPP 信息平台作用，构建项目全生命周期监管工作的信息采集、分析和展现机制，高效采集、有效整合，充分运用各省份、各级政府、实施机构、中介机构和社会资本各方的信息数据，提高大数

据运用能力，增强事中事后监管的针对性和有效性，形成超前预警、及时发现、精准应对、全程跟踪的全生命周期监管工作数据支撑来保障体系和机制的有效运行。同时，构建各地 PPP 大数据监管模型，进行关联分析，及时掌握项目动态，监测地方政府和社会资本等参与主体行为、规律和特征，及时发现违法违规现象，提高科学决策和风险预判能力。

二、加大相邻省市 PPP 项目合作

财政部在对各地 PPP 项目出台统一管理政策、加大垂直管理的基础上，应该注意培育形成各省之间密切合作、信息共享、互相借鉴的制度和氛围，定期组织召开全国性或区域性 PPP 发展交流研讨会。对于 PPP 项目隐性债务风险较低的北京、上海、安徽、重庆等省份，一方面可以向其他省份提供以非 PPP 模式发展地方经济的经验，另一方面可以定期发布其 PPP 示范项目案例和预防 PPP 异化为地方政府隐性债务的新政策和新制度。邻近省份应加大 PPP 项目合作，形成共同政府资本，带动省际外溢效应比较明显的公共交通、快速公路、铁路等 PPP 项目的发展，进而实现低隐性债务风险地区平抑邻近省份风险的正外溢效应。同时，要充分发挥中国 PPP 基金引导作用，优先支持京津冀、长江经济带、粤港澳大湾区、长三角等重点区域的发展，鼓励省际推进区域协调发展战略重点 PPP 项目的实施，并为地方政府提供解决 PPP 项目建设运营及融资渠道与路径问题的智力支撑。

三、完善协同债务风险治理体系

债务高风险地区应牢固树立债务风险防控意识，充分发挥自身共担风险治理的主动性，提高预测预警预防债务风险能力，增强风险防控的整体性、协同性和精确性，同时要积极引导 PPP 项目各参与方持有平等合作态度，严格遵守合同约定，按照公平原则分担债务风险，真正实现各参与方共担风险，实现由原来的相互博弈逐渐调整为协同治理。针对共担可能出现的债务

风险特性，政企银各方要时刻树立债务风险应急处置意识，额外储备债务风险应对资源，最大程度减少债务风险可能带来的损失。PPP 模式各参与方要彼此增加信任度，主动协助对方处理好应承担的风险，营造良好氛围，防止风险扩散。做好 PPP 风险共担需要统筹协调风险治理各参与方，包括 PPP 项目实施机构、社会资本、金融机构、第三方机构、政府各职能部门等主体，根据各类风险的性质，建立起有效的协同治理机制，充分发挥各方资源、管理、知识、技术等优势，形成系统防控债务风险合力，真正实现 PPP 债务风险善治，有效避免债务风险外溢。

四、加强各省 PPP 债务治理互鉴和人才培训

首先，国家相关部委要制定指导性文件，定期组织地方政府召开 PPP 政策及案例分析专题培训会，各省级地方政府在相关部委的政策指导下定期交流学习 PPP 模式风险防控、绩效考评、运营管理等关键内容，同时结合实践中正反案例对存在风险点进行剖析，切实提高地方政府风险防控意识和能力；其次，要充分发挥专业咨询机构的专业优势，提高地方政府债务治理水平，专业咨询机构往往有服务多个地方政府、对多个 PPP 项目提供咨询服务的经验优势，要将这些经验进行总结和归纳，形成各级地方政府 PPP 项目学习和互鉴的指引性建议，并将其应用于前瞻性预测各类风险，提升地方政府债务治理水平；最后，为有效防范 PPP 模式引发地方政府隐性债务风险，地方政府特别是省级政府要高度重视相关人才培养，要培养既能紧跟国家 PPP 政策动态，又通晓 PPP 项目建设与运营模式、企业财务与金融实务、风险管理等方面的 PPP 专门人才，以复合型人才培养为抓手，更好地为 PPP 模式提供智力支持，提升 PPP 模式中政府方的专业能力和管理水平，从而有效防范地方政府隐性债务风险。

第五节　完善监管体系建设，规范相关主体行为

我国 PPP 模式的应用，为政府监管提供了更好的制度环境。地方政府要真正摆脱自身利益束缚，以参与方的身份更加公允地对 SPV 合作公司实施监管，确保监管具有公信力。PPP 监管涉及政府部门和社会资本双方，是对社会资本方行为的约束，也是构建法治政府的主要抓手，还是引导社会公众参与公共事务管理的重要途径。当前我国 PPP 改革已步入深水期，急需抓紧出台 PPP 条例，统一顶层制度设计，同时还要及时解决历史遗留下来的分散分治问题，系统优化营商环境，确保合作各方的权益得到应有保护，稳定发展预期，为防范 PPP 债务风险提供制度保障。从这一角度来看，加强 PPP 监管体系建设十分必要。

一、明确 PPP 各参与方权责利

PPP 模式具有投资规模大、存续周期长、操作程序复杂的特点，因此在全生命周期过程中单独依靠政府监管是远远不够的，需要各参与方各司其职，充分发挥各自职责和优势，才能保证 PPP 项目达到预期效果。目前我国 PPP 模式正处于规范发展阶段，前期各参与方关注重点基本上是 PPP 项目的识别和论证，随着大部分项目逐步进入执行阶段，各方需要更为重视项目的运营管理，根据职能定位发挥各自作用，确保不发生财政债务风险。对于中央政府，要继续完善法律法规体系，发挥好 PPP 项目综合信息平台作用，建立地方政府债务信息共享机制，通过信息公开，加大社会公众监管力度；对于地方政府，要继续加强诚信体系建设，增强"契约精神"，要量力而行地实施 PPP 项目，统筹防控各类债务风险，密切关注重点地区重点项目的风

险状况，牢牢守住不发生区域性系统性风险底线；对于项目实施部门，要切实压实 PPP 项目主体责任，动态监测社会资本履约情况，根据合同约定按期支付费用，加大对项目建设的运营监管，严防 PPP 项目微观风险；对于社会资本，要充分发挥自身在技术和管理方面的优势，加大对 SPV 合作公司现金流管理，实现资金良性循环，坚决避免出现资金链断裂现象；对于 SPV 合作公司，要立足主业，按照项目实施部门和社会资本的要求，加快项目实施进度，努力挖潜增加收益，规范自身融资管理，有效降低融资成本，严格防控债务风险；对于第三方中介机构，要负责对 PPP 项目全生命周期实施监管，加强与政府部门和社会资本沟通，及时反映项目中可能存在的各类债务风险隐患，并提出有针对性的对策建议。综上所述，应进一步明确各参与方工作职责，完善现有 PPP 模式管理体系，确保 PPP 全生命周期人的每一阶段都得到严格管理。

二、建立综合性监督体系

从本书总结的多个国家防范 PPP 债务风险的启示，可以看出完善的法规体系、统一的监管机制、规范的决策程序是其成功运用 PPP 模式的重要因素。结合前文所述公共产品和公共选择理论，当前我国建立综合性监督体系中要加强财政部和国家发展改革委的沟通，设立联合部门协调管理 PPP 项目全过程，将两部门的法律法规合并，采用同一套管理制度，两部门协商各自管辖范围，权力职责明确分工，同时加强对地方政府履约情况的考察，建立两部门协调监督机制。在充分发挥财政部 PPP 信息管理平台作用的基础上，还要建立多方参与、公开透明的 PPP 项目综合监督体系，对全国 PPP 市场以及地方政府债务情况实施穿透式动态监测。目前，财政部已对 PPP 财政支出责任实施动态监测，后续还要对 PPP 地方政府隐性债务加强监管预警，不仅要实现政府部门与社会资本互相监督，还要充分利用社会公众实施监督。要加大信息共享和信息公开力度，细化中后期信息公布内容，有效监控政府支出项目，使全过程更加科学规范，按照项目类别重点公开不同信息，实现对项目执行进行有效的监督，特别是某些占用社会资源众多、财政支出责任大的项目更应作为公开重点。各级国资委要严控国有企业作为社会资本方参与 PPP 项目所产生的企业债务风险，通过完善经营评价体系、严格界定业务范围、健全内部控制机制等，严防 PPP 项目"异化"为地方国企债务的非规范化业务。实行内外部监督机制，在内部上下级互相监督，并对发现的失信行为进行严肃的处理，在外部依靠群众、媒体、第三方等的监督并设置举报平台、热线等多种渠道方便公众监督。建立追偿机制，避免地方政府违约，有效保护合作方利益，约束地方政府按规定履约。

同时，需要建立各地间 PPP 项目政府支出责任关联债务监测预警机制，实现相邻省市间 PPP 债务信息共享，形成债务风险预测合力，有利于风险的及时预警和源头化解，避免发生区域性系统性风险。在国家相关部委对地方政府隐性债务口径界定的基础上，结合我国现阶段实际情况，进一步明确其内涵和外延，增进债权人与债务人之间形成的共识，为风险识别、研判、处置提供重要依据。此外，国家相关部委要形成合力、统一口径，并定期向社会发布地方政府隐性债务信息，接受各方监督，提升治理水平。需要建立以财政部、国家发展改革委、审计署、人民银行、银保监会、证监会等为成员的国家层面地方政府隐性债务多部门联动监管机制，明确部门职责权限，发挥各自监管优势，实现数据信息共享，形成对隐性债务从项目源头到债权人、债务人等各方面的全方位治理机制，有效遏制地方政府隐性债务规模和风险蔓延，将债务规模管控在与国家宏观经济社会发展相适应的水平。总的来说，要在国家层面构建起包括 PPP 模式在内的地方政府隐性债务综合监督管理体系，加大中央政府、市场、第三方机构和社会公众的监督力度，有效约束和规范地方政府举债融资行为，形成覆盖 PPP 项目全生命周期管理的闭环监管机制。

三、完善 PPP 绩效评价管理

地方各级政府要切实将"花钱必问效，无效必问责"的绩效理念真正融入 PPP 模式管理中去，要以提高财政资金使用效益和公共服务管理水平为绩效核心，全面反映 PPP 模式全生命周期内资金使用情况，通过科学的预算绩效评价指标及方法将跟踪问效管理机制贯穿 PPP 项目全流程，有效降低财政债务风险。要加快建立 PPP 项目全生命周期管理绩效考核体系，地方各级政府和社会资本要将绩效目标管理理念、绩效管理部门职责、绩效评价管理流程以及绩效评价方式方法等内容，全面纳入 PPP 项目立项、设计、建设、融资、运营及监督全过程，有效规范各参与方行为，提高财政资金使用效益，调动社会资本积极性。一是完善 PPP 绩效评价顶层设计制度体系，出台 PPP 绩效考评分领域管理办法，明确总体原则、目标意义、实施对象、评价方法、评价主体、指标体系、监管处罚、绩效应用等核心内容；二是坚持结果导向绩效目标考核体系，强化 PPP 项目绩效考评中方案设计、绩效评估、过程追踪和结果运用等重点环节，重点对政府部门、社会资本和 SPV 合作公司等 PPP 模式各参与方实施绩效评价，围绕财政资金使用状况、社会资本运营管理、项目提供服务情况等内容开展绩效评价，坚持结果导向借助专业力量，参照国家政策法规、国外先进经验、行业惯例做法，科学制定绩效考评指标体系，分别将财政资金使用状况、社会资本运营管理、项目提供服务情况纳入财政支出项目绩效、市场化运营管理、PPP 全生命周期管理评价框架；三是加强 PPP 项目全生命周期内可用性付费的考核，在 PPP 项目运营期内，不仅要对运营维护服务费实施绩效考核，还要通过设立考核标准、规范考核程序加强对可用性付费实施考核，可由地方政府自主适当增加考核指标，但仅作为对核心指标的修正；四是明确绩效评价管理主体及分工结构，由项目实施机构负责 PPP 项目绩效管理工作，由地方财政部门负责建立绩效评价制度体系、设立绩效考核目标、实施绩效考核工作，由行业主管部门负责指导项目实施机构开展绩效管理工作，健全本行业绩效考核核心指标体系。

四、加强 PPP 项目审计监督

要充分发挥好审计的监督作用，将 PPP 模式中各参与方权利义务履约情况、定价机制收益回报合理性、隐性债务和违约信用风险、政策执行和绩效管理等作为重点审计内容。对于隐性债务违约信用风险，要重点对 PPP 项目各参与方实施审计，包括社会资本出资能力、SPV 合作公司举债融资、政府部门未来付费能力等方面，要紧紧抓住财政债务风险这个重点，严防财政风险向金融风险转移，保障国家经济社会安全稳定。防范隐性债务风险审计部门要重点关注以下几个方面：地方政府规避预算法等政策法规对举债融资的约束，利用没有实质运营内容的 PPP 模式变相举债融资，导致地方政府隐性债务风险的发生；地方政府以推广 PPP 模式名义设立各种"名股实债"政府投资基金，属于地方政府表外融资，规避财政承受能力硬性约束，变相增加地方政府隐性债务；中央企业、地方国企超出自身能力以社会资本身份参与 PPP 项目造成债务规模激增；"物有所值"评价和"财政承受能力"论证过程是否真实、合理，重点关注在论证财政承受能力时是否虚增收入，在物有所值评价时是否低估 PPP 模式各类成本等，导致 PPP 项目运营时存在潜在财政风险。防范地方政府违约信用风险审计部门需要重点关注以下方面：在 PPP 项目执行阶段，地方政府是否按照合同约定履行兑现优惠条件，社会资本提供公共产品和公共服务是否达到预期标准等[1]。

---

① 陈丙欣. 加强审计监督促进 PPP 规范发展 [J]. 审计观察，2018（01）：32-36.

第六节　用好地方政府专项债，促进隐性债务显性化

PPP 模式和地方政府专项债被认为是地方政府缓解投融资不足、提供外部性较为明显的公共品和准公共品的两大重要手段。一定程度上说，在不同的宏观经济环境和政策背景下，二者的发展规模呈现出此消彼长的态势。因而，充分运用好地方政府专项债这一工具可以促使地方政府债务的显性化和规范管理，从而防范 PPP 带来的地方政府隐性债务风险隐患。自 2020 年开始，在交通基础设施、能源项目、农林水利等原有七大重点领域的基础上，财政部允许地方政府在发行专项债券时将国家重大战略项目单独列出，同时允许增加城镇老旧小区改造领域，允许地方投向应急医疗救治、公共卫生、职业教育、城市供热供气等市政设施项目，特别是加快 5G 网络、数据中心等新型基础设施建设。专项债券资金大举投入到各地基础设施建设，不仅有利于尽快形成实物工作量，带动有效投资，支持补短板扩内需，拉动经济链条产生连锁反应，形成良性循环，更有利于 PPP 项目的规范和理性发展，实现不规范 PPP 项目的清退，从根源上遏制 PPP 项目诱发的地方政府隐性债务。

一、加强地方政府治理，统筹经济发展规划和债券发行

省级政府在设计和发行专项债券时，不能仅停留在具体项目的狭隘视角，要从本地中长期经济发展规划出发，从长远看经济发展态势和社会民生需求，要科学测算作为偿债来源的政府基金性收入走势，制定兼顾偿还压力和地方经济发展需要的地方政府专项债券发行规划，将债券发行与偿还和本地经济发展规划、产业发展、土地出让和限价管理等地方政府治理领域情况

225

统筹协调考虑，以期形成地方政府专项债券多领域支持本地经济且各债券效果叠加产生综合合力、放大逆经济周期调节的能力。目前各地新发专项债券支持新基建项目的做法，虽然体现了经济发展和债券发行的统筹考虑，但各省在新基建项目的专项债发行时应谨防"新基建走老路"，应引入新发展的政府治理理念，将专项债重点用于支持以新技术为核心驱动力，以信息网络升级为特征，面向高质量发展对接新产能、新消费，提供数字化转型、人工智能升级、融合创新服务等的基础设施建设。

二、多元化投资者结构，加快发展二级市场

目前，我国专项债券的二级市场（流通市场）发展滞后。今后政策设计中应注意将商业银行以外的保险公司、证券公司、基金和其他机构以及个人投资者都纳入专项债券市场，鼓励专项债券"本地化"发行并流通，吸引发行人所在地的金融机构参与做市，可以考虑利用银行间市场更完善的基础设施，促进债券二级市场交易，提高价格公开和公平程度，吸引更多投资者参与。

首先，有必要完善发行定价机制。目前，我国地方债券发行利率的制定采取盯准相同期限国债的方式，利率一般较低，导致二级流通市场的债券估值大大低于票面价值。利率较低，也导致了投资者转让交易的积极性低，投资者多选择一直持有债券直至到期，这无疑阻碍了市场的流动性。有鉴于此，可以考虑逐步构建和完善专项债券的收益率曲线，使发行价格反映出债券的信用风险溢价。加快研究续签发行系统，实现持续定价，增加单笔债券的存量，以提高债券的流动性。其次，基于完善做市商考核制度，进一步鼓励做市商参与重要期限专项债做市报价，以增加市场活跃度。最后，依托交易所市场便捷和相关流动性机制的已有优势，研究发行与投资便利化相关政策，放宽相关资金购买债券的政策限制，提高专项债的吸引力，扩大交易所专项债券的规模，逐步打破交易所市场之间的主要制度壁垒，吸引更多投资

者在流通市场进行交易，促进发行市场和流通市场的共同发展。

三、探索更多长期债券，创新发行设计

地方政府针对能够实现"项目收益与融资自求平衡"的项目均可以探索发行专项债券的融资模式。首先，可以根据项目运行周期设计专项债券发行期限。从基金运作的稳定性来看，期限越长，基金的稳定性就越高；期限越短，发行实体的短期债务越高，短期债务偿还压力越大，资金稳定性越差。因而建议充实专项债券期限结构，探索更多的长期债券，吸引保险、社保基金等长期资金进入债券市场，顺应投资者长期资产配置的需要。其次，在设计发行条款方面，应适度推行创新性做法，如将赎回权用作发行条款，可以增加发行人对未来资金需求的灵活性以及根据市场情况区分累进利率或浮动利率，更好地发挥市场作用；也可尝试根据不同类型投资者的心理需求、风险要求、收入偏好和期限匹配要求，创新设计专项债券的期限和规模，设计具有多种期限和规模组合的专项债券，以满足不同投资者的需求。

四、改进预算管理，提高债券资金使用效率

虽然专项债券的发行是由对应项目获得的政府性基金或专项收益偿还，但是我国政府性基金是条状的，即交通是交通部门的、土储是土地部门的，其他的也都分属各个部门，且部门之间的资金是不能跳转的。虽然专项收益资金适当的隔离是必须的，但随着自求平衡领域审计的专项债券不断创新，有些领域的专项收益会有富余，某些领域的专项收益会有缺口。在这种情况下，适度地允许在专项基金预算内部进行调整会更有利于专项债券的可持续发展，例如，通过预算的整合或者统配，或者是通过预算内各个部门之间、资金之间的适度调整来加快内部流动性的整合和改革，提高专项债券资金使用效率。财政部关于印发《地方政府专项债券用途调整操作指引》（财预〔2021〕110 号）的通知已经明确许可专项债券用途调整，明确其属于财政

预算管理范畴，主要是对新增专项债券资金已安排的项目，因债券项目实施条件变化等原因导致专项债券资金无法及时有效使用，需要调整至其他项目产生的专项债券资金用途变动。

第十章

结　语

第一节　主要研究结论

本书在分析 PPP 视阈下地方政府隐性债务的构成和风险现状以及基于梳理 PPP 项目全生命周期的每个阶段归纳诱发地方政府隐性债务风险的制度风险因素的基础上，引入空间计量研究方法，对 PPP 视阈下地方政府隐性债务风险的空间分布进行测度，总结 PPP 模式下国际上对政府债务风险防控的经验和发展中国家成功的 PPP 项目经验，分析我国防范地方政府隐性债务的优秀 PPP 项目案例，梳理中央及各地治理地方政府隐性债务的政策和研判政策发展方向，提出 PPP 视阈下治理地方政府隐性债务风险的对策，得出如下研究结论。

1. 依据财政风险矩阵理论，PPP 模式下地方政府隐性债务应包括直接隐性债务和或有隐性债务，PPP 运营成本高、回报率低、管理不规范等是造成这些风险的主要源头。

2. 结合具体实例，分析并总结了 PPP 模式应用风险诱发地方政府隐性债务风险的五个路径，分别是 PPP 项目数量激增、超财力实施 PPP 投资、违规操作 PPP、变相突破红线限制、社会资本追求利润。

3. 基于财政部 PPP 项目操作流程图，本书从 PPP 项目识别、准备、采购、执行、移交的阶段归纳出 10 个潜在的地方政府隐性债务风险触发点。

4. 在只考虑制度因素变量影响的传统回归模型中加入空间因素，进行 Moran's I 指数检验和 LISA 检验，得出不同地区 PPP 项目及其诱发的隐性债务风险存在空间相关性和邻近性，并呈现出高—高、高—低、低—高、低—低四种显著空间聚集类型。使用 Stata14.0 软件通过空间滞后模型和空间误差回归模型对 15 个解释变量、3 个控制变量与被解释变量进行空间分析发现，PPP 财政支出责任、政府项目资本金投资占 PPP 项目总金额比例以及 PPP 项目总金额等解释变量，以及常住人口、社会融资规模增量对被解释变量有显著影响。

5. 借鉴法国、英国、加拿大、韩国的经验做法，本书总结出健全 PPP 项目治理主体框架及职责分工、完善合理的风险与利润分配机制、拓宽融资渠道充分发挥金融市场作用、加强 PPP 项目运行风险防控体系建设、实现 PPP 项目建设与运营并重等启示。

6. 发展中国家成功的 PPP 项目案例都反映出政府的坚定支持和承诺在保证 PPP 项目成功、避免项目失败演变成债务风险中意义重大，同时政府也要有一定的灵活性，与社会资本保持对话和互动，创新项目运营和管理方式。

7. 本书通过分析三个我国优秀的国家级示范 PPP 项目，总结出不同的 PPP 项目回报模式下防范地方政府隐性债务风险的实践经验。

8. 当前中央各部委及监管机构、各地方政府都出台了治理地方政府债务，特别是治理隐性债务的相关政策，梳理这些政策可以研判出未来政策的发展方向必然是 PPP 高质量发展、区域协同发展、PPP 项目隐性债务化解、PPP 项目信息和隐性债务统计的对接和数据共享等领域。

9. 国务院批准广东和上海试点隐性债务"清零"是地方政府响应中央

治理和化解地方政府隐性债务政策的最好实践。"清零"工作任重而道远，需要明确隐性债务口径，将 PPP 视阈下诱发的政府债务纳入隐性债务管理范畴，并在今后推进政府和社会资本合作的过程中选择合规的融资模式，不产生新的隐性债务增量。

10. 基于国际经验、我国防范地方政府隐性债务的优秀 PPP 项目案例、我国治理地方政府隐性债务的政策现状和未来发展，结合前述 PPP 不规范管理潜在的地方政府隐性债务风险触发点和各地 PPP 视阈下地方隐性债务风险的空间分布，提出有节有序推进各地 PPP 规范发展和针对各地不同风险状态的中长期控制隐性债务增长的治理路径，具体包括以下措施：理性运用 PPP 模式，充分发挥 PPP 正面作用；加强地方政府隐性债务高风险地区监控，严防风险外溢；有序有别甄别 PPP 项目，完善 PPP 隐性债务风险管理机制；实现 PPP 项目信息共享，加大省际地方政府隐性债务风险治理合作；完善监管体系建设，规范相关主体行为；用好地方政府专项债，促进隐性债务显性化。

第二节　研究展望

近年来，我国 PPP 改革取得了阶段性成果，PPP 模式已成为我国稳增长、促改革、调结构、惠民生、防风险的重要抓手。本书在制度因素和空间因素二重结构下研究我国 PPP 视阈下地方政府隐性债务风险状况，通过空间计量分析发现，我国 PPP 地方政府隐性债务风险总体可控，但局部地区风险较高且存在外溢风险，为此提出了一揽子因地制宜、具有针对性的政策建议。整体上看，当前我国 PPP 市场呈现出制度体系日趋完善、投资意愿回归理性、监管措施更加有力和信息公开更加透明等特点。随着大多数 PPP 项目已陆续进入了运营付费期,本书认为本领域未来研究和发展方向将围绕两条主线。一是严防地方政府隐性债务风险。从严抓好规范发展,把好项目"入口关",加强地方政府 PPP 项目财政支出责任管理,按照合同约定足额纳入年度预算和中期财政规划,防止出现政府违约,与地方政府债务统筹协同管理,牢牢守住 PPP 财政承受能力和地方政府债务限额管理红线,及时预警处置风险隐患。更好地发挥财政部 PPP 综合信息平台监管和服务作用,全面推进规范统一、公开透明、运行有序、风险可控的 PPP 市场建设。二是全面推动 PPP 高质量发展。聚焦"两新一重"、碳达峰碳中和、乡村振兴、区域协同发展和基本公共服务等重点领域,着力运用社会资本补齐公共服务短板,实现服务畅通国内大循环。同时,紧紧抓住绩效管理这个"牛鼻子",实现 PPP 项目全生命周期绩效管理,进一步完善 PPP 绩效目标和指标体系,有效提高公共服务和公共产品供给质量和效率,坚决落实"花钱必问效、无效必问责"的绩效管理理念。基于这些研究主线,本书未来可在运用空间计量模式研究如何运用 PPP 模式实现地区高质量发展、落实区域协同发展功能定位方面继续深入,结合宏观经济分析方法,综合运用财政政策、货币政策、产业政策等工具,进一步研究化解防范 PPP 视阈下地方政府隐性债务风险的对策建议。

参考文献

[1] 周鹏. 经济危机背景下地方政府债务的探究 [J]. 改革与开放, 2010 (6).

[2] 黄燕芬, 邬拉. 地方债务风险: 现状、成因及对社会的影响 [J]. 经济研究参考, 2011 (23).

[3] 王志红. 识别隐性债务防范化解风险 [J]. 现代营销 (下旬刊), 2019 (9).

[4] 李丽珍, 安秀梅. 地方政府隐性债务: 边界、分类估算及治理路径 [J]. 当代财经, 2019 (3).

[5] 范伟琳. 地方政府性债务风险管理研究 [D]. 云南财经大学, 2019 年.

[6] 李升, 陆琛怡. 地方政府债务风险的形成机理研究: 基于显性债务和隐性债务的异质性分析 [J]. 中央财经大学学报, 2020 (7).

[7] 赵治纲. 我国地方政府债务管理框架的重构与风险防范——基于政府会计和债务管理融合的视角 [J]. 求索, 2021 (2).

[8] 平新乔. 道德风险与政府的或然负债 [J]. 财贸经济, 2000 (11).

[9] 赵全厚, 孙昊旸. 我国政府债务概念辨析 [J]. 经济研究参考, 2011 (10).

[10] 白景明. 科学界定地方政府债务 [N]. 中国社会科学报, 2012-12-17 (A06).

[11] 刘尚希. 以拆弹的精准和耐心化解地方隐性债务风险 [J]. 地方

财政研究，2018（8）.

　　[12] 封北麟. 隐性债务的应对之策 [J]. 中国金融，2018（8）.

　　[13] 王润北. 中国地方政府隐性债务规模分析 [J]. 新经济，2018（12）.

　　[14] 吉富星. 地方政府隐性债务的实质、规模与风险研究 [J]. 财政研究，2018（11）.

　　[15] 郭敏，宋寒凝. 地方政府债务构成规模及风险测算研究 [J]. 经济与管理评论，2020（1）.

　　[16] 温来成，贺志强. 地方政府隐性债务治理重点及改革建议 [J]. 地方财政研究，2021（3）.

　　[17] 刘尚希，郭鸿勋，郭煜晓. 地方或有负债：隐匿性财政风险解析 [J]. 中央财经大学学报，2003（5）.

　　[18] 唐洋军. 财政分权与地方政府融资平台的发展：国外模式与中国之道 [J]. 上海金融，2011（3）.

　　[19] 刘昊. 地方政府债务的形成原因 [J]. 经济研究参考，2014（12）.

　　[20] 马金华，宋晓丹. 地方政府债务：过去、现在和未来 [J]. 中央财经大学学报，2014（8）.

　　[21] 潘迎喜，董素. 地方政府性债务成因研究及治理路径 [J]. 经济研究参考，2016（19）.

　　[22] 柯淑强，周伟林，周雨潇. 官员行为、地方债务与经济增长：一个综述 [J]. 经济体制改革，2017（4）.

　　[23] 李一花，乔栋. 防范化解重大风险背景下地方政府隐性债务研究 [J]. 新疆社会科学，2019（6）.

　　[24] 张增磊. 地方政府债务运行与管理 [J]. 中国金融，2020（9）.

　　[25] 朱丹，吉富星. 地方政府隐性债务风险评估及应对 [J]. 地方财政研究，2021（3）.

　　[26] 唐云锋. 我国地方政府债务的扩张机制研究——基于委托代理理论框架下的分析 [J]. 财经论丛（浙江财经学院学报），2006（2）.

[27] 郭玉清. 逾期债务、风险状况与中国财政安全：兼论中国财政风险预警与控制理论框架的构建 [J]. 经济研究, 2011 (8).

[28] 刘煜辉, 沈可挺. 中国地方政府公共资本融资：问题、挑战与对策——基于地方政府融资平台债务状况的分析 [J]. 金融评论, 2011 (3).

[29] 缪小林, 杨雅琴, 师玉朋. 地方政府债务增长动因：从预算支出扩张到经济增长预期 [J]. 云南财经大学学报, 2013 (1).

[30] 王俊. 地方政府债务的风险成因、结构与预警实证 [J]. 中国经济问题, 2015 (2).

[31] 陈磊. 地方政府隐性债务成因及界定 [N]. 中国审计报, 2017-10-18 (006).

[32] 郭平, 江姗姗. 财政分权视角下预算软约束对地方政府债务规模的影响 [J]. 河北大学学报 (哲学社会科学版), 2017 (5).

[33] 罗潇. 我国地方政府债务现状、成因及对策 [J]. 中国市场, 2017 (8).

[34] 马金华, 刘锐. 地方政府债务膨胀的历史比较研究 [J]. 中央财经大学学报, 2018 (1).

[35] 傅笑文, 傅允生. 地方政府债务扩张机制与债务风险研究 [J]. 财经论丛, 2018 (10).

[36] 刘骅, 卢亚娟. 金融环境视阈下地方政府隐性债务风险影响因素分析 [J]. 现代经济探讨, 2019 (4).

[37] 李丹, 王郅强. PPP 隐性债务风险的生成：理论、经验与启示 [J]. 行政论坛, 2019 (4).

[38] 谢虹. 地方政府债务风险构成及预警评价模型构建初探 [J]. 现代财经 (天津财经大学学报), 2007 (7).

[39] 张曾莲, 江帆. 财政分权、晋升激励与预算软约束——基于政府过度负债省级政府数据的实证分析 [J]. 山西财经大学学报, 2017 (6).

[40] 吴洵, 俞乔. 地方政府债务：负债原因与实证分析 [J]. 公共管

理评论，2017（1）.

[41] 吴勋，王雨晨. 官员晋升激励、国家审计免疫与地方政府债务——基于省级面板数据的实证研究 [J]. 华东经济管理，2018（9）.

[42] 李丽珍，刘金林. 地方政府隐性债务的形成机理及治理机制——基于财政分权与土地财政视角 [J]. 社会科学，2019（5）.

[43] 钟腾，杨雪斌，汪昌云. 地方政府债务人行为动机下的"同群效应"——基于空间计量模型的实证研究 [J]. 计量经济学报，2021（4）.

[44] 汪德华，刘立品. 地方隐性债务估算与风险化解 [J]. 中国金融，2019（22）.

[45] 王涛，高珂，李丽珍. 基于财政可持续性视角的地方政府隐性债务治理研究 [J]. 当代经济管理，2019（12）.

[46] 韩健，程宇丹. 因地制宜：化解我国地方政府隐性债务的路径选择 [J]. 中国行政管理，2020（9）.

[47] 魏蓉蓉，李天德，邹晓勇. 我国地方政府PPP隐性债务估算及风险评估——基于空间计量和KMV模型的实证分析 [J]. 社会科学研究，2020（2）.

[48] 杨怀东，陈舒悦. 期限错配、影子银行利率与地方政府隐性债务风险 [J]. 武汉金融，2021（10）.

[49] 陈均平. 中国政府会计问题研究 [D]. 北京：财政部财政科学研究所，2010.

[50] 郑春荣. 中国地方政府债务的真正风险：违约风险之外的风险 [J]. 公共行政评论，2012（4）.

[51] 杨灿明，鲁元平. 地方政府债务风险的现状、成因与防范对策研究 [J]. 财政研究，2013（11）.

[52] 赵璐. 地方债务风险分析与防范对策 [J]. 经济研究导刊，2016（5）.

[53] 沈雨婷，金洪飞. 中国地方政府债务风险预警体系研究——基于层次分析法与熵值法分析 [J]. 当代财经，2019（6）.

[54] 郭敏，宋寒凝. 地方政府债务构成规模及风险测算研究 [J]. 经

济与管理评论, 2020 (1).

[55] 洪源, 阳敏, 吕鑫, 孟然然. 地方政府隐性债务违约风险的评估与化解——基于多维偿债能力框架的实证分析 [J]. 中国软科学, 2021 (9).

[56] 郭玉清, 何杨, 李龙. 救助预期、公共池激励与地方政府举债融资的大国治理 [J]. 经济研究, 2016 (3).

[57] 伏润民, 缪小林, 高跃光. 地方政府债务风险对金融系统的空间外溢效应 [J]. 财贸经济, 2017 (9).

[58] 李承怡. 预算软约束下地方政府财政支出竞争策略的空间经济效应 [J]. 经济地理, 2019 (9).

[59] 黄春元, 刘瑞. 地方政府债务、区域差异与空间溢出效应——基于空间计量模型的研究 [J]. 中央财经大学学报, 2020 (4).

[60] 刘馨月, 金兆怀. 人口流动、财政分权与地方政府债务——基于省级面板数据的经验分析 [J]. 经济问题, 2021 (5).

[61] 温来成, 刘洪芳, 彭羽. 政府与社会资本合作 (PPP) 财政风险监管问题研究 [J]. 中央财经大学学报, 2015 (12).

[62] 林涛, 冉萍. 我国沿边地区地方政府债务风险管理机制的构建 [J]. 时代金融, 2016 (32).

[63] 马恩涛, 李鑫. PPP 政府债务风险管理: 国际经验与启示 [J]. 当代财经, 2017 (7).

[64] 傅志华, 韩凤芹, 史卫. 政府购买服务及 PPP 不规范操作蕴藏财政风险——来自地方财政部门的反映 [J]. 中国财政, 2017 (18).

[65] 杨志勇. 地方政府债务风险研判与化解策略 [J]. 改革, 2017 (12).

[66] 巴婉莹. PPP 模式下政府债务性风险问题的研究 [J]. 中国商论, 2018 (11).

[67] 白德全. 规范 PPP 发展防范化解地方政府债务风险 [J]. 理论探讨, 2018 (3).

[68] 卢护锋, 邹子东. PPP 项目异化的结构性诱因与矫正机制研究:

基于政府治理视角 [J]. 现代财经（天津财经大学学报），2018 (9).

　　[69] 赵全厚. PPP 中隐匿的财政风险 [J]. 经济研究参考，2018 (39).

　　[70] 吉富星. 隐性债务治理与政府融资规范 [J]. 中国金融，2019 (3).

　　[71] 温来成，李婷. 我国地方政府隐性债务边界的厘清及治理问题研究 [J]. 中央财经大学学报，2019 (7).

　　[72] 庞德良，刘琨. 中国 PPP 模式财管制度下隐性债务问题与对策研究 [J]. 宏观经济研究，2020 (5).

　　[73] 刘用铨. PPP 项目政府"保底机制"一定等于隐性债务吗 [J]. 财会月刊，2020 (20).

　　[74] 牛文霞. PPP 模式下地方隐性债务风险的法律规制 [J]. 大众标准化，2021 (10).

　　[75] 刘金林，蒙思敏. 我国地方政府隐性债务形成的现实逻辑——基于 PPP 项目的实证分析 [J]. 会计之友，202 (21).

　　[76] 冷继波. PPP 模式化解地方债务的应用研究 [J]. 现代商业，2016 (24).

　　[77] 王韬. PPP 融资模式在地方政府债务风险化解中的作用及风险分析 [J]. 佳木斯职业学院学报，2015 (3).

　　[78] 樊轶侠. 运用 PPP 治理地方政府债务需注意的问题 [J]. 中国发展观察，2016 (5).

　　[79] 陈轶丽. 运用 PPP 模式进行城镇综合开发的优劣势分析 [J]. 沿海企业与科技，2018 (6).

　　[80] 管立杰，赵伟. 农村基础设施 PPP 模式发展的影响因素研究 [J]. 中国农业资源与区划，2019 (6).

　　[81] 孙燕芳，杨欣月，王晓月. 高速公路 PPP 项目资产证券化融资的风险及其防范 [J]. 财会月刊，2019 (9).

[82] 马永洋. PPP 模式下地方政府性债务风险防范研究 [D]. 沈阳：沈阳师范大学，2019.

[83] 田俊杰. PPP 模式在城镇化发展进程中的作用分析 [J]. 商业观察，2021 (5).

[84] 郭玉清. 化解地方政府债务的目标设计与制度选择 [J]. 天津社会科学，2009 (6).

[85] 贾康. 进一步优化积极财政政策的若干思考 [J]. 地方财政研究，2009 (9).

[86] 贾康. 化解隐性债务风险要开前门关后门修围墙 [N]. 中国证券报，2014-10-13.

[87] 魏加宁. "十三五" 时期的风险与机遇 [C]. 中国服务贸易协会专家委员会. 第五届中国服务贸易年会开幕论坛报告集. 广东：中国服务贸易协会专家委员会，2015.

[88] 陈青曲. 地方政府债务风险问题研究 [J] . 财经问题研究，2016 (2).

[89] 刘尚希，赵福军，陈少强. 政府和社会资本合作中的风险 [J]. 经济研究参考，2017 (49).

[90] 郑洁，昝志涛. 地方政府隐性债务风险传导路径及对策研究 [J]. 宏观经济研究，2019 (9).

[91] 李丽珍. PPP 模式下地方政府隐性债务规避机制研究 [J]. 宏观经济管理，2020 (1).

[92] Hana Polackova. Contingent Government Liabilities：A Hidden Risk for Fiscal Stability [M]. Policy Research Working Paper, 1998.

[93] Ponds. E. et al, Funding in Public Sector Pension Plans：International Evidence [Z], NBER Working Paper No. 17082, 2012.

[94] Teles V K and Mussolini C C. Public Debt and the Limits of Fiscal Policy to Increase Economic Growth [J]. European Economic Review，2014 (66).

［95］Spilioti S, Vamvoukas G. The Impact of Government Debt on Economic Growth: An Empirical Investigation of the Greek Market ［J］. Journal of Economic Asymmetries, 2015, 12 (1).

［96］Huang Y., M. Pagano, U. Paniaza. Local Crowding-Out in China ［J］. Journal of Finance, 2020, 75 (6).

［97］Oates W E. Fiscal Federalism ［M］. New York: Harcourt Brace Jovanovich Press, 1972.

［98］Kornai J, Maskin E, Roland G. Understanding the Soft Budget Constraint ［J］. Journal of Economic Literature, 2003, 41 (04).

［99］Swianiewicz P. The Theory of Local Borrowing and the West-European Experience ［M］. New York: Open Society Institute, 2004.

［100］Guo G. China's Local Political Budget Cycles ［J］. American Journal of Political Science, 2009, 53 (03).

［101］Ang A., J. Bai, H. Zhou. The Great Wall of Debt: Real Estate, Political Risk, and Chinese Local Government Credit Spreads ［J］. Georgetown McDonough School of Business Research Paper, No. 2603022, PBCSF-NIFR Research Paper No. 15-02, 2016.

［102］Arai R., K. Naito, T. Ono. Intergenerational Policies, Public Debt, and Economic Growth: A Politico- economic Analysis ［J］. Journal of Public Economics, 2018, 166.

［103］Ren M, Branstetter L G, Kovak B K, et al. Why Has China Overinvested in Coal Power ［R］. National Bureau of Economic Research, 2019, No. 25437.

［104］Spyrakis Vasileios, Kotsios Stelios. Public debt dynamics: the interaction with national income and fiscal policy ［J］. Journal of Economic Structures, 2021, 10 (1).

［105］Horton Jr., of Joseph J. The Postwar Quality of State and Local Debt

[J]. Journal of Finance, 1972, 27 (3).

[106] Buiter, Willem H. Guide to Public Sector Debts and Deficits [J]. Economic policy, 1985, 1 (1).

[107] Frankel J. A., Rose A. K. Currency Crashes in Emerging Markets: An Empirical Treatment [J]. Journal of International Economics, 1996, 41 (3–4).

[108] Sachs J., Tornell A., Velasco A. Financial Crises in Emerging Markets: The Lessons From 1995 [J]. Brookings Papers on Economic Activity, 1996 (1).

[109] Hildreth W. B., Miller G. J. Debt and the Local Economy: Problems in Benchmarking Local Government Debt Affordability [J]. Public Budgeting&Finance, 2002, 22 (4).

[110] Burnside. On Contingent Liabilities and the Likelihood of Fiscal Crises [M]. Comparative Economic Studies, 2002.

[111] Ciarlone A., Trebeschi G. Designing an Early Warising System for Debt Crises [J]. Emerging Markets Review, 2005, 6 (4).

[112] Makin, A. J. Public Debt Sustainability and Its Macroeconomic Implications in ASEAN−4 [Z]. ASEAN E conomic Bulletin, 2005.

[113] Fuertes A. M., Kalotychou E. Early Warning Systems for Sovereign Debt Crises: The Role of Heterogeneity [J]. Computational Statistics & Data Analysis, 2006, 51 (2).

[114] Dafflon B, Beer−Toth K. Managing Local Public Debt in Transition Countries: An Issue of Self−Control [J]. Financial Accountability&Management, 2009, 25 (3).

[115] Lee L, Yu J. Some Recent Development in Spatial Panel Models [J]. Regional Science and Urban Economics, 2010, 40 (5).

[116] Checherita Westphal C, Rother P. The Impact of High Government

Debt on Economic Growth and Its Channels: An Empirical Investigation for Euro Area [J]. European Economic Revies, 2012, 56 (7).

[117] J Aizenman, M Hutchison, Y Jinjarak. What is the Risk of European Sovereign Debt Defaults? Fiscal Space, CDS Spreads and Market Pricing of Risk [J]. Journal of International Money and Finance, 2013, 34 (4).

[118] AR Ghosh, JD Ostry, MS Qureshi. Fiscal Space and Sovereign Risk Pricing in a Currency Union [J]. Journal of International Money and Finance, 2013, 34 (1).

[119] Bai C, Hsieh C, Song Z M. The Long Shadow of a Fiscal Expansion [R]. National Bureau of Economic Research, 2016, No. 22801.

[120] Peterson Institute for International Economics, the Greek Debt Crisis No Easy Way Out [EB/OL]. https://www. piie. com /microsites/greek-debt-crisis-no-easy-way-out.

[121] Kose M. Ayhan, Ohnsorge Franziska, Reinhart Carmen, Rogoff Kenneth. The Aftermath of Debt Surges [M]. The World Bank: 2021-09-10.

[122] Grimsey D, Lewis M K. Evaluating the Risks of Public Private Partnerships for Infrastructure Projects [J]. International Journal of Project Management, 2002, 20 (2).

[123] Yin S., Platten A., Deny X. P. Role of Public Private Partnerships to Manage Risks in Public Sector Projects in Hong Kong [J]. International Journal of Project management, 2006 (06).

[124] Cebotari A. Contingent Liabilities: Issues and Practice [R]. International Monetary Fund Working Paper, 2008, Oct.

[125] Chowdhury A N. Analyzing the Structure of Public Private Partnership Projects Using Network Theory [J]. Construction Management&Economics, 2011 (3).

[126] Tarasova O. V.. Spatial Dialectics of Public - Private Partnership in

Russia [J]. Studies on Russian Economic Development, 2021, 32 (2).

[127] Guasch J. L. Granting and Renegotiating Infrastructure Concessions: Doing it Right [M]. WBI Development Studies, Washington: The World Bank, 2004.

[128] Hammami M., Ruhashyankiko J-F. Yehoue E. B. Determinants of Public Private Partnerships in Infrastructure [M]. IMF Working paper, 2006.

[129] Irwin, T. Government Guarantees. Allocating and Valuing Risk in Privately Financed Infrastructure Projects [R]. Washington DC: World Bank, 2007.

[130] Eva I. Hoppe, David J. Kusterer, Patrick W. Schmitz. Public Private Partnerships Versus Traditional Procurement: An Experimental Investigation [J]. Journal of Economic Behavior&Organization, 2011 (05).

[131] Shendy R., Martin H., Mousley, P. An Operational Framework for Managing Fiscal Commitments from Public – Private – Partnerships: The Case of Ghana [R]. Washington DC: World Bank, 2013.

[132] Rashed M. A., Faisal F., Shikha H. A. Fiscal Risk Management for Private Infrastructure Projects in Srilanka [R]. Washington DC: World Bank, 2016.

[133] Albalate, D., Bel, G., Geddes, R. R. The Determinants of Contractual Choice for Private Involvement in Infrastructure Projects [J]. Public Money & Management, Vol. 35, No. 1, 2015.

[134] Buso, M. and Greco, L. Sequential Moral Hazard under Financial Limits: Sequential versus Partnership Contracts [M]. World Bank: 2017 – 12-01.

[135] Nguyen D A, Garvin M J. Life-Cycle Contract Management Strategies in US Highway Public-Private Partnerships: Public Control or Concessionaire Empowerment? [J]. Journal of Management in Engineering, 2019, 35 (4).

[136] Ter-Minassian T. Intergovernmental Fiscal Relations in a Macroeconomic Perspective: An Overview [J]. Fiscal Federalism in Theory and Practice, 1997 (09).

[137] Uctum M, Wickens M. Debt and Deficit. Ceilings, and Sustainability of Fiscal Policies: An Intertemporal Analysis [J]. Oxford Bulletin of Economics &Statistics, 2000, 62 (2).

[138] Ahmad E, Albino-War M, Singh R. Subnational Public Financial Management: Institutions and Macroeconomic Considerations [J]. Handbook of Fiscal Federalism, 2006, (02).

[139] Buiter, W. H., Negative Nominal Interest Rates: There Ways to Overcome The Zero Lower Bound [J]. North American Journal of Economics and Finance, 2009, Vol. 20.

[140] D'Alessandro, L. Bailey, S. J., Monda, B. Giorgino, M. PPPs as Strategic Alliances: from Technocratic to Multidimensional Risk Governance [J]. Managerial Finance, 2014, 40 (11).

[141] Hatice, Cigdem, Demirel, et al. Flexibility in PPP Contracts - Dealing with Potential Change in the Precontract Phase of a Construction Project [J]. Construction Management&Economics, 2017 (06).

[142] Ying Yi-hua and Huang Hui-qiong. The Risk Management Research of PPP Projects Based on the Full Life Cycle [J]. Accounting&Finance, 2017 (03).

[143] Melecky Martin. Hidden Debt: Solutions to Avert the Next Financial Crisis in South Asia [M]. The World Bank: 2021-08-06.

[144] Kim Jun II, Ostry Jonathan D. Boosting fiscal space: the roles of GDP-linked debt and longer maturities [J]. Economic Policy, 2021, 35 (104).